LAS GUERRAS DE GRANADA
EN EL SIGLO XV

Ariel Grandes Batallas

J.H. Edwards

17th January 2003

Miguel-Ángel Ladero Quesada

LAS GUERRAS DE GRANADA EN EL SIGLO XV

Ariel

Diseño de la cubierta: Joan Batallé

1.ª edición: septiembre 2002

© 2002: Miguel-Ángel Ladero Quesada

Derechos exclusivos de edición en español
reservados para todo el mundo:
© 2002: Editorial Ariel, S. A.
Provença, 260 - 08008 Barcelona

ISBN: 84-344-6667-8

Depósito legal: B. 31.096 - 2002

Impreso en España

2002. — A&M GRÀFIC, S. L.
Polígono Industrial «La Florida»
08130 Santa Perpètua de Mogoda (Barcelona)

ÍNDICE

Mapa

INDICACIONES BIBLIOGRÁFICAS

Estudios muy amplios, con gran base documental y bibliográfica en M.ª Jesús Viguera Molins, dir., *El reino nazarí de Granada (1232-1492)*, vol. VIII / 3 y 4 de *Historia de España-Menéndez Pidal*, Madrid, 2000, y en Rafael G. Peinado Santaella, ed., *Historia del reino de Granada. I. De los orígenes a la época mudéjar*, Granada, 2000. Es fundamental la tesis doctoral de Rachel Arié, *L'Espagne musulmane au temps des nasrides (1232-1492)*, París, 1990 (1.ª ed. 1973). También, L. P. Harvey, *Islamic Spain. 1250 to 1550*, Chicago-Londres, 1990. Entre las investigaciones de los últimos años, son muy innovadoras las de Roser Salicrú i Lluch, *El sultanat de Granada i la Corona d'Aragó (1410-1458)*, Barcelona, 1998, y Milouda Charouiti Hasnoui, *Edición y estudio del Kitāb Ŷunnat al-Riḍà de Ibn 'Āṣim de Granada*, Madrid, 1988 (Universidad Complutense. Tesis doctorales). También, las actas del simposio *La incorporación de Granada a la Corona de Castilla*, Granada, 1993 (ed. M. A. Ladero Quesada). Hay que utilizar siempre, por su importancia, los trabajos pioneros de Juan de Mata Carriazo y Arroquia, recogidos en su miscelánea *En la frontera de Granada*, Sevilla, 1971, y en *Historia de la guerra de Granada*, vol. XVII / 1 de *Historia de España-Menéndez Pidal*, Madrid, 1968.

Por lo demás, este libro añade aspectos nuevos —con sus correspondientes notas justificativas— a otras investigaciones y lecturas expuestas con el detalle y las referencias precisas en obras mías anteriores, que también se resumen aquí y a las que remito a los lectores que necesiten o deseen conocer referencias documentales y bibliográficas, debido a su elevado número: *Granada. Historia de un país islámico (1232-1571)*, Madrid, 1989 (1.ª ed. 1969. Estudio sobre todos los aspectos de la historia granadina, con extensa guía bibliográfica); *Castilla y la conquista del reino de Granada*, Granada, 1993 (1.ª ed. Valladolid, 1967); *Granada después de la conquista: repobladores y mudéjares*, Granada, 1993 (nueva edición de investigaciones publicadas entre 1968 y 1987); «Portugueses en la frontera de Granada», *En la España Medieval*, 23 (2000), 67-100; «La Frontera de Granada. 1265-1481», *Revista de Historia Militar*, número extraordinario, 2002; «Réalité et imagination: la perception du monde islamique en Castille au cours du bas Moyen Âge», en *Orient et Occident du Ixe au XVe siècle*, París, Éditions du Temps, 2000, pp. 159-198. Versión anterior española: «El Islam, realidad e imaginación en la Baja Edad Media castellana», en *Las utopías*..., Coloquio Hispano-Francés, Casa de Velázquez-Universidad Complutense, Madrid, 1990, pp. 215-240; «Los bautismos de los musulmanes granadinos en 1500», en *VII Simposio Internacional de Mudejarismo. Teruel, 1999* (Teruel, Instituto de Estudios Turolenses, 2002).

INTRODUCCIÓN

El auge de la investigación en los principales países europeos desde los años sesenta del siglo XX nos permite explicar hoy con otros criterios, bajo otra luz, la historia de las relaciones entre musulmanes y cristianos en la Edad Media, y añadir un sentido nuevo a la comprensión de lo que ya se conocía gracias a los trabajos de arabistas españoles y extranjeros de épocas anteriores, e incluso de la actual, porque todavía no están suficientemente próximos los intereses y los fines de la investigación de los arabistas y de los historiadores, más filólogos y proclives a un tipo de historia descriptiva los primeros, en general, más inclinados los segundos a dar razón del Islam en el cuadro de la historia de las civilizaciones y de sus relaciones recíprocas.

Ha habido una renovación total en los estudios sobre las cruzadas y el entendimiento del fenómeno y de sus causas y manifestaciones. Se han desarrollado mucho las investigaciones sobre la misión evangelizadora en la Baja Edad Media y, en relación con ellas, las llevadas a cabo acerca de las doctrinas de los teólogos católicos sobre el Islam: por cierto que lo contrario casi no es posible porque parece que a los intelectuales musulmanes de entonces apenas les preocupaba la cristiandad y sus mundos culturales como problema teórico o doctrinal. Se ha vuelto a definir, en fin, la consideración del *otro* musulmán como parte del mundo exterior de los europeos medievales, consideración en la que jugaban por parte europea factores de curiosidad y necesidad de relacionarse, tanto en el plano económico como en el intelectual, pero también otros de marginalización y rechazo. En definitiva, esta renovación ha producido la superación del tradicional orientalismo europeo, nacido en el siglo XIX, y se ha realizado, por primera vez, en contacto con las aportaciones de algunos historiadores musulmanes que han compatibilizado su identidad cultural y religiosa con el dominio de las categorías conceptuales y metodológicas de la actual ciencia histórica.

En el caso de la historia española, las relaciones entre cristiandad e Islam fueron muy importantes durante toda la Edad Media, alcanzaron a muchos aspectos de la vida colectiva de los habitantes de la Península, tanto musulmanes como cristianos, y contribuyeron fuertemente a la construcción de la historia de la España medieval como tierra de frontera entre Occidente y el Islam, aunque lo cierto es que se trataba de una frontera singular porque dividía un ámbito que había tenido ya una historia y una identidad anteriores, como *Hispania*, y separaba poblaciones que, en su mayor parte, descendían de *hispani*, tanto del lado cristiano como del musulmán. Esto nos debe disuadir de establecer comparaciones demasiado estrechas con otros casos de fronteras medievales con el Islam, como fueron la bizantina o la que crearon los cruzados en el Levante mediterráneo.

De todos modos, es evidente que la Reconquista creó una frontera móvil que duró toda la Edad Media y que, de manera diferente según las épocas, separó dos sistemas culturales, aunque haya habido préstamos e influencias mutuas, dos religiones —puesto que una u otra era dominante en cada caso aunque hubiera población de la otra—, dos sociedades. Nunca hubo una mezcla o hibridación que produjeran el nacimiento de una cultura nueva, e incluso las posibilidades de coexistencia eran limitadas. Todo esto era especialmente claro en los últimos siglos de la Edad Media, cuando aún existían una frontera y un poder político islámico en el sur de la Península, los del emirato de Granada.

Este libro recupera y amplía algunos temas de estudio esbozados en otro anterior que titulé, en 1969, *Granada. Historia de un país islámico*, del que se han publicado tres ediciones con diversos cambios y mejoras. En esta ocasión, he optado por hacer una obra distinta, en torno a asuntos más concretos porque se trata de explicar el enfrentamiento ocurrido entre Castilla y Granada en el siglo XV, que concluyó con la conquista del emirato y la integración de la población musulmana en el ámbito político castellano y, hasta cierto punto, también en el religioso y social. La guerra final, que ocurrió entre 1482 y 1492, fue un suceso singular por los medios en presencia, por la tenacidad de los Reyes Católicos y por el esfuerzo que desplegaron los castellanos de todas las regiones de la Corona, pero en ella y en sus resultados se recogió el testigo de unas ideas y proyectos, de unos antecedentes y modos de hacer que estaban presentes en las guerras anteriores, en la vida cotidiana de la frontera y en la percepción mental que se tenía del mundo islámico entre los europeos —en especial entre los castellanos— a finales de la Edad Media.

En consecuencia, sin dejar de dar a la historia de las guerras la parte central que en este caso corresponde a los sucesos, he puesto el mayor cuidado en explicar las estructuras sobre las que se basaban y los valores mentales que las informaban y daban sentido. Estructuras: los medios y recursos materiales y técnicos (modos de hacer la guerra, fuerzas y armamento presentes), así como los humanos (tipos de combatientes, en relación con el orden social y político establecido). Y valores mentales, porque en las guerras de Granada se manifiesta y se aplica una concepción del mundo y una visión de la religión y la cultura islámicas propias del mundo castellano y, por tanto, europeo, de la Edad Media tardía.

No ha sido posible llevar a cabo la operación complementaria salvo en algunos aspectos y ocasiones porque son mucho más escasas nuestras fuentes de conocimiento concretas y detalladas sobre la consideración que merecía la sociedad hispano-cristiana a los granadinos y a otros musulmanes: si el Islam histórico parece tan a menudo opaco al investigador no es sólo por su posición externa; lo es también por la escasez de sus testimonios escritos valorando a los otros universos religiosos y culturales, que vayan más allá de afirmaciones genéricas y tópicas y permitan saber también con detalle cómo se concebía la relación con ellos. Pero sólo sobre el reconocimiento y la crítica recíprocos, expresados de manera extensa y matizada, se puede fundar una imagen mental más completa, y alguna posibilidad real de comprensión mutua y superación del ensimismamiento. se trata de un problema relativo a la comunicación entre civilizaciones que no es únicamente historiográfico, pero aquí me limito a mencionarlo desde este punto de vista.

CAPÍTULO 1

GRANADA Y CASTILLA
EN EL SIGLO XV. 1406-1481

La Granada nazarí fue el último espacio político e histórico de Al Andalus, desde su formación, entre 1232 y 1246, hasta su conquista e integración en la Corona de Castilla, entre 1482 y 1492. El pacto establecido entre Fernando III y Muḥammad ibn Naṣr en 1246 fijaba la condición de éste como vasallo del rey castellano y estipulaba una tregua de veinte años: ambos aspectos, vasallaje y tregua, indican la provisionalidad con la que, del lado castellano, se consideraba la situación del nuevo poder nazarí.

Nunca dejó de ser así: aunque el vasallaje se rompiera o restableciera, según las circunstancias de hostilidad o sumisión, y aunque los emires desarrollaran sus relaciones exteriores con gran libertad de acción, lo cierto es que nunca hubo una paz interrumpida, sino una sucesión de treguas y guerras durante los dos siglos y medio que transcurrieron entre el nacimiento y el final de la Granada nazarí; un rápido repaso de su historia muestra cómo los años de guerra suman al menos cuarenta y siete entre 1264 y 1350, cuatro en la segunda mitad del siglo XIV, y treinta entre 1407 y 1462.

Esto sin contar las numerosas acciones bélicas limitadas en diversos puntos de la frontera que llevaron a cabo granadinos y castellanos durante las épocas de tregua.

Por lo tanto, la confrontación fue el estado más frecuente y el proyecto de conquista la imagen de mayor peso en la conciencia política castellana, pese a la importancia que tuvieron también las relaciones económicas, las mutuas influencias culturales y los períodos de relación pacífica tanto entre los dos países como entre los hombres que vivían a uno y otro lado de la frontera.

1. Antes del siglo xv

1.1. LA FORMACIÓN DEL EMIRATO (1232-1274)

El emirato o reino de Granada —nombre este último con que se le conoció en aquellos siglos— nació mientras ocurría la conquista del valle del Guadalquivir por Fernando III de Castilla y León, gracias a la confluencia de dos tipos de circunstancias, unas internas procedentes del juego de poderes en el territorio de lo que iba a ser la Granada nazarí, y externas otras, debidas a la política del rey castellano que, en su proyecto *reconquistador*, combinaba el dominio directo sobre unos territorios con el establecimiento de protectorados en otros, según las circunstancias de cada caso, las resistencias previsibles o la necesidad de poner límite a la expansión de los reinos cristianos vecinos.

La descomposición definitiva del poder almohade en Al Andalus durante la tercera década del siglo XIII dio paso a la aparición de diversos caudillajes militares y políticos de ámbito local o territorial que trataban de llenar el vacío producido y hacer frente a la creciente presión de los reinos cristianos. El más importante fue el ejercido por Muḥammad ibn Yūsuf ibn Hud, tal vez descendiente de los reyes taifas zaragozanos del siglo XI, aunque su popularidad le vino de la gran capacidad guerrera que demostró desde que, en junio de 1228, se sublevó contra los almohades en la zona de Murcia, reconoció al califa abbasí de Bagdad —lo que era un medio de legitimación sin contrapartidas— y estableció su gobierno en todo Al Andalus al año siguiente, salvo en Valencia y Niebla. Pero el poder de Ibn Hud era inestable y estaba sujeto a la reacción de los poderes locales y de los enemigos cristianos, que se manifestaba tanto en victorias militares como en exigencia de desmedidos tributos o parias para respetar las treguas, lo que debilitaba la posición de Ibn Hud, obligado a trasladar la carga fiscal y la humillación guerrera a sus compatriotas.

Un año antes de las que estableció con Castilla en 1233, ya se había sublevado contra él Muḥammad ibn Yūsuf ibn Naṣr, un notable local de Arjona que pretendía ser descendiente del Profeta. Muḥammad ibn Naṣr o Ibn al-Aḥmad, fue reconocido como emir en Arjona en abril de 1232, y, al poco tiempo, en Guadix, Baza y Jaén, con la ayuda de su pariente Abū'l-Ḥasan 'Alī ibn Ašqīlūla. En los años siguientes, mientras Ibn Hud desgastaba sus fuerzas frente a los cristianos, hasta morir asesinado en 1238, Muḥammad ibn Naṣr ampliaba su dominio a las principales ciudades del sureste: Granada (1237), Málaga y Almería después de morir su rival. Así formaba un dominio territorial compacto y defendible frente a la presión militar de Fernando III.

Sin embargo, abandonó Arjona en 1244, obligado por las armas cristianas, y, cuando, en agosto de 1245, los castellanos cercaron Jaén, el nazarí comprendió que había llegado el momento de ceder algo por vía diplomática antes que perder mucho más en la guerra: si aprovechaba la circunstancia, podía obtener condiciones mejores que el taifa de Murcia, que había establecido un pacto de vasallaje y sumisión en 1243, e incluso que el de Niebla, protegido por Castilla desde 1234. En consecuencia, ofreció a Fernando III la entrega de Jaén, su entrada en vasallaje y el pago de unas parias estimadas en 150.000 maravedíes de oro, rebajadas a 50.000 desde 1252, que equivalían a la mitad de todas sus rentas, a cambio de obtener una tregua por veinte años. El tratado de Jaén (febrero de 1246) fue el acta de nacimiento del emirato granadino. Desde entonces, Muḥammad I mantuvo unas relaciones con Castilla en las que se mezclaban la hostilidad y la sumisión, con vistas siempre a consolidar su dominio. Como vasallo del rey castellano figura en la confirmación de los documentos solemnes de su cancillería, asiste a las Cortes, al menos en teoría, y le presta ayuda militar: así, por ejemplo, 500 jinetes granadinos participaron en el asedio de Sevilla (1247-1248).

En los años siguientes, Muḥammad aprovechó la relativa detención de las conquistas cristianas y la renovación del tratado de Jaén por Alfonso X, en 1254, para organizar el ejercicio del poder en el interior del emirato, siempre con la estrecha cooperación de los Ibn Ašqīlūla, que gobernaban las zonas de Guadix, Málaga y Ronda. El rey cristiano proyectaba continuar sus acciones guerreras en el norte de África, donde el poder de los almohades era sustituido por el de los meriníes y, previamente, se aseguró el control de las costas atlánticas andaluzas mediante las conquistas de Cádiz y Niebla en 1262, además de pedir al granadino, aquel mismo año, la entrega de Tarifa y Gibraltar. Pero Muḥammad I, aunque deseaba desviar hacia África la atención de Alfonso, sabía que cualquier cesión tendría consecuencias negativas, y más teniendo en cuenta que Ceuta, llave del Estrecho, era entonces una ciudad independiente.

Así pues, consideró que la reanudación de las actividades bélicas y el control total del territorio andaluz por Alfonso X eran muy perjudiciales, a medio plazo, para los intereses granadinos, y prefirió iniciar un acercamiento tanto a Túnez como al emergente poder de los meriníes, a la vez que alentaba la gran revuelta de musulmanes mudéjares andaluces y murcianos, cuyo estallido, en la primavera de 1264, tomó desprevenido al rey cristiano. Sin embargo, pasada la sorpresa inicial, Alfonso consiguió restablecer la situación en Andalucía entre el otoño de 1264 y la primavera de 1265, obtuvo la alianza de los Ašqīlūla, enemistados por primera vez con su emir, entró en territorio granadino y obligó a pactar a Muḥammad I, que ofreció parias de 250.000 maravedíes al año así como abandonar a su suerte a los musulmanes murcianos, cuya resistencia continuó hasta que Jaime I de Aragón restableció el dominio cristiano a comienzos de 1266.

Mientras tanto, en los últimos meses de 1265, Muḥammad I amplió considerablemente la extensión de su dominio en el este mediante la ocupación de territorios murcianos; así consolidó aquella frontera, al tiempo que comenzaba a llegar una avalancha de mudéjares procedentes de Andalucía y Murcia que contribuyó a fortalecer la población del emirato granadino. Además, en 1266, el emir obtuvo el apoyo de don Nuño González de Lara y otros nobles castellanos, descontentos con la política regia, y contó así con una baza que oponer a la protección que Alfonso X prestaba a los Ašqīlūla, especialmente cuando don Nuño y los suyos se *desnaturaron* y vivieron durante algún tiempo en Granada, en 1272. Mal que bien, la tregua se había mantenido y Muḥammad I había logrado superar los peores efectos de la crisis de 1265, pero las zonas gobernadas por los Ašqīlūla escapaban a su control y, cuando los nobles castellanos se avinieron con Alfonso, se vio de nuevo en difícil situación.

El que hubo de hacerla frente fue su hijo y sucesor Muḥammad II (1273-1302), que renovó la tregua con Castilla mediante el pago de unas parias altísimas (300.000 maravedíes al año), pero consiguió la tranquilidad necesaria, con Alfonso X ocupado en su último intento de obtener la corona del Sacro Imperio Romano-Germánico, y así pudo plantear de otra manera sus relaciones exteriores: al solicitar y conseguir el auxilio de los meriníes de Fez (septiembre de 1274), inició una época nueva de la historia granadina, caracterizada por la intervención de los norteafricanos, por la lucha en torno al estrecho de Gibraltar, con varios partícipes involucrados en ella, y por la defensa eficaz de la frontera terrestre del reino de Granada, al que los reyes de Castilla consideraron siempre como vasallo suyo y perteneciente a su ámbito de influencia y posible expansión, hechos ambos subrayados por el pago de parias y la provisionalidad implícita en el régimen de treguas, aunque los castellanos no siempre estuvieron en condiciones de exigir las primeras ni de imponer las condiciones de las segundas.

1.2. EL DIFÍCIL EQUILIBRIO DE FUERZAS (1275-1406)

En los años sesenta del siglo XIII, a la vez que se afirmaba la existencia del reino de Granada, ocurrían dos hechos de gran importancia en su vecindad. Uno, la instalación de los meriníes en

Fez, desde donde dominaban el territorio comprendido entre Siyilmasa al sur y Ceuta al norte, y otro, la apertura habitual de la ruta
del estrecho de Gibraltar por las flotas europeas que operaban entre
Italia y el mar del Norte y el predominio cada vez más completo de
éstas, con el desplazamiento y decadencia extrema de los poderes
navales islámicos. En torno al Estrecho se jugaban importantes intereses mercantiles y políticos, en los que participaban, principalmente, Génova, la Corona de Aragón, Fez, Granada y Castilla con intereses distintos aunque, habitualmente, estaban más cerca entre sí
los de los poderes cristianos por una parte y los de los musulmanes
por otra, pero teniendo en cuenta que los genoveses actuaban sobre
todo por móviles económicos mientras que en los catalanes se mezclaban con los políticos y estos últimos, referidos a planes estratégicos de dominio militar, predominaban entre los meriníes, y también
entre los granadinos —que no siempre coincidían con sus correligionarios— y los castellanos que, además, se enfrentaban a Granada
a lo largo de una extensa frontera terrestre con características propias, distintas de las vigentes en el sector del Estrecho.

En su primera fase, el conflicto es predominantemente político-militar, desde el desembarco del meriní Abū Yūsuf en la primavera de 1275, utilizando los puertos de Tarifa y Algeciras, cedidos
por Muḥammad II, así como Ronda, para que sus aliados norteafricanos tuvieran sus propias bases de apoyo. Entre 1275 y 1285,
los musulmanes llevaron la guerra al valle del Guadalquivir, daña-
ron mucho las posibilidades de continuar la colonización o *repoblación* tal como hasta entonces se había llevado a cabo, y obliga-
ron a revisar el sistema de defensa fronteriza, donde alcanzaron
mayor protagonismo las Órdenes Militares hasta que, a finales de
siglo, comenzó a tomar auge el de algunos nobles cuyos señoríos
crecieron en la frontera misma, para proteger y poblar la tierra. Alfonso X fracasó en el intento de tomar Algeciras (1279) y, aunque
entró en la Vega de Granada en 1280 y 1281, hubo de aceptar la
ayuda meriní para combatir a su hijo Sancho entre 1282 y 1284.
Cuando, por fin, llegó la paz, en 1286, los meriníes conservaron en
su poder Tarifa, Algeciras y Ronda, de modo que mantuvieron el
control militar de ambas orillas del Estrecho, pero Muḥammad II
consiguió al poco tiempo que los últimos miembros del linaje de los
Ašqīlūla emigraran a Fez y se libró así del principal problema político interno que lo aquejaba.

El tratado castellano-aragonés de Monteagudo (1291), entre
Sancho IV y Jaime II, delimitó las zonas de influencia de ambos reinos en el norte de África. Con la ayuda naval catalana, y contando
con la neutralidad granadina, los castellanos conquistaron Tarifa en

octubre de 1292. Después de llevar a cabo un intento para recuperar la plaza, en 1294, que fracasó ante la heroica resistencia de Alfonso Pérez de Guzmán, los meriníes perdieron momentáneamente interés por las cuestiones peninsulares e incluso devolvieron a Muḥammad II el control de Ronda y Algeciras al año siguiente. El granadino, por el contrario, aprovechó la turbulenta minoridad de Fernando IV en Castilla para aliarse con Jaime II, que reclamaba el reino de Murcia, y conquistar entre 1295 y 1302 algunas plazas en la frontera del Alto Guadalquivir (Quesada, Alcaudete, Bedmar, Arenas, Locubín). Pensaba utilizarlas como piezas de intercambio para recuperar las pérdidas en la zona del Estrecho (Tarifa, Medina Sidonia, Vejer, Alcalá de los Gazules), que tenían un valor estratégico mucho mayor: bien lo comprendió Pérez de Guzmán, que se encargó de su defensa en aquellos años difíciles al mismo tiempo que comenzaba la formación de los señoríos de su propio linaje en aquella zona de la frontera, entre Tarifa y la bahía de Cádiz.

Muḥammad III (1302-1309) procuró volver a la amistad con Castilla, que era el enemigo más peligroso, en cuanto terminaron las circunstancias anómalas propias de la minoridad de Fernando IV, de modo que en agosto de 1303 acordó una tregua por tres años, con pago de parias y vasallaje, pero manteniendo las conquistas fronterizas efectuadas hasta aquel momento. Aprovechando la fortaleza de su situación, el nazarí ocupó Ceuta en 1306 y se atrevió a intervenir en las discordias que entonces ocurrían en Fez. Pero, al cabo, aquello provocó una triple alianza contra Granada, precisamente en el momento en que un golpe interno deponía a Muḥammad III e instalaba en el poder a su hermano Naṣr (marzo de 1309): aquel verano, los meriníes recuperaron Ceuta, con la ayuda naval catalana, mientras Jaime II sitiaba infructuosamente Almería y Fernando IV hacía lo propio con Algeciras, aunque sólo consiguió tomar Gibraltar. La razón del relativo fracaso de ambos reyes era que los meriníes habían vuelto a apoyar a Granada y enviaban refuerzos a Algeciras y Ronda, de modo que Naṣr pudo acogerse a nuevas treguas en 1310, renovó su vasallaje y pagó 11.000 doblas anuales de parias, además de devolver a Fernando IV las plazas conquistadas unos años antes en la Alta Andalucía. Otra más, Rute, cayó en manos castellanas en 1312.

No era un precio excesivo y, además, Granada compensaba sus propias crisis internas con las que ocurrían en Castilla durante la larga minoridad de Alfonso XI. Naṣr fue depuesto por Ismāʿīl I (1314-1325), apoyado por los meriníes, pero los regentes de Alfonso apenas pudieron obtener beneficio de la situación: una escuadra castellana fue derrotada en aguas del Estrecho en 1316, aunque el infante Pedro conseguía algunos éxitos en la frontera terrestre de la Alta Andalucía al tomar Cambil, Alhabar y Belmez. La tregua se renovó en 1318, pero en junio de 1319 los infantes Pedro y Juan, que habían entrado en la Vega de Granada para hacer una tala, fueron vencidos y muertos en el mayor desastre que los castellanos habían conocido hasta entonces. Las treguas se renovaron, no sin que antes los granadinos obtuvieran algunas ventajas al hacerse con el control de Martos, en la zona giennense, y de Huéscar, Orce y Galera, en el noreste.

La nueva línea dinástica nazarí se consolidó gracias a aquellas victorias pero no sin sobresaltos porque dependía mucho de la voluntad de los jefes militares del emirato. Ismā'īl fue asesinado en 1325 y le sucedió su hijo Muḥammad IV (1325-1333), bajo tutela. Al mismo tiempo, Alfonso XI alcanzaba la mayoría de edad con sólo catorce años y daba muestras de recuperar la iniciativa: toma de Olvera, Pruna y otros castillos próximos en 1327, alianza con Alfonso IV de Aragón en 1329, conquista de Teba en 1330. Poco a poco, la balanza se inclinaba del lado castellano también en aquel sector de la frontera, más próximo a Sevilla, aunque las treguas por cuatro años acordadas en febrero de 1331 siguen las pautas tradicionales: 12.000 doblas anuales de parias y licencia para que los granadinos pudieran comprar cereales, ganado y otros productos alimenticios en Castilla mientras la tregua durara. Es la primera vez, por lo que parece, en que expresamente se trata este asunto, que nos da la clave para conocer uno de los motivos de debilidad granadina, como era la insuficiencia de su abastecimiento.

Aquel mismo año, 1331, comenzó a gobernar en Fez Abū'l-Ḥasan 'Alī, protagonista de la última época del intervencionismo meriní a este lado del Estrecho, tanto por propia iniciativa como por la llamada de sus correligionarios granadinos, que acudieron a él en busca de ayuda ya en 1331. Las escaramuzas fronterizas proliferaron en los dos años siguientes y los castellanos perdieron Gibraltar antes de que se acordaran nuevas treguas en octubre de 1333. Treguas que, por cierto, costaron la vida a Muḥammad IV, acusado de debilidad frente al enemigo y asesinado durante un golpe de palacio, pero su hermano Yūsuf I (1333-1354) se hizo con el poder, apoyado por los meriníes, que habían conseguido su principal propósito al tomar el control de Gibraltar, Algeciras y Ronda y afirmar su presencia en el Estrecho gracias al apoyo que en aquella ocasión les prestó Génova, más atenta a sus intereses comerciales que a la participación en guerras de resultado incierto. La crónica de Alfonso XI comenta esta actitud con cierta amargura: *ca los ge-*

*noveses ovieron siempre manera de ayudare a quien les diese dinero,
e sobre esto non cataron Christiandad nin otro bien ninguno.*[1]

El enfrentamiento decisivo se produjo cuando terminó la tregua, en 1338. Al año siguiente, las escaramuzas y razias se generalizaron en toda la frontera, aunque lo peor ocurrió en el Estrecho, cuando la flota castellana fue destruida en abril de 1340 por naves genovesas y meriníes. Alfonso XI intentó reconstruirla alquilando galeras de Aragón y Génova, que era preciso pagar por anticipado a un precio enorme, próximo a las mil doblas de oro mensuales cada nave, pero no consiguió impedir que Abū'l-Ḥasan buscara el choque definitivo y atravesara el Estrecho en junio para sitiar Tarifa.

Fue una equivocación porque en tierra propia los castellanos eran más fuertes. Alfonso XI, con ayuda de Alfonso IV de Portugal, le hizo frente y lo derrotó en la famosa batalla del Salado o de Tarifa (30 de octubre de 1340), la última de «las grandes batallas de la Reconquista»,[2] un triunfo decisivo que permitió al rey castellano apoderarse en 1341 de plazas importantes en otros sectores de la frontera (Alcalá de Benzaide, llamada desde entonces la Real, Priego, Benamejí, Rute) y poner de nuevo sitio a Algeciras desde agosto de 1342, asedio que mantuvo hasta la caída de la plaza en marzo de 1344, pese a las dificultades y al enorme costo de la operación, que no se vería compensado por el cuantioso botín ni, en definitiva, por el valor estratégico de la plaza ante el cambio general de las circunstancias.

Se acordó una tregua aquel mismo año con las habituales cláusulas de pago de parias (12.000 doblas al año) y facilidades comerciales limitadas para los granadinos. Fez y Aragón se adhirieron a ella, y Alfonso XI no volvió a promover una guerra hasta el verano de 1349, cuando asedió Gibraltar; murió ante sus muros al año siguiente, víctima de la peste bubónica. Esta circunstancia coincidió con motivos más profundos y duraderos para poner término a aquella época de guerras y tensiones en torno al estrecho de Gibraltar.

Varios hechos confluyeron a mediados del siglo XIV para producir cambios importantes en las relaciones entre Granada y Castilla. Dos de ellos derivan de la victoria de Alfonso XI: el retraimiento catalán del área granadina y el predominio mercantil de los ge-

---

1. *Crónica de Alfonso XI (Biblioteca de Autores Españoles*, vol. 66), cap. 212.
2. A. Huici Miranda, *Las grandes batallas de la Reconquista durante las invasiones musulmanas (Almorávides, Almohades, Benimerines)*, Madrid, 1956.

noveses, pues fueron estos últimos los que más se beneficiaron de la resolución del conflicto desde el punto de vista económico, al poder incrementar un comercio muy beneficioso en Granada, el Magreb y la Andalucía del Guadalquivir, sin que ningún tipo de obstáculo se opusiera a la libre navegación por el Estrecho. Otros dos hechos fueron también fundamentales: por una parte, la descomposición política del sultanato meriní después del apartamiento de Abū'l-Ḥasan en 1349, pues su crisis interna hizo que los norteafricanos desaparecieran del escenario político-militar granadino como fuerza efectiva.

Por otra parte, las epidemias de peste y las luchas internas afectaron tanto a Castilla como a Granada y contribuyeron también a dejar en suspenso las hostilidades, de modo que se pasó de una situación de conflicto continuo a otra de choques esporádicos en la que no había fuerzas ni voluntad para mantener la lucha con intensidad y constancia. Aparentemente, la paz beneficiaba a Granada, que incluso se libró por algún tiempo de pagar parias, pero sus fuentes de apoyo exterior habían desaparecido al debilitarse la conexión entre los musulmanes de ambos lados del Estrecho y, con ello, la posibilidad de desarrollar una política de equilibrio entre diversos poderes. Granada nunca pudo superar aquel estado de aislamiento respecto al resto del mundo islámico y, a la larga, esto fue fatal para su supervivencia.

Muḥammad V (1354-1391) dirigió la época más tranquila del reino, pese a algunos sobresaltos. No la más próspera, tal vez, porque no corrían buenos tiempos, pero sí la de paces más largas, un tiempo propicio para la organización interior y la inversión de tiempo y dinero en creaciones artísticas y literarias: buena parte de la Alhambra y toda la obra del visir Ibn al-Jatib lo simbolizan a la perfección.

Muḥammad mantuvo buenas relaciones de tregua y vasallaje con Pedro I (1350-1369), y esto le implicó en las guerras entre el rey castellano y Pedro IV de Aragón, que comenzaron en 1356: tal es el motivo de fondo de las revueltas internas granadinas que intentaron sustituirle por Ismā'īl II y Muḥammad VI entre 1359 y 1362; Muḥammad V recuperó el trono con ayuda de Pedro I y mantuvo su fidelidad en los años siguientes, al ayudarle con tropas en su guerra contra Aragón durante 1362 y 1363 y en la que mantuvo contra Enrique de Trastámara desde 1366 aunque, en este segundo caso, la actitud del granadino era consolidar la paz con el vencedor, fuera quien fuese: por eso, estableció una tregua con Enrique II durante su «primer reinado», en 1367, pero volvió a la amistad con Pedro I hasta su muerte en Montiel (1369) y aún más allá, apoyando a los petristas que se hicieron fuertes en Carmona durante algún tiempo más. Naturalmente, aquellas circunstancias daban ventaja coyuntural a los granadinos en las luchas de frontera: pudieron saquear Utrera y Jaén, asediar incluso Córdoba en 1368, recuperar Cambil, Alhabar y Rute, e intentar asaltos contra Osuna y Marchena. Pero, sobre todo, una vez afianzado en el trono castellano Enrique II, Muḥammad estaba en condiciones de obtener treguas beneficiosas, y así se establecieron y renovaron durante decenios a partir de 1370.

Así pues, aun dentro de su aislamiento, Granada tenía paz, la paz más larga que disfrutó el emirato en su agitada existencia, y esto se debía tanto a la habilidad y fuerza de los nazaríes cuanto a los problemas internos y la debilidad de los Trastámara castellanos, que ni siquiera estaban en condiciones de exigir el pago de parias. Todavía, en 1394, el maestre de Alcántara, Martín Yáñez de Barbudo, irrumpió en la Vega de Granada al frente de una hueste de trescientos caballeros de la orden y mil peones, fanatizado por ciertas profecías, como cualquier cruzado de antaño, y los granadinos lo aniquilaron; no sólo eso, sino que consiguieron cumplidas explicaciones de la corte castellana, porque el maestre había roto la tregua en vigor.

Muḥammad V había fallecido ya, en 1391, sucedido por su hijo Yūsuf II (1391-1392) y por el hijo de éste, Muḥammad VII (1392-1408). Por entonces, las escaramuzas fronterizas comenzaron a ser más frecuentes, sobre todo en el sector murciano, y menor el deseo de mantener la paz: ya en 1392 una cabalgada granadina contra Caravaca fue derrotada en el *puerto* de Nogalete, y en 1401 otra atacó el campo de Cartagena. Es posible que, por entonces, Enrique III pensara en la conveniencia de reanudar las hostilidades, en relación con otros aspectos de la presencia castellana en el Mediterráneo e incluso con el peligro de la expansión turca en los Balcanes. Las iniciativas del rey parecen buscar la neutralización de cualquier apoyo que Granada pudiera encontrar en el mundo islámico, buscando aliados o bases territoriales más allá de él: cabe atribuir este significado, entre otros, a acciones tan dispares como fueron la embajada a Tamerlán, que llegó a Samarcanda en 1402, o la intervención directa para la conquista de las islas Canarias aquel mismo año.

La tensión aumentó en la frontera desde 1405 —ataque a Lorca; toma de Ayamonte, cerca de Setenil— y más todavía en 1406: robos de ganado vacuno por los granadinos en la zona de Vejer y Medina Sidonia; intentona contra Priego, castillo en el sector fronterizo de Teba; cabalgadas en la campiña de Écija y Estepa; incendio del arrabal de Bedmar y ataque contra Benamejí; razia contra Caravaca. Sin embargo, las treguas se renovaron por dos años a co-

mienzos de octubre, pero en aquel momento un nuevo asalto granadino contra el Adelantamiento de Cazorla se saldó con un sangrien-
to encuentro en Los Collejares, cerca de Quesada, que fue motivo
próximo de la ruptura de hostilidades.

Durante los últimos meses de su vida, ya muy enfermo, Enrique III preparaba abiertamente la guerra contra Granada, y había
convocado Cortes para solicitar ayuda económica. Su muerte no de-
tuvo el proyecto, pero posiblemente éste tomó otra orientación en
manos del regente, el infante don Fernando, hermano del monarca
difunto, que vio en la guerra la posibilidad de convocar a todas las
fuerzas políticas castellanas para llevar a cabo una empresa común
donde él mismo obtendría la fuerza y el prestigio que sustentarían
su poder.

2. El siglo xv. Planteamiento general

La guerra de conquista, llevada a cabo por los Reyes Católicos,
entre 1482 y 1492 se entiende mejor como momento final de un largo proceso que se refiere tanto a los acontecimientos como a las estructuras básicas de relación entre Granada y Castilla y a sus mo-
dificaciones, incluyendo la respectiva capacidad militar. Hay que tener en cuenta, ante todo, las novedades ocurridas en el siglo xv:
durante la larga «batalla del Estrecho», hasta 1350, Granada había
contado con apoyos exteriores, en especial el de los merizíes de Fez
y, aunque el saldo final fue negativo para el emirato, nunca estuvo
en peligro de desaparecer y mantuvo una notable capacidad de con-
traataque. Los largos períodos de tregua de la segunda mitad del siglo xiv fueron muestra más de la debilidad y crisis interna castellana que de la fortaleza granadina: por el contrario, en aquellos decenios Granada apenas podía contar ya con los apoyos exteriores
que antes tenía y también había cedido gran parte de la capacidad
de iniciativa en la frontera terrestre, debido a la pérdida de bastantes castillos y franjas de territorio con alto valor estratégico durante las guerras de la época anterior.

Si hay un rasgo común a todo el siglo xv granadino, éste es la
incapacidad del emirato para obtener ayuda efectiva de otros poderes políticos islámicos. El sultanato meriní de Fez vivía en situación
de anarquía endémica desde mediados del siglo xiv y sufrió, a partir de 1415, la intervención portuguesa, que consiguió la conquista
de plazas portuarias de gran importancia: Ceuta sobre todo, en
1415; el asalto a Tetuán en 1437; la toma de Alcazarseguer en 1458
y de Tánger en 1471. Los portugueses alentaron también, como ve-

remos, proyectos más ambiciosos que incluían su participación en la conquista de Granada, al lado de los castellanos. Además, en 1465 un golpe político llevó al poder en Fez a una nueva familia, los wattasíes, que no pudo dominar a los poderes locales del sur de Marruecos, conocidos con el nombre de cherifes o cheríes; precisamente en su seno nació, a comienzos del siglo XVI, la dinastía saadí, que consiguió dominar en todo el país desde 1553.

La atención del Egipto de los mamelucos con respecto a Granada nunca pasó del plano sociocultural y, en algunos casos, del envío de pertrechos de guerra, pero su lejanía y circunstancias hacían imposible otra actitud. Yūsuf I ya solicitó ayuda, a raíz de la batalla del Salado, y Muḥammad V en 1364, señalando lo favorable de las circunstancias. Los dirigentes egipcios recibieron al menos otras tres embajadas en el siglo XV: una en 1441-1442, enviada por Muḥammad IX, entonces en tregua con Castilla. Otra en 1464, después de que los granadinos perdieran Gibraltar y Archidona, y otra, por lo que parece, en 1487, tal vez de camino hacia Estambul, donde podía radicar la última esperanza granadina.

La vida del emirato nazarí tuvo que plegarse, en consecuencia, a los avatares de fuerza o debilidad de Castilla, motivados por las diferentes coyunturas políticas a que daban lugar las luchas internas en el reino. Pero, en cualquier caso, las guerras que Castilla llevó a cabo en el siglo XV tuvieron ya como propósito último la conquista del emirato, aunque su discontinuidad o breve duración lo impidiera: así sucedió con las campañas del infante Fernando, regente de Juan II, entre 1407 y 1410, con las de Juan II mismo, movido por su privado Álvaro de Luna, entre 1430 y 1439, o con las de Enrique IV desde 1455 hasta 1462. En su transcurso, o durante las treguas, la capacidad militar granadina se limitó a contraataques locales en la frontera, a veces con notable éxito, pero que no modificaban la relación general de fuerzas.

Además, los reyes castellanos pudieron utilizar para sus fines la crisis política que debilitaba a la dinastía nazarí y dividía a la aristocracia granadina en bandos enfrentados, al menos desde que, en 1419, Muḥammad IX se hizo con el poder por primera vez, apoyado en el partido de los abencerrajes, desplazando a su sobrino Muḥammad VIII y a los «legitimistas» que le seguían. Después de la muerte de Muḥammad IX, en 1453, y del efímero reinado de Muḥammad X, hijo del emir depuesto en 1419, las pugnas internas continuaron, aunque tanto el emir Sa'd como su hijo Abū'l-Ḥasan, desde 1464, supieron mantenerse en el poder, unas veces apoyándose en el bando abencerraje, otras enfrentados a él, o incluso intentando conciliar a unos y otros mediante pactos familiares. En 1470, Abū'l-

Ḥasan ahogó en sangre la última rebeldía de los abencerrajes; los supervivientes huyeron a Andalucía y allí vivieron alojados por grandes nobles —Guzmán, Fernández de Córdoba— hasta que en 1482 tuvieron ocasión de volver a intervenir en Granada apoyando a Muḥammad XI, Boabdil, en la última de las querellas dinásticas que desgarraron el emirato. El cuadro político granadino previo a la guerra final se completa con otro hecho: la gobernación en condiciones de gran autonomía que, con la aquiescencia del emir, llevaba a cabo en Almería el *infante* —así le llaman los documentos castellanos— Ibn Sālīm, hijo de Yūsuf IV, de modo que la singularización política del sureste del emirato, que siempre fue fuerte, continuaba y produciría nuevos efectos más adelante, cuando Yaḥyā al-Naŷŷar sucedió a su padre Ibn Sālīm en la gestión y defensa de los intereses familiares.

3. Don Fernando «el de Antequera»

Con las guerras del infante Fernando comenzó un modo nuevo de entender las relaciones con Granada. Los políticos ambiciosos se valían del señuelo de la guerra para acallar las disidencias interiores y obtener el apoyo económico de las Cortes y del clero, y acudían a Granada en busca de la gloria y el poder que proporcionaban algunas victorias pero, una vez conseguidas, abandonaban la empresa. Sólo cuando a estas tendencias se unió una visión más clara de las conveniencias castellanas y cuando la libertad de acción política de los reyes tuvo menos trabas, entonces se afrontó la guerra contra Granada en todas sus dimensiones, aprovechando a fondo la debilidad interna del emirato. Esto no ocurrió hasta 1481, pero desde las campañas de don Fernando el de Antequera hasta la guerra final hubo un argumento común, que fue la voluntad castellana de acabar con la existencia política de Granada e incorporar el territorio y la población del emirato a la Corona de Castilla.

Ante las Cortes, reunidas en Toledo, el infante solicitó algo más de cien millones de maravedíes para pagar durante seis meses un ejército de diez mil *hombres de armas*, caballería pesada, y cuatro mil jinetes, caballería ligera, estimando un sueldo de diez maravedíes diarios por unidad, más cincuenta mil ballesteros y lanceros a pie, a cinco maravedíes diarios, «allende de la gente de Andalucía» —que serían varios miles de combatientes más a caballo y a pie—, treinta galeras y cincuenta naos para las operaciones navales, seis lombardas *gruesas* y otros cien *tyros* de pólvora de menor calibre, más dos *ingenios* y doce *trabucos* para completar las operaciones de

asedio, picos, azadones y azadas en gran cantidad para talas y alla-
nado de caminos, doce pares de fuelles grandes de herrero, y la cantidad adecuada de bueyes y carretas para el transporte. Se observa
el predominio de la caballería pesada, al modo tradicional, y una
combinación de artillería de pólvora —que era un arma todavía escasa— con otras máquinas de asedio, además de prestarse atención
importante a la marina, al prever una armada muy numerosa, tal
vez ante el temor de que los granadinos recibieran apoyo norteafricano. Por otra parte, no parece que pudiera diseñarse una gran
campaña adecuada a aquellos efectivos y movilizarlos por completo de manera inmediata, de modo que la petición del infante puede
considerarse, más bien, como un cálculo máximo de hombres y recursos con los que se podría contar.

Las Cortes otorgaron un *servicio* de 45.000.000 maravedíes, a
pagar durante el primer semestre de 1407, cantidad con la que podía llevarse a cabo una campaña de grandes dimensiones, pero ate-
nida a las posibilidades efectivas. Durante buena parte del año, la
guerra fue una sucesión de cabalgadas e intentos de asalto a castillos: en la frontera de Murcia, los castellanos consiguieron tomar
por unos días Huércal y saquearon la tierra de Vera. En la andaluza, los granadinos lanzaron ataques contra el castillo de Priego, en
la frontera sevillana, y lo tomaron, y contra las tierras de Lucena,
Bédmar, Jaén y Baeza, mientras que sus enemigos realizaban ataques contra Torre Alháquime, en el sector fronterizo de Teba, y conseguían conquistar en junio el castillo de Pruna, cercano a Zahara,
además de que la escuadra consiguió deshacer a una flota musulmana que tenía su base en Gibraltar.

La acción principal comenzó en septiembre, a partir de Sevilla,
y se dirigió al sector de la frontera donde mayor actividad había habido en los meses anteriores, pero se había perdido mucho tiempo,
no había un planteamiento global adecuado de la campaña y, además, hubo ausencias y otros fallos en la presentación de tropas y organización del ejército. El infante don Fernando tomó Zahara, pero
fracasó ante Setenil y hubo de dar por concluida la campaña a finales de octubre sin haber obtenido los grandes resultados que se
esperaban aunque los avances en la frontera de Ronda no eran des-
deñables: además de Zahara, se tomaron o recuperaron los castillos
de Priego, Cañete, Cuevas del Becerro, Ortejícar y Torre Alháquime,
aunque su control era precario en aquellas circunstancias porque
Muḥammad VII aprovechó el otoño e invierno de 1407-1408 para
intensificar las acciones bélicas en la frontera.

El emir contraatacó en el sector fronterizo giennense, donde llegó ante los muros de la misma ciudad de Jaén mientras los castella-

nos asediaban Setenil y, meses después, cercó Alcaudete, entre el 17 y el 22 de febrero de 1408. Los *fronteros* cristianos, por su parte, insistían en actuar en la zona donde eran más fuertes y donde esperaban conseguir beneficios con sus cabalgadas, además de debilitar al enemigo para futuras acciones de mayor alcance. Un ejemplo típico es la «entrada», de cuatro días de duración dirigida por el *frontero* al mando de la zona de Jerez, Garci Fernández Manrique con setecientos de a caballo; la cabalgada partió de Medina Sidonia y entró en tierras de Gibraltar, Casares y Estepona, a finales de febrero de 1408:

> ... E mató desta entrada en el campo fasta sesenta moros, e troxieron a vida presos fasta veynte moros, con çiento e çinquenta yeguas e roçines, e fasta tres mill vacas e seys mill ovejas. E como el tiempo era de muchas aguas que llovían del çielo, los ríos estauan muy creçidos en manera que no podían pasar las ovejas por los ríos. E llegaron a Guadiaro e pasaron las vacas e yeguas, e en que no pudieron pasar las ovejas, mataron las que ende pudieron matar dellas. E quando vino la cabalgada en saluo, no se fallaron que pudieron venir a partiçión sino fasta dos mill vacas, o pocas más, que las otras eran comidas e gastadas e furtadas.[3]

Muḥammad VII murió cuando se estaba negociando una tregua que duraría entre abril y noviembre de 1408, con la que quedarían en suspenso las operaciones militares de mayor importancia, aunque no las iniciativas limitadas en la frontera: en una de ellas, septiembre de 1408, los granadinos recuperaron el castillo de Priego. A Muḥammad le sucedió su hermano mayor, Yūsuf III, al que había impedido acceder al trono en 1392. Yūsuf tenía un temperamento menos belicoso que su difunto hermano y, además, entendía que prolongar las treguas era ganar tiempo y alejar el peligro. Así, su enviado a los regentes castellanos, 'Abd Allāh al-Āmīn consiguió prórrogas sucesivas hasta abril de 1410, aprovechando que la situación interior en Castilla también favorecía aquel estado de cosas.

Pero en 1410 las circunstancias castellanas habían cambiado y el infante Fernando necesitaba adquirir fama y prestigio tanto para consolidar sus proyectos y su clientela política en el interior de Castilla como para respaldar sus aspiraciones al trono aragonés, vacante tras la muerte de Martín I aquel mismo año. Se planeó una gran campaña cuyo objetivo sería el cerco y toma de Antequera en una operación militar que anticipó en tres cuartos de siglo las que emprenderían los Reyes Católicos al asediar Ronda o Loja. Los gra-

---

3. *Crónica de Juan II* (Madrid, Ed. Carriazo, 1982), cap. 100.

nadinos habían aprovechado el fin del invierno para lanzar cabalgadas e intentos de asalto contra Zahara, Segura de la Sierra y Caravaca, demostrando así su capacidad de iniciativa en todos los sectores de la frontera, pero, ante la invasión castellana, tuvieron que limitarse a una defensiva estricta.

El asedio de Antequera dio comienzo el 26 de abril y, tras la derrota de una columna de socorro granadina, se formalizó desde el 6 de mayo. Fue un cerco duro y prolongado en el que menudearon los episodios de valor y heroísmo, como no volverían a darse hasta el cerco de Málaga en 1487. Se empleó artillería gruesa —bombardas— y potentes máquinas de asedio, entre las que destacaron dos *bastidas* y una *escala* hechas en las atarazanas de Sevilla por un Juan Gutiérrez de Torres, que había aprendido la técnica en Portugal: hubo que romper la muralla sevillana, cerca de la Puerta de Jerez, para sacarlas y se empleó un tren de 360 carretas para su transporte, escoltadas por 1.200 ballesteros y lanceros, en un viaje que duró desde el 5 de mayo hasta el 24 de junio, en que comenzó su instalación frente a Antequera donde jugaron un papel fundamental porque desde las *bastidas* disparaban los ballesteros al interior de la ciudad, y la *escala* se empleó en el asalto a la plaza, el 16 de septiembre, que provocó la capitulación de sus moradores ocho días después.

Pese a la violencia y duración del enfrentamiento, el infante don Fernando otorgó el tipo de capitulación habitual cuando la resistencia era mucho menor, y los antequeranos pudieron abandonar la ciudad libres y con sus bienes muebles. Después de entrar en Antequera, el 25 de septiembre, los sitiadores se hicieron con el control de tres castillos cercanos, los de Aznalmara, Coche o Cauche y Xébar. Como alcaide de Antequera quedó Rodrigo de Narváez, al que sucedieron sus hijos Pedro y Fernando, y, antes de alzar sus reales, el infante procedió al acto ritual de cristianización de la plaza:

> En primero día de otubre, ordenó el infante de yr de fazer bendezir una mezquita que es en el castillo de Antequera. E partió el Infante de sus tiendas muy solenemente, en proçesión, yendo con él todos los clérigos e frayles que avía en el real, con las cruzes e reliquias de su capilla, lleuando delante los pendones de la Cruzada e del señor Sant Isidro de León e el de Santiago, e sus pendones. E con él todos los grandes e caualleros e ricos omes de la hueste, yendo diziendo cantos muy solenes, dando muchas gracias e loores a Dios. E llegaron a la mezquita mayor, que está en el castillo, e dixeron una misa cantada, e predicaron. E vendezieron los altares, e posiéronle nonbre San Saluador. E en este día estovo el Infante en la villa todo el día, e comió ende él e muchos de los caualleros que con él estauan. E estauan

las calles por do yba la proçesión llenas de yeruas e de ramas verdes, que parcsçían muy bien a maravilla. E en este día tomó el Infante el pleito a Rodrigo de Narbaes, e quedó en el castillo e en la villa.[4]

Yūsuf III había intentado en vano que el cerco se alzara, ofreciendo grandes compensaciones económicas y la firma de una tregua por dos años. Pero cuando la operación concluyó, una vez obtenido el triunfo y el prestigio que buscaba, el infante don Fernando —el de Antequera, como fue conocido desde entonces— también estaba interesado en el fin de las hostilidades para dedicarse por completo a defender su candidatura al trono aragonés y emplear en ello, como lo hizo, muchos recursos políticos y económicos castellanos que hasta entonces se habían dedicado a la empresa granadina. Así se llegó a una tregua en noviembre de 1410, por diecisiete meses, en la que el emir granadino se comprometió a liberar trescientos cautivos cristianos, como muestra de buena voluntad. Después, desde 1412, la tregua se renovó hasta 1428, por períodos anuales y, desde 1417, bienales o trienales, y a ella se adhirieron en muchos casos Aragón y Fez.

De los trabajos y esfuerzos que sufrieron las poblaciones de Andalucía —la frontera, como entonces se la denominaba— durante el cerco de Antequera, da idea este expresivo capítulo del cronista Alvar García de Santa María:

> Pocos ovo en la frontera que no pusiesen la mano en esta guerra, ansí por el seruiçio de Dios e del Rey como por ver al Infante con tan gran lealtad e bondad, que tenía tanta voluntad de la fazer, en tiempo de tutorías, e en la hedad del Rey. E, por ende, magüer que los del Andaluzía pechauan pedidos e monedas ansí como los otros del reino, yvan todos a esta guerra, que no se escusaua ninguno [...] E a los que por ende vinieron, el Infante les mandó fazer merced, mandándoles dar sueldo para ellos e para la gente que cada uno traxo. E tantos trabajos pasaron los de estas çiudades [Sevilla y Córdoba, en especial], que avían a fazer lleuar viandas al real, e mantenimientos, e pinos, e maderos, e cáñamo, e todas las otras cosas que fazían menester para el real. E los viejos que quedaban en la çiudad, demás de los pechos que pagauan, pehauan la lieua de las bestias que lleuaban al real estos mantenimientos, e cueros para encorar las vastidas, e toneles, e tapiales, e açadones, e palas, e en lleuar el pan del Rey, que les hera mucho mayor pecho que lo que les venía en el pecho de la guerra, e en lleuar escudos que les fueron tomados por las casas [...] E pasaron asaz costa e trauajo, que feneçida aquesta entrada de que se tomó An-

4. Crónica de Juan II, cap. 185.

tequera, quedaron allá muchos dellos muertos, e vinieron muchos feridos. E los que quedaron, quedaron mucho menesterosos en las faziendas. E, por ende, comoquier que todos los del reino trabajaron mucho, pero sintiéronlo los que de allá vinieron a la guerra, e no los que quedaron. E los del Andaluzía sintiéronlo todos, así los que fueron a la guerra como los que quedaron, por estar çerca e ser forçados de seruir más que los que estauan lexos.[5]

Las campañas de don Fernando el de Antequera se habían desarrollado a partir de la frontera terrestre con Granada pero también hubo cierta actividad naval en el Estrecho, donde Gibraltar conservaba importancia como base, según se demostró en 1407, y de nuevo en 1411, cuando los meriníes de Fez, que se hicieron con la plaza y con algunas fortalezas del entorno, y permanecieron allí hasta que Yūsuf III logró expulsarlos en 1414. Fue la última vez que los norteafricanos intentaron el control de ambas orillas del Estrecho, donde el predominio de las marinas europeas era completo. Pero no correspondió a Castilla la iniciativa militar en aquel ámbito sino a Portugal: la toma de Ceuta por las tropas de Juan I de Portugal en agosto de 1415 tuvo por objeto conseguir un mayor dominio naval en aquella ruta estratégica y en las mercantiles que llevaban al interior de África aunque el aislamiento de la plaza frustró en parte este último proyecto; de paso, privó a los meriníes de la base principal de embarque para la Península, cosa que tuvo notable importancia en las siguientes guerras entre Castilla y Granada. Ahora bien, la partida de la flota portuguesa, que salió de Lisboa a finales de julio de 1415, se hizo sin declarar objetivo concreto y Gibraltar parecía tan probable como Ceuta, y lo siguió siendo incluso una vez iniciado el asedio de esta plaza, y en los años siguientes: después de levantar el cerco musulmán sobre Ceuta, en 1419, el infante portugués don Enrique intentó ir contra Gibraltar pero se lo impidió el mal tiempo y, tal vez, el que sus consejeros le recordaran que Gibraltar era *lugar da conquesta de Castella*, como testimonia el cronista Zurara.

Aunque nunca llegaran a materializarse intervenciones portuguesas contra Granada en el siglo XV, no cabe duda de que la proximidad de Ceuta y el desarrollo de su política norteafricana llevaron a Juan I y a sus sucesores a estar especialmente interesados en el escenario granadino, y también en los socorros que sus plazas norteafricanas podían recibir de los puertos andaluces. En octubre

5. *Crónica de Juan II*, cap. 186.

de 1415, Juan I se dirigía a Fernando, ya rey de Aragón, para proponer que se llevara a cabo la conquista de Granada por los tres reinos cristianos conjuntamente —Castilla, Portugal y Aragón—, aprovechando la paz que había entre ellos, el aislamiento de los granadinos y la mala época de hambre y epidemias que padecía el norte de África. La respuesta de don Fernando se retrasó hasta marzo de 1416; alababa en ella la buena intención de Juan I, pero le hacía saber cómo *las ditas cosas toquen principalment el rrey de Castiella*, de modo que, por el momento, se limitaba a comunicar el proyecto a la reina Catalina, madre y tutora de Juan II de Castilla.

4. Comienzo de las guerras civiles en Granada

Los dirigentes políticos granadinos no supieron aprovechar aquella circunstancia de prolongada tregua para mejorar las posibilidades de defensa de su reino o encontrar apoyos exteriores. Al contrario, desde 1419 se envolvieron en turbulencias y luchas que contribuirían decisivamente a la ruina del país. Dos años antes, Yūsuf III había muerto, dejando como sucesor a su hijo menor de edad, Muḥammad VIII, llamado el Pequeño, pero en marzo de 1419 el linaje de los abencerrajes se hizo con el poder al colocar en el trono a Muḥammad IX, el Zurdo o el Izquierdo, nieto de Muḥammad V, y situar a su lado a Yūsuf, cabeza del linaje, como visir, todo ello con ayuda de los emires hafsíes de Túnez. La personalidad de Muḥammad IX y el predominio de su partido llenarán la política granadina durante el siguiente tercio de siglo, en medio de fuertes convulsiones internas. Y, hasta 1485, habría al menos veinte «actos de proclamación de sultán», según Seco de Lucena, cifra que da idea por sí sola del habitual estado de convulsión autodestructiva en que se desarrolló la vida política del emirato.[6]

Es preciso saber algo sobre el bloque de linajes autor del golpe de 1419 y sobre sus oponentes porque todos ellos dominaron, de una u otra forma, la vida política granadina del siglo XV, lo que pone de manifiesto la importancia de las estructuras familiares en la organización, reparto y mantenimiento del poder, tanto en el nivel general del emirato como en los locales. De todos ellos hay noticias antes del siglo XV pero fue en este siglo cuando consiguieron un dominio máximo de la situación política. Los linajes o parentelas que sustentaron a Muḥammad IX fueron los Ibn al-Sarrāŷ, Kumāša, ibn

---

6. L. Seco de Lucena Paredes, «Panorama político del Islam andaluz durante el siglo XV», *Miscelánea de Estudios Árabes y Hebraicos*, IX (1960), pp. 7-18.

LÍNEA SUCESORIA DE LA DINASTÍA NAZARÍ

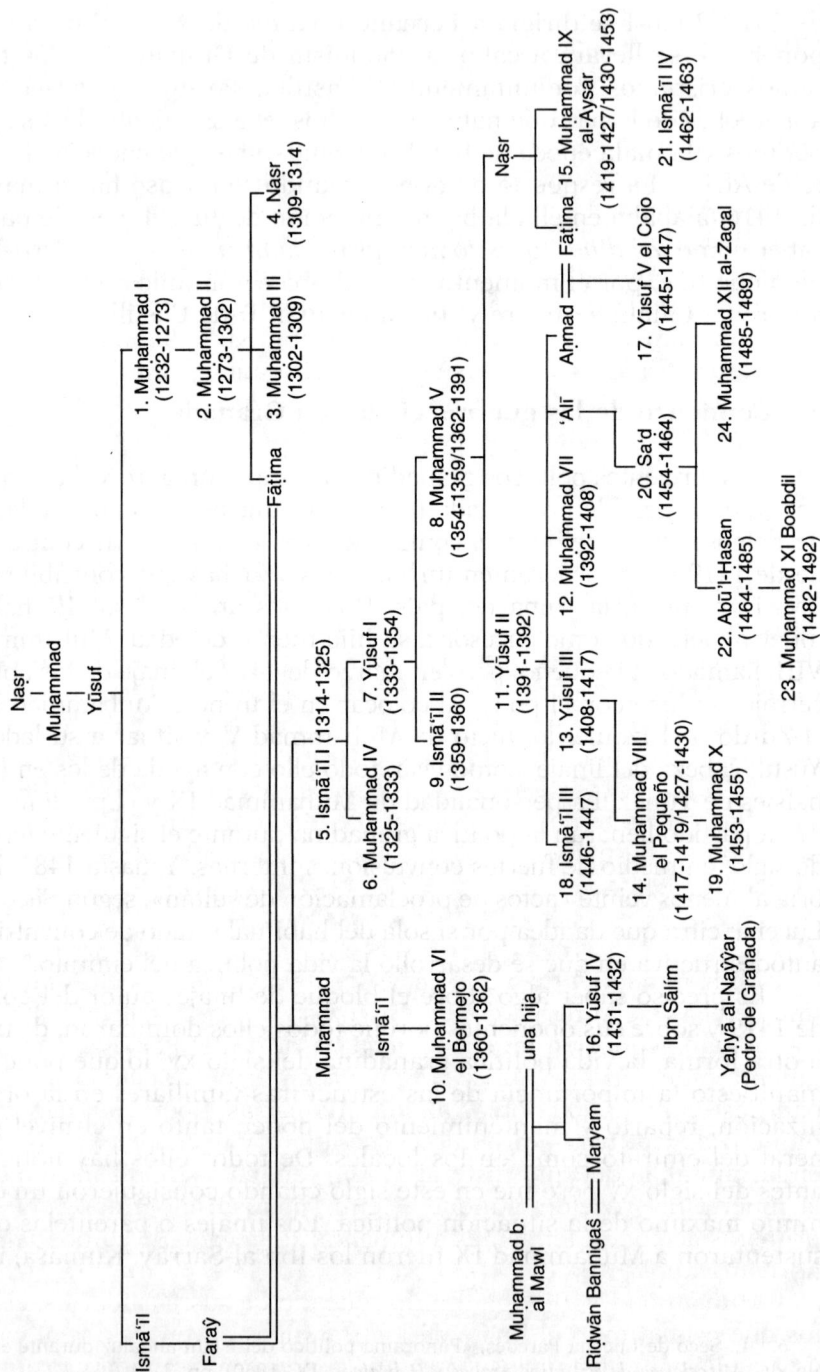

Nasr
Muḥammad
Yūsuf

Ismāʿīl

Faraŷ

1. Muḥammad I (1232-1273)

2. Muḥammad II (1273-1302)

3. Muḥammad III (1302-1309)

4. Nasr (1309-1314)

Fāṭima

Muḥammad

Ismāʿīl

5. Ismāʿīl I (1314-1325)

6. Muḥammad IV (1325-1333)

7. Yūsuf I (1333-1354)

8. Muḥammad V (1354-1359/1362-1391)

9. Ismāʿīl II (1359-1360)

10. Muḥammad VI el Bermejo (1360-1362)

una hija

11. Yūsuf II (1391-1392)

12. Muḥammad VII (1392-1408)

13. Yūsuf III (1408-1417)

Nasr

ʿAlī

Aḥmad

Fāṭima

15. Muḥammad IX al-Aysar (1419-1427/1430-1453)

21. Ismāʿīl IV (1462-1463)

17. Yūsuf V el Cojo (1445-1447)

20. Saʿd (1454-1464)

22. Abūʾl-Hasan (1464-1485)

24. Muḥammad XII al-Zagal (1485-1489)

23. Muḥammad XI Boabdil (1482-1492)

14. Muḥammad VIII el Pequeño (1417-1419/1427-1430)

18. Ismāʿīl III (1446-1447)

19. Muḥammad X (1453-1455)

16. Yūsuf IV (1431-1432)

Yaḥyā al-Naŷŷar (Pedro de Granada)

Ibn Sālim

Maryam

Ridwān Bannigaš

Muḥammad b. al-Mawl

'Abd al-Barr y Mufarriŷ. Los «legitimistas», partidarios de Muḥammad VIII y enemigos de los «abencerrajes», fueron Alamines y Venegas. A los «abencerrajes» (Ibn al-Sarrāŷ, «hijos del sillero») pertenecía el dirigente del golpe de 1419, Abū'l-Ḥāŷŷāŷ Yūsuf ibn al-Sarrāŷ que ejerció cargos de gobierno así como, más adelante, otros miembros de la parentela. Los Ibn 'Abd al-Barr formaron alianza política con los abencerrajes y uno de ellos, Ibrāhīm ibn 'Abd al-Barr, dirigió a todo el grupo entre 1432 y 1452. Un hijo suyo sería el principal apoyo de Muḥammad XI Boabdil, en 1482, aunque murió en la batalla de Lucena, al año siguiente; lo sucedió como ministro principal o ḥāŷib del emir Yūsuf ibn Kumāša, uno de cuyos antepasados había sido ya estrecho colaborador de Muḥammad IX. Los Mufarriŷ procedían de un renegado o helches cristiano activo en la corte granadina a finales del siglo XIV; uno de sus miembros fue hayib del emir Sa'ḍ, que ordenó su ejecución en 1462, y otros participaron en la política del emirato hasta su emigración al norte de África poco antes de la rendición de Granada.

En el bando «legitimista», los al-Āmīn fueron fieles servidores de Yūsuf III y Muḥammad VIII, entre 1408 y 1419, e incluso uno de ellos, Sa'iḍ al-Āmīn volvió a la actividad diplomática con motivo de las treguas de 1439 y fue sucedido en ella por sus hijos. Los Bannigaš o Venegas eran de origen cristiano, tal vez del linaje de los señores de Luque, y siguieron la misma suerte política que los al-Āmīn, en auge bajo Muḥammad VIII, en el destierro o el apartamiento después, hasta que uno de ellos, Abū'l-Qāsim ibn Riḍwān Bannigaš volvió al poder desde 1470 con el emir Abū'l-Ḥasan y después con su hermano Muḥammad al-Zagal, hasta su emigración a África en 1490.

Muḥammad IX tuvo que hacer frente a varias revueltas locales, una de ellas en Almería, donde un «moro santo», especie de corsario, actuaba con total independencia desde 1421. Por otra parte, la quiebra monetaria de 1425 y el gravamen que producían las treguas con Castilla —13.000 doblas anuales de parias, liberación de cierto número de cautivos— produjo descontento y una revuelta popular en la capital, la del sufí Yūsuf al-Mudaŷŷan, en 1426, que acabó con la muerte del rebelde, aunque el emir incluso había apoyado sus primeras acciones, tendentes a fomentar la llegada de combatientes norteafricanos.

Muḥammad VIII había huido rodeado de sus partidarios, entre los que estaba todo el linaje de los Bannigaš o Venegas, y, al calor de aquellas circunstancias, consiguió regresar a Granada y expulsar a su rival en noviembre de 1427, aunque en un primer momento aministió a los abencerrajes con la fallida esperanza de que conseguiría así su sumisión. El Pequeño negoció una nueva tregua de dos años con Castilla, pero no pudo impedir que Yūsuf ibn al-Sarrāŷ, a la cabeza de los abencerrajes huidos a Castilla, negociara también en la corte de Juan II, con ayuda del regidor murciano Lope Alonso de Lorca, y consiguiese cierto apoyo castellano al regreso de Muḥammad IX, que se había refugiado en Túnez. El Izquierdo volvió a Granada, asedió a Muḥammad VIII en la Alhambra durante el segundo semestre de 1429, recuperó el poder en marzo del año siguiente y envió a su adversario al castillo de Salobreña, que era prisión habitual de emires y pretendientes depuestos o de familiares considerados peligrosos por los inquilinos de la Alhambra.

5. Don Álvaro de Luna

Los gobernantes castellanos habían ayudado a Muḥammad IX sin abandonar completamente a su rival, con lo que practicaban una política de aprovechamiento de las discordias internas de la dinastía nazarí que se repetiría en otras ocasiones a lo largo del siglo XV. El Izquierdo propuso tregua, pero se negaba a pagar las parias y estaba en buenas relaciones con Alfonso V de Aragón, con el que Juan II y su privado don Álvaro de Luna, tenían en aquel momento guerra abierta. En cuanto se llegó a un acuerdo con los aragoneses —pacto de Majano, 25 de julio de 1430— comenzaron los preparativos de guerra contra Granada: don Álvaro de Luna, en pleno triunfo, la consideraba un medio excelente para consolidar su poder y aumentar su prestigio, aunque no tenía intención de emplearse a fondo en la conquista del emirato como tampoco parece que la tuviera, dos decenios atrás, el infante don Fernando.

Los enfrentamientos comenzaron en noviembre de 1430, con algunas incursiones del Adelantado de Andalucía, Diego Gómez de Ribera, contra Colomera, y siguieron con diversa fortuna en la primavera del año siguiente: mientras que el Adelantado de Cazorla, Rodrigo de Perea, sufría una derrota en la zona de Baza, el Mariscal Pedro García de Herrera, Capitán Real en el sector de Jerez, conseguía tomar Jimena de la Frontera en marzo de 1431. Por entonces, el Izquierdo hizo matar a Muḥammad VIII y a su hermano Abū'l-Ḥasan, con objeto de evitar que sus partidarios buscaran apoyo para él en Castilla, pero éstos encontraron otro candidato en la persona de Yūsuf IV ibn al-Mawl, llamado por los cronistas castellanos el «infante Abenalmao», nieto de Muḥammad VI.

Don Álvaro de Luna prefirió realizar una demostración de fuerza antes de iniciar cualquier tipo de negociación con los granadinos de uno u otro bando. En mayo entró en la Vega, por Alcalá la Real, y procedió a una tala sistemática, antes de regresar a Córdoba, donde se estaban concentrando las tropas. De nuevo, los castellanos invadieron la Vega, con Juan II y don Álvaro al frente, en la segunda mitad de junio: su ejército contaba con los recursos morales y económicos de la predicación de cruzada, y, después de numerosas escaramuzas, trabó batalla campal a la vista de Granada con los musulmanes dirigidos por un sobrino de Muḥammad IX, de nombre Yūsuf ben Aḥmad, el Cojo. El encuentro tuvo lugar el 1 de julio y se conoce con el nombre de batalla de La Higueruela, una de las pocas lides campales en la historia del emirato, tan recordada que, siglo y medio después, Felipe II la hizo representar en la Sala de las Batallas del monasterio de San Lorenzo de El Escorial, tal vez siguiendo un dibujo contemporáneo del suceso.

Otro día, viernes veynte e nueve días del mes de junio, dio el condestable [don Álvaro de Luna] tan grand priesa, que el real del rey fue çercado de un grand palenque, muy bien ordenado. Sería la çerca del palenque de tanto compás como la çibdad de Sevilla. E mandó dexar en él quatro puertas, por do entrassen e saliesen en el real, que estaba ordenado por sus calles en muy fermoso asiento. Este día salieron los moros de la çibdad de Granada, e pusiéronse entre la çibdad e el real, por las viñas e olibares. Los cristianos trabaron el escaramuça contra ellos, por sacarlos a lo llano, mas los moros, veyendo e entendiendo lo que pretendían, se guardaban de aquello. En estas escaramuças pasaron aquel día, e el sábado siguiente.
Como la vitoria de las batallas sea en las manos del todopoderoso Dios, muchas vezes él la otorga quando los hombres no la esperan. E como el domingo siguiente don Luys de Guzmán, maestre de Calatrava, toviesse la guarda del real, e estubiesse con su gente allanando las açequias e los malos passos, salieron todos los moros de la çibdad que eran para tomar armas, así de pie como de caballo, e pusiéronse por los olibares e viñas, segund avían fecho en los días pasados; e de allí fueron algunos dellos a trabar el escaramuça con la gente del maestre de Calatrava, que estaba en la guarda, e tras aquellos cargó más gente de moros [...]. Serían los moros fasta quatro mill de cauallo e doçientos mill peones, entre ballesteros e lançeros, e apenas avía quedado aquel día en la çibdad de Granada moro que fuese para tomar armas que allí no estobiesse; e más que de todo el reyno de Granada se avían recogido e juntado los moros allí, sabiendo que el rey enderesçaba a la çibdad de Granada [...] [en vista de que no se pueden retirar, los cristianos piden refuerzos al real, y, una vez juntos] [...]. Des-

pués que el condestable don Álvaro de Luna ovo ordenado a todos, e avisado cómo avían de fazer, púsose delante de todos en su batalla, la qual era la delantera [...]. E mandó tocar las tronpetas e a grand voz començó a llamar el nonbre del apóstol Santiago, e dixo a todos los suyos que lo siguiesen, e fiziesen como el fazía. E fue a ferir en los enemigos de la sancta fe cathólica, e a entrar por medio dellos, por donde vido el mayor tropel, e más junta dellos... Ronpió tan bravamente con su batalla e alas por las batallas más gruesas de los moros, e tan esforçadamente él e sus gentes ferían en ellos e ronpían, derribando e matando de los enemigos, que los moros non podieron sofrir más al condestable e a sus gentes e começaron de volver las espaldas e fuir. E como los otros tropeles de moros vieron que la prinçipal batalla de los suyos fuía, començaron todos de volver las espaldas e ponerse en fuyda... E porque los moros fuyan a diversos logares, por estar en muchos tropeles, los christianos los siguieron a diversas partes, ca unos fueron en el alcançe de los que se acogían contra las huertas, e otros de los que se acogían contra las montañas. El condestable siguió el alcançe de la más gruessa gente de los moros, que fuya contra la çibdad de Granada; por eso [...] ovo de pasar muchas acequias e valladares e muchos ásperos lugares, los quales pasaban con muy grand trabajo [...]. E murieron muchos moros, e la matança que en ellos se fizo aún oviera seydo mayor, e el alcançe más seguido, si la noche, que sobrevino, non lo estorbara.[7]

Los castellanos no aprovecharon las posibilidades que abría aquella victoria, sino que levantaron el real el 10 de julio, después de pactar su ayuda al pretendiente Yūsuf IV, al que apoyarían el Adelantado Diego Gómez de Ribera y el maestre de Calatrava, don Luis de Guzmán, nombrado Capitán Mayor de la frontera de Jaén. Muḥammad IX salía bien parado, porque conservaba el poder y no había tenido que pactar tregua ni pagar parias. La retirada castellana se debió a disensiones entre los principales nobles, pero también a razones económicas —falta de dinero para mantener y proveer aquella gran hueste— y militares, puesto que no había medios ni armamento para asediar Granada y, después de las talas y de la victoria campal, poco más podía hacerse. Confiar en la fortuna de Yūsuf ibn al-Mawl era mucho más sencillo, a la vista del número creciente de sus partidarios y, en efecto, el pretendiente consiguió ser reconocido en muchas plazas de la frontera andaluza, formalizó el tratado de tregua y vasallaje con Juan II en septiembre

7. Crónica de don Álvaro de Luna, caps. XXXVII y XXXVIII (Madrid, Ed. Carriazo, 1940).

de 1431, entró en Loja el 3 de diciembre y en la Alhambra, abandonada por Muḥammad IX, el 1 de enero de 1432.

El tratado de tregua se ratificó el 27 de enero: incluía, además del vasallaje personal del emir, que acudiría como tal vasallo de Juan II a las Cortes castellanas, el pago de 20.000 doblas al año en concepto de parias, la liberación de todos los cautivos cristianos y no permitir que islamizaran cristianos, cautivos o libres, en Granada. La contrapartida era el apoyo militar castellano, que no fue suficiente, porque Muḥammad IX se hizo fuerte en Almería y Málaga y obtuvo apoyo diplomático tunecino y aragonés, al tiempo que crecía la impopularidad de su rival y el rechazo al tratado oneroso y humillante que había firmado. Así las cosas, el Izquierdo consiguió detener a una columna de socorro cristiana en la Vega (marzo de 1432; es la «segunda batalla de La Higueruela», según la llamó Seco de Lucena con cierta exageración) y fue acogido con entusiasmo en Granada. A finales de abril ya había hecho ejecutar a Yūsuf IV, cuyos seguidores más destacados, con Riḍwān Bannigaš al frente, huyeron a Castilla.

Desde aquel momento hasta 1439 se prolongó la guerra, que los castellanos basaban en operaciones de desgaste y asaltos fronterizos para conseguir la toma de fortalezas y la sumisión de autoridades y poblaciones locales, a lo que los granadinos replicaban en la medida de sus fuerzas, que eran comparables a las de andaluces y murcianos. No volvió a haber grandes campañas militares, al estilo de las de 1410 y 1431 de modo que el objetivo final, la conquista del emirato, se aplazaba indefinidamente. Ni siquiera fue posible durante unos años apoyar a candidatos al trono nazarí dispuestos a derrocar a Muḥammad IX y a pactar vasallaje con Castilla. Sin embargo, tenemos un conocimiento detallado de este período de luchas fronterizas, que puede servir como muestra de muchos otros: la viveza con que sus avatares hirieron la imaginación de los contemporáneos y la mayor madurez del idioma castellano dieron lugar a relatos cronísticos, a cartas de relación, a tradiciones orales vertidas luego en romances donde el realismo y la leyenda se entremezclan.

Las alternativas del enfrentamiento eran numerosas y cruentas, pero los castellanos tenían casi siempre la iniciativa. Sus jefes militares en los distintos sectores de la frontera, nombrados por el rey y renovados cada cierto tiempo, procedían a talas sistemáticas en los meses de mayo a julio, y conseguían tomar castillos del enemigo, sobre todo en primavera y otoño. Así, en 1432 el Adelantado Diego Gómez de Ribera hizo una tala en la zona de Málaga, mientras que el maestre de Calatrava llevaba a cabo otra en la de Guadix, y los dos juntos una tercera en la Vega de Granada, durante el mes de julio. En junio del año siguiente se repitió la situación ante Guadix, aunque el protagonista era un nuevo Capitán Mayor de la frontera giennense, Peralvárez Osorio. En 1433 cayeron en poder del adelantado de Murcia, Alfonso Yáñez Fajardo, los castillos de Xiquena y Tirieza. En el sector de Jaén, los de Benzalema y Alicún de Ortega, en el de Sevilla, Turón, Iznájar y Ardales, cerca de Teba, y en el de Jerez otra fortaleza de importancia, El Castellar, próxima al Estrecho, y, tal vez, por breve tiempo, Gibraltar.

Por el contrario, 1434 presenció algunos descalabros importantes de los *fronteros* castellanos: en mayo, el adelantado Diego Gómez de Ribera murió de un saetazo cuando intentaba cercar Álora, y poco después también Alonso Fajardo, hijo del adelantado de Murcia, en un encuentro con los granadinos cerca de Vera. Poco después, el maestre de Alcántara, don Gutierre de Sotomayor, sufría una derrota en tierras de Écija. En el otoño cambiaron las tornas en la frontera de Jaén: el comendador santiaguista Fernando de Quesada, alcaide de Bédmar, tomaba el castillo de Solera, y, en los primeros días de noviembre, Rodrigo Manrique, también comendador de la Orden de Santiago en Segura, conseguía tomar al asalto la formidable fortaleza de Huéscar.

La misma alternancia de reveses y triunfos se observa en 1435. En marzo, Fernando Álvarez de Toledo, señor de Valdecorneja, que era Capitán Mayor de la frontera de Jaén desde el año anterior, fracasó en su intento de escalar Huelma, y, más al oeste, don Gutierre de Sotomayor padeció una cruenta derrota junto a la Peña de los Enamorados, cuando avanzaba hacia Archidona. Otra cabalgada castellana fue también derrotada cerca de Ubrique, en la sierra de Grazalema. A mediados de mayo, en cambio, la fortuna sonrió a Álvarez de Toledo y a don Gonzalo de Zúñiga, obispo de Jaén, que talaron la tierra de Guadix y vencieron a las tropas granadinas salidas a su encuentro.

Aunque la guerra contra Granada era asunto específicamente castellano, no se debe olvidar la actitud de los otros reinos de España. La Corona de Aragón mantuvo durante aquellos decenios una relación pacífica y, en general, lejana con respecto a los nazaríes, preocupada más bien de las relaciones mercantiles, donde se solía tolerar el envío de cosas vedadas por su valor militar o estratégico, y de los contactos que mantenían con el emirato los musulmanes de Valencia. Los intereses de Portugal, en cambio, estaban mucho más cerca, vinculados a la política atlántica de este reino: en el verano de 1432 y, de nuevo, en mayo de 1434, expresaron los monarcas lusitanos a los de Castilla su deseo de participar en la conquista granadina, y no era simple cortesía diplomática, sino resultado de los proyectos que se barajaban en la corte de Lisboa, al más alto nivel; allí, en 1432, los infantes, hijos de Juan I, habían debatido si era más conveniente emprender nuevas acciones contra Fez o contra Granada, justificables éstas porque *aquela terra, per direita herança he da Espanha*.[8] Al cabo, los portugueses prefirieron desarrollar sus proyectos atlánticos, lo que incluyó la renovación de sus pretensiones sobre las islas Canarias en 1434-1437, y en consecuencia un nuevo enfrentamiento con Castilla, pero no abandonaron por completo sus proyectos granadinos, en relación con los norteafricanos: parece que en julio de 1435 proyectaban asaltar Gibraltar, y tal vez esta posibilidad aceleró los planes del conde de Niebla, que acabaron trágicamente ante la plaza al año siguiente. De todos modos, el fracaso portugués ante Tánger, en 1437, puso fin durante una generación a sus intentos de conquista en aquella zona.

El deterioro de la situación militar para Muḥammad IX aumentó mucho en 1436, debido tanto a los costes de la guerra como al aumento del descontento interior. Aquel año, el número de *caballeros moriscos* que se acogían a refugio en la corte de Juan II aumentó; formaban allí una especie de milicia o capitanía a cuyo frente estaba un Abenámar, miembro de la familia real nazarí (Ibn al-Aḥmar) aunque no sabemos de quién se trataba. Por el momento no estaban en condiciones de enfrentarse con el Izquierdo y muchos pidieron licencia para pasar a Túnez, donde continuaron su actividad de oposición política. Pero, al mismo tiempo, bastantes plazas de la frontera oriental granadina aceptaban el dominio militar de Castilla siempre que se respetara a su población en condición de mudéjares, y a sus propiedades.

En aquellas circunstancias, el Adelantado Fajardo ocupó por capitulación Veléz Blanco y Véléz Rubio entre enero y mayo de 1436. Rodrigo Manrique, Galera y Castilléjar en abril, y Álvarez de Toledo, Benamaurel, en mayo. Por entonces, Baza y Guadix enviaban emisario a la corte castellana para ofrecer que reconocerían como emir al miembro de la familia real nazarí que tuviera el apoyo de Juan II, pero éste exigió la entrega de las respectivas alcazabas, cosa a la que los musulmanes no accedieron, por lo que no siguieron adelante los tratos. Por último, en octubre de aquel año, los murcianos ocuparon Albox. Como resultado de todos aquellos sucesos, la tregua de 1439 reconocería a Castilla en el sector fronterizo este

8. *Monumenta Henricina...*, IV, docs. 21 y 26.

y noreste las fortalezas de Alicún de Ortega, Benzalema, Benamaurel, Cúllar, Castilléjar, Galera, Orce, Huéscar, los dos Vélez, Xiquena, Overa, Arboleas, Zurgena, Albox, Cantoria y Albánchez.

La resistencia de la frontera oeste era muchísimo más dura: en agosto de 1436, don Enrique Alonso de Guzmán, conde de Niebla, intentó tomar Gibraltar, no lo consiguió y, además, murió en el empeño, por socorrer a los suyos:

> ... la qual muerte fue en esta guisa: él hubo ardid que podía tomar a Gibraltar, para lo qual juntó dos mil de caballo e tres mil peones en la su villa de San Lucar de Barrameda, e mandó ir a la gente de caballo por tierra con su hijo don Juan, el qual mandó que cercase la villa por parte de la tierra, y que él la cercaría por la mar, para lo qual llevó galeas e naos caravelas con la gente que cunplía, e llegando cerca de Gibraltar el conde de Niebla, salió de su galea e con él hasta quarenta caballeros principales, e fue a pie por escaramuzar con los moros, e los moros detenían quanto podían la escaramuza porque creciese la mar, e desque fue crecida, los moros apretaron tan fuertemente con el conde e con los suyos que quando se quiso retraer no pudo, e con todo eso, con gran peligro suyo entró en una galea e con él algunos de los suyos, e queriendo irse a su flota vido que quedaban algunos peleando con los moros, e por los socorrer volvió a tierra, y en tanto creció de tal manera la mar que él no se podía valer e vídose tan apretado de los moros que se recogió a una barca para ir a su galea, y estando así vido a un caballero, criado suyo, metido en la mar hasta los pechos, dando grandes voces diciendo «socorredme, señor». El conde, veyéndolo en aquella guisa, mandó volver la barca para le guarecer, e como llegó cerca de él, otros muchos christianos que estaban en el agua por temor de los moros, llegaron todos al borde de la barca por se meter en ella, e travaron del borde tan fuertemente que la trastornaron en el agua, e así se ahogaron el conde don Enrique de Niebla e hasta quarenta caballeros e gentiles hombres que en la barca con él estaban.[9]

La última conquista de los castellanos en aquella guerra se debió a la iniciativa de don Íñigo López de Mendoza, señor de Hita y Buitrago, futuro marqués de Santillana, que era Capitán Mayor de la frontera cordobesa y giennense desde 1437, quien, en abril del año siguiente, consiguió tomar Huelma. Tres meses después, en julio, moría Rodrigo de Perea, Adelantado de Cazorla, en una escaramuza cerca de Castril, en el sector de Baza.

Por entonces, las circunstancias políticas de Castilla estaban

---

9. *Crónica de Juan II*, año 1436, cap. III (*Biblioteca de Autores Españoles*, vol. 68).

cambiando. Don Álvaro de Luna perdía poder frente a los infantes de Aragón y los nobles seguidores suyos, y era desterrado de la corte en octubre de 1439. Pero, antes, se habían abierto negociaciones desde finales de 1438 con Muḥammad IX para alcanzar una tregua que negoció por parte castellana don Íñigo López de Mendoza. Las capitulaciones se firmaron el 11 de abril de 1439 y refrendaban el éxito castellano en aquel decenio de guerra: se establecía una tregua por tres años, hasta el 16 de abril de 1442, el pago de veinticuatro mil doblas de oro en concepto de parias y la liberación gratuita de quinientos cincuenta cautivos cristianos cada año; Granada obtenía la ventaja de una reanudación regulada del comercio de frontera a través de los *puertos* de Zahara, Antequera, Alcalá la Real y Huelma. Castilla consolidó todas sus ganancias territoriales, según se observa en la enumeración de castillos fronterizos en su poder. Ya hemos indicado los del sector murciano y nororiental; los otros eran, de oeste a este, Algeciras —despoblada— y Tarifa, El Castellar, Jimena, Benarrabá, Grazalema, Zahara, Turón, Ardales, Cañete, Antequera, Iznájar, Alcalá la Real, Locubín, Arenas y Huelma. Cambil y Alhabar permanecían como vigía avanzado de los granadinos frente a Jaén.

Muḥammad IX intentó infructuosamente conseguir alguna ayuda efectiva exterior, como lo desmuestra la embajada que envió a Egipto en los últimos meses de 1440, pero sólo pudo comprobar el alto grado de aislamiento en que se hallaba su país. Al menos, la tregua se renovó entre marzo de 1443 y abril de 1446, después de un año de negociaciones durante las que tampoco hubo hostilidades dignas de mención. Pero la tranquilidad no iba a durar mucho tiempo.

6. Los últimos años de Muḥammad IX

Don Álvaro de Luna había recuperado el poder en Castilla después de la batalla de Olmedo (19 de mayo de 1445), que significó el fin político de los infantes de Aragón, pero en condiciones mucho más difíciles y precarias que en el decenio anterior. Con todo, los sucesos ocurridos por entonces en Granada le hicieron concebir la idea de que era posible una intervención semejante a la de los años 1430 y 1431. Después de años de distanciamiento, Yūsuf ben Aḥmad el Cojo, que era gobernador de Almería, se sublevó contra su tío Muḥammad IX y consiguió que abdicara y se recluyera en Salobreña y Motril. El reinado de Yūsuf V se extendió desde mediados de 1445 a febrero de 1446, fecha en que hubo de huir a Almería ante el triunfo de un candidato rival, Abū'l-Walīd Ismāʿīl (Ismāʿīl III), que había vivido refugiado en la corte castellana y contaba con el apoyo de Juan II, lo que le permitió entrar en el emirato y anudar fidelidades en torno suyo, en especial las de los abencerrajes que, pese a ello, no abandonaban a Muḥammad IX, refugiado en Salobreña.

El reinado de Ismāʿīl III en la Alhambra fue accidentado y breve. No consiguió suficiente apoyo castellano mientras que Yūsuf V actuaba tanto contra él como contra los cristianos de la frontera en el este del emirato, aprovechando las fuertes luchas y disensiones que padecía Castilla. Así, en el verano de 1446 recuperó Arenas, Benamaurel y Benzalema y en el de 1447 Huéscar, Vélez Blanco y Vélez Rubio. Pero en agosto de aquel año murió asesinado y, por lo que sabemos, al mes siguiente Muḥammad IX el Izquierdo se hacía de nuevo con todo el poder y entraba en Granada, mientras que Ismāʿīl III se refugiaba otra vez en Castilla.

En la violenta y oscura historia de la política interior granadina del siglo XV se discierne, desde el «pronunciamiento abencerraje» de 1419 —así lo denominó Seco de Lucena—, la existencia de dos bloques: uno, el «legitimista»; otro, el formado por los seguidores de aquel linaje, que elevaron al poder a Muḥammad IX, caudillo militar notable, grato también a hafsíes de Túnez y meriníes de Fez, y capaz de tomar decisiones tajantes en relación con sus adversarios. Por otra parte, pesaba la intervención castellana, siempre dispuesta a patrocinar candidatos dóciles a su interés, generalmente del bloque «legitimista» y a mantener la tensión bélica en la frontera. Al cabo, en la última parte de su largo reinado, desde septiembre de 1447, Muḥammad IX consiguió cierto equilibrio interior, al asociar al trono, en condición de heredero, a un hijo de su antiguo rival, Muḥammad VIII. Este personaje es Muḥammad X el Chiquito, que gobernó como emir desde julio de 1453 y colaboró antes con el Izquierdo en los últimos y agitados años de su vida.

La situación interna en Castilla se prestaba a multiplicar las intervenciones para recuperar el terreno perdido en los años treinta. Sobre todo en Murcia, donde la muerte del adelantado Alonso Yáñez Fajardo a comienzos de 1444 y la menor edad de su hijo Pedro habían dado lugar a un estado de violencia que permitió a los granadinos sus conquistas de 1446 y 1447; sólo se mantuvieron Xiquena y Tirieza gracias a que un pariente del adelantado, Alonso Fajardo el Bravo, partidario de Juan de Navarra, el último de los infantes de Aragón que continuaba interviniendo en la vida política de Castilla, mantenía un acuerdo con los granadinos para que le ayudaran en la lucha contra sus rivales. Lo mismo hacían Rodrigo y Fadrique Manrique en los dominios de la Orden de Santiago situados en las serranías al norte de Murcia y en la Alta Andalucía, de modo que los emires pudieron aprovechar bien la situación, primero Yūsuf V y después, de nuevo, Muḥammad IX. Sus algaradas en tierra de Murcia causaron una importante derrota cerca de Hellín al gobernador del marquesado de Villena, Alonso Téllez Girón, en diciembre de 1448, y arrasaron Cieza en la primavera de 1449.

La situación era también difícil en la frontera occidental, donde los granadinos amenazaron Antequera en septiembre de 1447 y tomaron Turón en noviembre, además de rondar las proximidades de Jimena de la Frontera y de Écija. En marzo del año siguiente, una cabalgada andaluza dirigida por el alcaide de El Castellar, Juan Arias de Saavedra, fue destrozada en tierra de Marbella y Estepona, en el Río Verde —tema de un famoso romance— y los cristianos perdieron poco después Jimena. En 1449, las acciones granadinas se hicieron más audaces: sus cabalgadas llegaron a los arrabales de Utrera, a Jaén, incluso al Campo de Montiel, guiados por los santiaguistas de Rodrigo Manrique, y proyectaron un asedio de Córdoba, cosa que no ocurría desde la guerra civil castellana de 1366-1369.

Juan II había intentado negociar una tregua en la primavera de 1448 pero Muḥammad IX se permitió el lujo de rechazar la propuesta, contando con el respaldo de Juan de Navarra y, por lo tanto, de Alfonso V de Aragón, su hermano. Así se explica el apogeo de los ataques musulmanes en 1449, mientras se reorganizaba la defensa castellana, que dirigían en la zona de Jerez los dos nobles principales, el duque de Medina Sidonia y el conde de Arcos, en Sevilla el Adelantado Per Afán de Ribera y en Jaén los hombres del heredero del trono, Enrique, porque las principales ciudades de aquel reino andaluz formaban parte de su señorío como Príncipe de Asturias. Incluso se intentó atraer a Fajardo *el Bravo*, que seguía siendo alcaide de Lorca, concediéndole también la tenencia de Xiquena y Tirieza: ambos castillos avanzados se libraron así de ataques granadinos.

La réplica castellana incluyó un nuevo apoyo al desterrado Ismā'īl III, que se hizo con el control de Málaga y su región en abril de 1450. Podía esgrimir la tregua de cinco años que Juan II le había concedido, como argumento para atraer partidarios, pero apenas tuvo éxito. Todo lo contrario, en junio Muḥammad IX recuperó Málaga e hizo ejecutar a su rival. Después, tuvo la prudencia, esta vez sí, de aceptar treguas parciales con Castilla en los meses siguientes, aunque las escaramuzas continuaron. «La suspensión de hostilidades —escribe Luis Suárez— era, por parte de Castilla, una confesión de derrota. Apagado el entusiasmo, la sensación de fuerza y poder y el espíritu de empresa que veinte años antes animaban a los caballeros castellanos, la frontera estaba abandonada a su suerte.»[10] Quiere esto decir que lo único previsto era mantener las tropas imprescindibles para defenderla o para actuar en operaciones de corto alcance. Tampoco los granadinos podían ir más allá y, además, en marzo de 1452 una gran cabalgada de 1.270 jinetes y 1.000 peones fue destrozada por Fajardo *el Bravo* en la llamada batalla de Los Alporchones o de Lorca, donde murieron el visir y alcaide de Guadix, Ibrāhīm ibn ʿAbd al-Barr y otros catorce alcaides o caudillos de las principales plazas del este del emirato.

Los Alporchones marcó el final de las hostilidades. Don Pedro Fernández de Córdoba, señor de Aguilar, negoció en nombre de su rey una tregua por cinco años que entró en vigor a partir de septiembre de 1452 y comenzó a cumplirse bien, pese a los pequeños y frecuentes roces en la frontera, pródigos en cautiverios de personas y robos de ganado. Unos meses después, en julio de 1453, moría Muḥammad IX, cuya figura había dominado un tercio de siglo en la vida política del emirato, y le sucedía, como estaba previsto, Muḥammad X el Chiquito, casado con Umm al-Fatḥ, una de las hijas de el Izquierdo. La reacción de los abencerrajes, desplazados del poder, no se hizo esperar y consiguieron que Muḥammad X abdicara en un pariente colateral, nieto de Yūsuf II, llamado Saʿd, al que apoyaban. La abdicación forzada se produjo en agosto de 1454 y, aunque la tregua con Castilla se mantenía, los sucesos granadinos de los meses siguientes añadieron motivos para una intervención militar que el nuevo rey, Enrique IV (1454-1474), estaba dispuesto a realizar de todas maneras.

7. Enrique IV

Muḥammad X recuperó el control de Granada en enero de 1455, desconocemos en qué circunstancias, y Saʿd, refugiado en Casarabonela y otras plazas de la región rondeña, pidió auxilio a Enrique IV, del que se declaró vasallo, y envió a la corte castellana una embajada que encabezaba su propio hijo, Abūʾl-Ḥasan ʿAlī, y de la que formaban parte algunos abencerrajes que, al actuar así, rompían con su anterior actitud hostil hacia el intervencionismo castellano. Para entonces, Enrique IV tenía ya decidido reanudar las hostilidades contra Granada y contaba para ello con la concesión pontificia de indulgencia de cruzada, que permitía recaudar abundantes recursos económicos además de proporcionar un respaldo y prestigio espe-

---

10. L. Suárez Fernández, *Juan II y la frontera de Granada*, Valladolid, 1954.

ciales a la empresa, considerada incluso como réplica a las pérdidas que la cristiandad padecía en el Mediterráneo oriental, donde los turcos habían tomado Constantinopla en 1453. La lucha entre los dos emires granadinos permitía, además, poner en práctica de nuevo la política castellana de combinar la acción armada con el aprovechamiento de las disensiones internas del emirato.

Así, en la segunda mitad de marzo de 1455, Enrique IV inició una campaña de talas y devastaciones al frente de un gran ejército al que, sin embargo, no permitió actuar en escaramuzas ni otros enfrentamientos directos. La estrategia del monarca era desgastar al enemigo, conseguir rendiciones de plazas fronterizas con el menor coste humano posible, y provocar la asfixia económica del país: mal entendida por los grandes nobles, fue una de las causas de su desprestigio, pero podía ser muy efectiva, y más contando con las difíciles circunstancias por las que atravesaba el granadino. La primera entrada, en el mes de abril, arrasó algunas partes de la Vega de Granada. En mayo, Enrique IV hizo un intento sobre Málaga y taló su Hoya, pero no pudo castigar más a la ciudad, reforzada con tropas que Muḥammad X había enviado al mando de sus fieles Ibrāhīm ibn ʿAbd al-Barr e Ibn Kumāša. Inmediatamente después, el rey castellano se entrevistó en Álora con Saʿd, que recibió allí a su hijo Abūʾl-Ḥasan ʿAlī, sustituido probablemente como rehén de Enrique IV por su hermano Yūsuf.

La tercera campaña castellana de 1455 se desarrolló en julio, de nuevo en la Vega de Granada, según la misma táctica de tala y tierra quemada. A finales de aquel mes había concluido y se negociaba una tregua entre don Diego Fernández de Córdoba, alcaide de Alcalá la Real, mariscal de Castilla y futuro conde de Cabra, y los representantes de Muḥammad X. Pero en agosto ya era de nuevo emir en Granada Saʿd, que contaba con apoyo castellano por lo que, es de suponer, aceptaría la tregua en un primer momento. Las peripecias de aquel enfrentamiento dinástico terminarían pronto y trágicamente: a finales de 1455 o comienzos de 1456, Muḥammad X el Chiquito, que se había refugiado en las Alpujarras, intentó volver a Granada, pero fue preso y muerto junto con sus dos hijos pequeños, por orden de Saʿd.

Ya seguro en el trono y fuerte con el apoyo de los abencerrajes, Saʿd no se apresuró a renovar treguas con Castilla y apoyó la toma del castillo de Solera a comienzos de 1456. La campaña castellana de primavera ya estaba prevista, de todos modos; dirigida por Enrique IV se encaminó de nuevo a la zona de Málaga: toma de Estepona y Fuengirola, tala de la Hoya malagueña... asfixia económica, en suma, más que enfrentamiento militar. El rey, incluso, pasó a Ceuta, invitado por el gobernador portugués de la plaza, y *fue a correr monte de leones a tierra del rey de Fez, donde hay muchos*,[11] pero la proximidad de tropas meriníes frustró el empeño y Enrique regresó a Tarifa: se había convertido en el único monarca castellano de su dinastía, y de casi todas las siguientes, que visitó Ceuta, pero aquella manera de actuar no aumentaba precisamente su prestigio guerrero. Más efectiva fue la recuperación de Jimena de la Frontera por Fernán Arias de Saavedra, alcaide de El Castellar e hijo del que fuera derrotado en la catástrofe del Río Verde, en 1448. Mientras tanto, Sa'd replicaba en otro sector de la frontera y llegaba a amenazar Jaén, pero una nueva tala de la Vega granadina en agosto y septiembre le obligó a aceptar tregua por cinco meses, contra la entrega de doce mil doblas y seiscientos cautivos cristianos.

La guerra continuó en los años siguientes, alternando con treguas, según la misma tónica de pequeñas escaramuzas fronterizas, talas de verano y deterioro de la economía granadina. En 1457, todavía dirigió las operaciones Enrique IV, a partir de Jaén, y las comenzó con un intento sobre el vecino castillo de Cambil, donde se produjo otro episodio que aprovecharían los adversarios del monarca para dañar su imagen y manifestar el menosprecio que les merecía la forma tan poco decisiva y cruenta con que llevaba adelante la contienda. El monarca, explica el cronista Valera,

> ... llevó consigo a la reyna, la qual iba en una hacanea muy guarnida, y con ella diez doncellas en la misma forma, de las quales unas llevaban musequíes muy febridos y las otras guardabrazos y plumas altas sobre los tocados, y las otras llevaban almexías y almayzares, a demostrar las unas ser de la capitanía de los hombres de armas y las otras de los ginetes; y llegaron así con esta gente el rey e la reyna tan cerca de Cambil que parecía que querían combatir la fortaleza, y como los moros vieron ansí llegar a la gente salieron a las barreras, y la reyna demandó una ballesta, la qual el rey le dio armada, y fizo con ella algunos tiros a los moros; y pasado este juego, el rey se volvió para Jaén, donde los caballeros que sabían facer la guerra y la habían acostunbrado burlaban y reían diciendo que aquella guerra más se hacía a los christianos que a los moros. Otros decían: por cierto, esta guerra bien se parece a la que el Cid en su tiempo solía facer. Y estando así el rey en Jaén, el rey de Fez le envió un rico presente de almexías y almayzares y arreos de la gineta e menjuy e estoraque y algalia y otros muchos olores para la reyna.[12]

---

11.   Diego de Valera, *Memorial de diversas hazañas*, cap. X.
12.   Valera, *Memorial...*, cap. XIII. Se trata de la reina Juana, hemana de Alfonso V de Portugal, segunda mujer de Enrique IV.

Añade otro cronista, más feroz: *al regreso de la plaza los reyes hicieron un banquete en el camino, y aquel triste lugar se llama Hoya de la Reina, que con tal nombre quiso ennoblecer eternamente la memoria del insigne hecho.*[13]

Sin embargo, la presión castellana era eficaz y obligaba a Sa'd a aceptar treguas muy duras, como la que abarcó todo el invierno de 1457, y otra firmada en septiembre de 1458, después de una nueva campaña enriqueña que taló las tierras de Granada y, en otra entrada, las de Baza y Guadix. Afirma Palencia, cuya animadversión a Enrique IV es manifiesta, que así quiso el rey *justificar el empleo de los ochocientos mil ducados de las bulas de indulgencia, entrando por los campos de los granadinos con un ejército desordenado.*[14] El emir pagó los correspondientes seiscientos cautivos cristianos y doce mil doblas cada vez, además de admitir que la frontera de Jaén siguiese abierta a las hostilidades. Parece que hubo incluso de vender en 1459-1460 una parte del patrimonio real inmobiliario para asegurar los pagos. Claro está que aquellos quebrantos también podían recaer sobre los cristianos; así, en 1456 cayó cautivo de los granadinos don Juan Manrique, conde de Castañeda, que era entonces Capitán General en la frontera de Jaén, y tardó año y medio en rescatarse por la enorme suma de sesenta mil doblas:

> El qual estuvo preso en muy estrecha vida por espacio de diez y siete meses, y por salir de trabaxo tan yncomportable, él se rescató por sesenta mill doblas de la banda. Y en las aver trabajó tanto la condesa su muger, que era hermana del almirante don Fadrique, que fue cosa muy maravillosa; y vendió para ello todas sus joyas, y empeñó algunos lugares, y requerió a todos sus parientes, que eran grandes señores en estos reynos, e ynportunó tanto al rey, fasta que delibró a su marido. De las quales pagó antes que de la prisión saliese las treynta y cinco mill, y por las restantes dexó en rehenes a su fijo mayor, llamado don García; para lo qual el rey le fizo merced de quatro quentos de moneda. El qual caso acaesció el día de Sancta Clara del dicho año.[15]

Las treguas se renovaron en 1460 y 1461, aunque las cabalgadas y enfrentamientos continuaron en las fronteras de Murcia, donde actuaba en abierta rebeldía Fajardo *el Bravo*, y de Jaén, ciudad a

13. Alfonso de Palencia, *Gesta Hispaniensia*, I, lib. V, cap. 1. (Ed. Madrid, 1998, Tate / Lawrance).

14. Palencia, *Gesta...*, I, V, 5.

15. Valera, *Memorial...*, cap. XI. La dobla de la banda y el ducado valían entonces 200 maravedíes. La aportación del rey equivale a la tercera parte del rescate.

cuyas puertas llegaron los granadinos en agosto de 1459, y que sería puesta en mejor estado de defensa en los años siguientes por el condestable don Miguel Lucas de Iranzo. También Quesada, puerta de la sierra de Cazorla, fue objetivo musulmán al menos en 1458 y en febrero de 1461.

Cuando llegó a su término la última tregua, el 20 de abril de 1462, aumentó el número de enfrentamientos fronterizos, e incluso el nuevo equipo de gobierno enriqueño, encabezado por don Beltrán de la Cueva, pudo considerar la reanudación de la guerra a mayor escala, ante la nueva crisis política que padeció el emirato, donde Sa'ḍ había procurado liberarse de la influencia abencerraje de forma violenta en julio de aquel año, ordenando la muerte de los dos miembros más destacados del partido, Yūsuf ibn al-Sarrāŷ y el visir 'Alī Surūr Mufarriŷ. Los otros abencerrajes solicitaron la ayuda de Enrique IV y alzaron por emir a un infante Ismā'īl que estaba refugiado en la corte castellana desde hacía muchos años. Con tales apoyos, Ismā'īl se instaló en la región occidental del emirato y entró en Málaga, mientras los castellanos multiplicaban sus acciones bélicas ante un Sa'ḍ que apenas podía replicar. Todavía en la primavera de 1462, su hijo Abū'l-Ḥasan había combatido cerca de Estepa con don Rodrigo Ponce de León en la llamada «batalla del Madroño», donde por primera vez se enfrentaron aquellos dos hombres, llamados a ser rivales durante un cuarto de siglo. Pero, a lo largo del verano, don Miguel Lucas de Iranzo pudo lanzar impunemente profundas cabalgadas por Guadix y su comarca del Cenete, mientras que, en el sector occidental de la frontera, caían Gibraltar en agosto y Archidona en septiembre.

Ismā'īl IV estaba ya en la Alhambra en septiembre de 1462, pero no pudo impedir que don Pedro Girón, maestre de Calatrava, y don Miguel Lucas de Iranzo hicieran una nueva tala de la Vega, en claro desafío a los deseos del mismo Enrique IV, que apoyaba políticamente al emir. Se acordó una tregua entre noviembre de 1462 y junio de 1463, en cuyo transcurso Ismā'īl fue expulsado de Granada por Sa'ḍ y se refugió en Íllora, desde donde continuó hostigando a su rival hasta su muerte a finales de aquel año. En febrero de 1463, Sa'ḍ consiguió ampliar la tregua hasta finales de octubre, mientras la situación política castellana se complicaba rápidamente. Enrique IV estuvo en Jaén a comienzos de 1464 pero no para reanudar la guerra sino por asuntos relativos al gobierno del reino, aunque aprovechó la circunstancia para acordar con Sa'ḍ una nueva tregua anual, en marzo, con pago de parias. Antes, en enero, el rey se había entrevistado en Gibraltar con su cuñado, Alfonso V de

Portugal, buscando su alianza contra la liga nobiliaria que se formaba en contra suya.

La tregua de 1464 no fue la última, pues hubo al menos otras dos, en 1469 y 1472, pero las hostilidades a gran escala cesaron porque nunca volvió a estar Enrique IV en condiciones de emprenderlas, envuelto en guerras y conflictos internos de Castilla. En definitiva, el planteamiento de su política granadina, que tenía aspectos acertados, produjo resultados apreciables, pero no los que cabía esperar en relación con los medios militares y recursos económicos de que dispuso entre 1455 y 1462; algo tuvo que ver el talante personal del monarca, que resultó muy desprestigiado como consecuencia de su manera de llevar la guerra, pero mucho más el deterioro del orden político castellano, que impidió aprovechar unas circunstancias claramente favorables. El abandono castellano coincidió, en 1465, con el último proyecto portugués para intentar el asalto a Málaga por mar; no llegó a materializarse y, en definitiva, Alfonso V, que ya había conquistado Alcazarseguer en 1458, centró su actividad en acciones al otro lado del Estrecho que culminaron con la toma de Arzila y Tánger en 1471.

8.   Abū'l-Ḥasan 'Alī (Muley Hacén)

Saʿd apenas tuvo tiempo de disfrutar de la tregua conseguida en 1464 porque en agosto lo depuso su propio hijo, Abū'l-Ḥasan, en connivencia con los abencerrajes, cuyo jefe, Muḥammad ibn al-Sarrāŷ, fue nombrado visir. Unos meses antes, en marzo, otro hijo de Saʿd, Muḥammad al-Zagal, había huido a la corte castellana, no sabemos si por temor a su padre o, más probablemente, a su hermano, y permaneció allí algún tiempo. Los abencerrajes volvían así al poder, después de la sangrienta purga de 1462, pero se respetó la vida del anciano Saʿd, que falleció en Almuécar, o tal vez en Almería, a mediados de 1465, con honores de sultán.

Abū'l-Ḥasan acabaría chocando con el poder de los abencerrajes e instaurando un gobierno de fuerte autoridad al que no faltó el apoyo de los antiguos linajes «legitimistas» enfrentados tradicionalmente con aquéllos. En consecuencia, no faltaron las alteraciones y crisis internas; el infante Yūsuf, hermano del emir, protagonizó tal vez las primeras, hasta su muerte en 1467. Al año siguiente se alzó el gobernador de Málaga, Mahomad Cercotí —Alquirzote— alentado por Enrique IV, que también mantenía buenas relaciones con el infante Ibn Sālim ibn al-Naŷŷar hijo de Yūsuf IV, gobernador de Almería, según muestra algún testimonio del año 1469; los contactos de este personaje continuaron en 1474 con el futuro Fernando el Católico. Los abencerrajes tomaron como motivo de rebeldía la actitud de Abū'l-Ḥasan hacia su mujer 'Āiša, hija de Izquierdo; el emir la había abandonado, así como a sus hijos Muḥammad (el futuro Muḥammad XI Boabdil) y Yūsuf, y convivía con una antigua cautiva cristiana, Isabel de Solís, conocida como Turayya (Soraya), de la que tuvo dos hijos, Sa'd y Naṣr, que son los conocidos como don Fernando y don Juan de Granada tras su bautizo en 1492. Los abencerrajes se lanzaron a la revuelta a finales de 1469, situaron a su frente al infante Muḥammad al-Zagal y se hicieron fuertes en Málaga, junto con Alquirzote, pero Abū'l-Ḥasan consiguió atraer a su hermano y derrotó a sus adversarios, a muchos de los cuales hizo ejecutar. Los supervivientes se refugiaron en Andalucía, donde vivieron como huéspedes de grandes nobles, en especial de los Guzmán, duques de Medina Sidonia, y los Fernández de Córdoba, señores de Aguilar, hasta que los sucesos de 1482 les dieron ocasión para volver al tablero del trágico juego político granadino apoyando la rebeldía de Muḥammad XI Boabdil contra su padre. En conclusión, durante los últimos decenios de la Granada nazarí se acentuó la discordia de sus aristocracias en torno a una familia real dividida y mediatizada por ellas; tantas muertes, odios y divisiones internas minaron la siempre frágil estabilidad política y, al cabo, resultaron fatales para el emirato.

Pero, mientras tanto, Abū'l-Ḥasan gobernó sin trabas, apoyado en su visir Abū'l-Qāsim Bannigaš, y consiguió recuperar buena parte del patrimonio real nazarí así como aumentar la presión fiscal para sostener su política de fortalecimiento militar y hostilidades fronterizas pese a las treguas. Abū'l-Ḥasan fue un emir guerrero, como lo había sido Muḥammad IX, convencido, como estaba, de que sólo golpeando en la frontera podría prevenirse de males mayores, pero su capacidad disuasoria no podía ir más allá, y tampoco parece que tuviera visión o proyectos políticos de alcance más largo. Entre 1464 y 1481 no hubo año en que no organizara algaradas, escalos de castillos y otras acciones, unas veces con fortuna, otras sin ella, a las que respondían los fronteros andaluces y murcianos lo mejor que podían, pese a la larga guerra civil que padeció Castilla durante aquel período. Era una lucha anárquica, sujeta a iniciativas personales, a la busca de botín —en especial ganado—, cautivos y tomas de fortalezas fronterizas. En ella destacaron, del lado castellano, Rodrigo Ponce de León, conde de Arcos y marqués de Cádiz, Alfonso Fernández de Córdoba, señor de Aguilar, y Miguel Lucas de Iranzo, condestable del reino y gobernador de Jaén por el rey hasta su muerte en 1473.

En aquellos años, los granadinos asaltaron La Higuera de Martos (1471), Villacarrillo y Cieza (1477), pese a las treguas acordadas en enero de 1472 y junio de 1475, enero de 1478 y febrero de 1481 —por un año esta última— sin pago de tributo o parias por parte del emir. Aquellos asaltos y tomas por sorpresa, si se hacían por tropas de la misma frontera sin declaración de guerra, uso de insignias bélicas ni movilización oficial de tropas y no duraban más de tres días, no solían romper la tregua, según costumbre admitida que se pudo aplicar también a la toma por sorpresa de Zahara, el 27 de diciembre de 1481, pese a su mayor importancia, que ponen de relieve los cronistas:

> En este mismo año de 1481, como los moros de la cibdad de Ronda estoviesen muy sentidos de los grandes daños que del de Cádiz e de sus capitanes cada día rescebían [...] se ovieron de juntar muchas cabeceras, hombres muy principales del reyno de Granada, para haber consejo qué manera ternían para haber de tomar la villa y fortaleza de Sahara, que la tenía Gonzalo de Saavedra, mariscal de Castilla; los cuales acordaron de enviar a sus adalides que la tentasen, y tentada, fallaron que no se velaba bien y que se podía tomar. E fueron con esta nueva a Abrahen Alhaquime, cabecera de Ronda; el cual, como lo supo, rescibió grandísimo placer, y prometió a los adalides muchas dádivas si así fuese. E fizo juntar trescientos de caballo y cuatro mil peones de la serranía, e el tercero día de Pascua de Navidad escalaron el castillo, e tomaron e mataron todos los christianos que dentro fallaron, salvo el alcaide, que lo prendieron. E después que fue de día, salieron e abrieron la puerta del castillo, e descendieron a la villa, e tomaron e cativaron ciento e cincuenta christianos, hombres e mujeres e niños, que metieron atraillados en Ronda.[16]

Mientras tanto, por los mismos años, don Rodrigo Ponce de León no había dejado de hostilizar en la frontera de Ronda: saqueo de Grazalema (1471), efímeras tomas de Cardela (1471) y Montecorto (1479), quema de la torre del Mercadillo (1481). Al año siguiente, justo cuando estaba a punto de concluir la tregua —que los reyes castellanos no deseaban renovar—, don Rodrigo encabezó la expedición que tomó Alhama (28 de febrero de 1482). He aquí la primera información del asalto a Alhama, enviada por sus conquistadores junto con una petición de socorro inmediato:

> Señores: sabed que a seruicio de Nuestro Señor el cerco a que venimos desta ciudad de Alhama se hizo mui bien, como cumplía a

---

16. *Historia de los hechos de Don Rodrigo Ponce de León, marqués de Cádiz, en Colección de Documentos Inéditos para la Historia de España [Codoin]*, vol. 106, cap. XIV.

seruicio de Dios i de los reyes nuestros señores, i a nuestra honrra. Que el jueves al alua se escaló la fortaleza, e nos apoderamos en ella, e luego comenzaron algunos a salir por la villa, e como no salieron con concierto, no se pudo apoderar luego por la mañana, fasta que se ordenó la gente; e por la fortaleza salió gran parte de gente a la villa, e por un portillo que se fizo en el muro de la otra parte de la dicha fortaleza entró assi mismo gente. E como quier que los moros pelearon bien en las torres e barreras que auían fecho por las calles, se apoderó todavía la dicha ciudad, e murieron assaz moros, e algunos caualleros christianos, e otra gente, i ouo feridos. E váse dando orden e recaudo, qual conuiene, para la guarda de la ciudad. E porque conuendrá fazer otras cosas, conuiene mucho, señores, vuestra venida sea luego, con toda la gente e fardaxe que traéis, e así el nuestro fardaje, que allá quedó, con la gente de a pie e de cauallo que con todo quedó. E vuestra venida sea al puerto de Çafarraia, porque allí nos juntemos, e tomado el puerto por vosotros avisadnos con vuestros peones por dos partes quándo seréis en el puerto, el día i la hora, porque a aquella misma nosotros seremos allí. E Nuestro Señor guarde vuestras muy virtuosas personas i estados. De la ciudad de Alhama, a tres de março de 82 años. El Marqués de Cádiz. El Adelantado. El Conde de Miranda. Don Juan de Guzmán. Don Martín Fernández. Diego de Merlo.[17]

Abū'l-Ḥasan intentó inmediatamente recuperar la plaza, aunque sin éxito, y así se entró en la que sería guerra final, previsible, por lo demás, desde que se consolidó el poder de Isabel I y Fernando V y cesaron las circunstancias de crisis interna en Castilla. Una vez más, la guerra contra Granada serviría para reafirmar en el poder a los reyes y para aumentar su prestigio, pero en aquella ocasión los resultados serían definitivos.

Antes de narrar la conquista de Granada, conviene conocer con detalle tanto las circunstancias habituales de la vida y las relaciones de frontera como los medios de que se disponía para las guerras, y cómo se organizaban. Dedico los dos capítulos siguientes a explicar estos asuntos porque sólo así se puede tener una visión más completa y mejor fundamentada tanto de los sucesos narrados hasta aquí como de los que ocurrieron entre 1482 y 1492.

17. La carta se contiene en Bernardo de Alderete, *Antigüedades de España*, Amberes, 1614, pp. 214-215, cit. por Carriazo, *Historia de la guerra de Granada, Historia de España - Menéndez Pidal*, vol. XVII/1, pp. 445-447.

Capítulo 2

LA FRONTERA

Además de relatar las guerras que enfrentaron a Castilla y Granada en el siglo XV, es preciso explicar cuáles eran las formas de relación entre ambos reinos en su raya fronteriza y en los espacios próximos a ella. Por una parte, allí se concretaba el cumplimiento de las treguas y la posibilidad de relaciones pacíficas e intercambios culturales limitados. Por otra, la frontera era escenario cotidiano de hostilidad y enfrentamientos, lo que obligaba a mantener un dispositivo defensivo y ofensivo pemanente, y en ella habitaban quienes mejor conocían la capacidad y las circunstancias militares del adversario, de modo que las operaciones de guerra abierta se proyectaban a partir de las experiencias y posibilidades ofrecidas por la frontera y tomaban pie en ella para su realización. Además, en torno a las luchas de la frontera ha girado buena parte de la actividad, de las aspiraciones sociales y políticas, y de los ideales culturales de la nobleza andaluza y murciana; muchos de sus miembros dejaron allí su vida o su sangre, de modo que todos los aspectos relativos a las aristocracias sureñas se entienden en relación con la frontera, desde su promoción social y la multiplicación de sus señoríos hasta el triunfo de los valores caballerescos y la memoria poética de aquel tiempo singular.

1. Frontera y tregua

Las relaciones entre Castilla y su emirato vasallo de Granada se articulaban en torno a una frontera que no era sólo un ámbito de guerra y tregua, sino también una membrana de comunicación económica y cultural. Es en la frontera terrestre, mucho más que en los contactos marítimos, donde Castilla aparece siempre como contrapunto de la vida exterior granadina, de modo que nos detendremos especialmente en su estudio.

Aquella frontera que delimitó el territorio del emirato, unos 30.000 km² en la actual Andalucía oriental, con respecto a los de la Andalucía del Guadalquivir y de Murcia, integradas ya en la Corona de Castilla, duró dos siglos y medio, desde tiempos de Fernando III hasta los de los Reyes Católicos. Fue la tercera de las grandes fronteras que hubo entre Al Andalus y los reinos cristianos herederos de la monarquía asturiana, pero fue diferente de las dos anteriores: tanto la del Duero como la del Guadiana se habían construido más bien como marcas fronterizas, con amplísimas «tierras de nadie» entre ambas partes, atravesadas por unos u otros para atacar al contrario en expediciones de larga duración que, a veces, tenían también como objetivo la toma de alguna plaza estratégica que controlara zonas amplias de aquella marca. La de Granada fue un límite mucho más preciso, fue una *raya* aunque también fue una *banda*, jalonada de fortalezas y torres, en donde la coexistencia y la hostilidad eran cotidianas y el contacto continuo, hubiera o no guerra y grandes operaciones militares, de modo que hasta la misma palabra frontera entró en el árabe dialectal granadino *(al-Fruntíra)*.

Por otra parte, las circunstancias habían cambiado: en el Duero, durante los siglos IX y X, la acción de los cristianos norteños era defensiva y colonizadora; en el Guadiana, durante el siglo XII, había ya una confrontación directa con almorávides y almohades y un proyecto de avance territorial a medio y largo plazo atravesando zonas prácticamente vacías. En Granada, desde mediados del siglo XIII a finales del siglo XV, asistimos al esfuerzo de los musulmanes para mantener un último espacio propio, con ayuda de los meriníes de Fez hasta mediados del siglo XIV, sin posibilidad de ampliarlo o de recuperar sus pérdidas, pero con capacidad para resistir a un enemigo que tenía por objetivo último y declarado la incorporación de aquellas tierras, puesto que se consideraba a Granada como reino vasallo de Castilla y a los emires como detentadores de un poder ilegítimo por su origen.

Ahora bien, los andaluces y murcianos sólo tenían fuerza suficiente para mantener la frontera, incluso durante la época de gran recuperación económica y demográfica que fue el siglo XV; las grandes conquistas únicamente eran posibles empleando los recursos de toda la Corona de Castilla, y sus dirigentes políticos, sin renunciar al objetivo final, no estuvieron en condiciones de llevarlo a cabo hasta el reinado de los Reyes Católicos. Permaneció así viva largo tiempo una frontera peculiar, estable a pesar de los recortes y avances limitados, en cuyo estudio un investigador no debe limitarse al análisis de las operaciones en tiempo de guerra abierta, sino ir más allá y analizar una situación bélica endémica que penetraba en todos los aspectos de la organización social, desde los procedimientos de defensa activa de la frontera, pasando por los robos, destrucciones y cautiverios a que daba lugar aquel estado de cosas, sin olvidar los intercambios y contactos pacíficos, que facilitaron influjos culturales recíprocos. Y debe explicar también de qué manera la sociedad andaluza y murciana vivió en permanente estado de movilización, en especial su aristocracia caballeresca, y qué efectos tuvo esta realidad en las mentalidades colectivas y en la actitud hacia los musulmanes que derivaba de ellas. Además, hay que preguntarse de qué manera se vivían las mismas situaciones desde el punto de vista granadino para disponer así de todos los elementos necesarios a fin de explicar aquella realidad histórica que, para su mejor entendimiento, puede ser incluso objeto de estudios comparativos con tantas otras realidades y situaciones de frontera como ha habido a lo largo del pasado.

Castilla fue, como ya se ha indicado, el contrapunto de la vida exterior granadina, desde el nacimiento hasta la muerte del emirato, de una forma o de otra. Los reyes castellanos consideraron siempre que la situación de tregua era provisional, y que Granada pertenecía al ámbito de expansión territorial y política de Castilla, como lo demostraba el hecho mismo de que hubiera nacido mediante un acto de vasallaje de su primer emir. En las relaciones entre ambos reinos hubo dos vertientes: una modesta, pero continua, es la vida en la frontera. Otra, más brillante y llamativa, en la que alternan el combate y la tregua.

Son precisamente estos dos términos, la paz y la guerra, los que dan las coordenadas principales para nuestro relato, pero siempre en torno al protagonismo de la frontera: «ninguna de las fronteras que separaron al Islam peninsular de los distintos reinos cristianos fue tan duradera y estable como la frontera de Granada. Ninguna tampoco ha atraído tanto la atención de los historiadores ni ha producido una literatura histórica tan abundante y variada». Línea o franja de demarcación pero, sobre todo, «símbolo de un ancestral enfrentamiento entre dos mundos que habían renunciado desde hacía tiempo a la integración en un espacio político compartido» y que se oponían desde posiciones ideológico-religiosas recíprocamente excluyentes. Pero, a pesar de ello, zona también de coexistencia, «de contactos e influencias de toda índole», aunque prevaleciera la actitud de hostilidad.[1]

---

1. Citas de M. González Jiménez, «La frontera entre Andalucía y Granada: realidades físicas, socioeconómicas y culturales», en M. A. Ladero Quesada, coord., *La incorporación de Granada a la Corona de Castilla*, Granada, 1993, pp. 90-93.

1.1. Relaciones pacíficas en la frontera

La relación entre los dos países derivaba, ya se ha indicado, del reconocimiento castellano logrado por Muḥammad I como vasallo de Fernando III. Las frecuentes rupturas ocasionadas por las actividades bélicas de ambas partes obligaban a restablecerla por medio de treguas, que renovaban la primera, siempre con carácter temporal. Cada tregua incluía el pago de parias, salvo en los casos en que Castilla no tenía fuerza para exigirlo, como ocurrió en las acordadas en 1475, 1478 y 1481. La cuantía de las parias fue muy variable, y si, en un principio, se había fijado en la mitad de las rentas del emir, luego la cantidad descendió mucho: en el siglo XV era corriente una cifra de entre once y trece mil doblas de oro.

La tregua restablecía también los cauces de una convivencia pacífica en las fronteras porque autorizaba a los poderes locales para efectuar negociaciones de corto alcance y renovaba la actividad de algunas instituciones que eran imprescindibles para promover la concordia.

La primera de ellas era el *alcalde entre los cristianos y los moros*, o juez de frontera —«alcalde entre los reyes» en Granada: *al-qāḍī bayna-l-mulūk*—, que ya se menciona en las treguas de 1310 aunque fue en tiempos de Enrique II (1369-1379) cuando la institución llegó a su plenitud. Había varios alcaldes, probablemente una pareja, musulmán y cristiano, en cada sector fronterizo. Todos ellos tenían por misión «fallar las querellas que los cristianos pudieran formular contra los granadinos —o viceversa— por infracciones cometidas por éstos a los tratados de treguas convenidos por ambas partes durante la vigencia de los mismos».[2] El juez musulmán resolvía las peticiones de los cristianos y el castellano las de los granadinos, pero ninguno de ellos tenía jurisdicción sobre las rupturas de treguas ocurridas en el mar: en este caso, es de suponer que, del lado castellano, intervendría el tribunal del almirante, con sede en Sevilla.

El oficio de alcalde entre los cristianos y los moros recayó en personajes importantes vinculados a la vida fronteriza. Así, en la zona cordobesa lo fueron durante largos períodos los señores de Priego y Aguilar, que además solían ser alcaides de la gran fortaleza fronteriza de Alcalá la Real; uno de ellos, Alfonso Fernández de

---

2. L. Seco de Lucena, «El juez de frontera y los fieles del rastro», *Miscelánea de Estudios Árabes y Hebraicos* (Granada), VIII/1 (1958), pp. 137-140. J. de M. Carriazo, «Un alcalde entre los cristianos y los moros en la frontera de Granada», *Al Andalus*, XIII (1948), pp. 35-96.

Córdoba, ejerció el oficio durante más de cuarenta años, entre 1383 y 1424. En Murcia, tenemos constancia del ejercicio del cargo por Alonso Yáñez Fajardo ya en 1378. En la zona de Sevilla se puede suponer que estaba vinculado a los Adelantados de Andalucía, o a personas relacionadas y dependientes de ellos, pero es una cuestión por estudiar todavía.

Los alcaldes contaban con el auxilio de una especie de policía de fronteras especial, los llamados *fieles del rastro*, existentes en cada concejo, cuya misión era recibir las denuncias y seguir la pista de los delincuentes que habían roto la tregua, entregándosela unos a otros en la linde de cada término municipal, y a través de la frontera hasta que se reconstituía la ruta seguida por los transgresores, su identidad y localización, y las responsabilidades que les cabían. Las autoridades que habían promovido la pesquisa —reyes y sus representantes, concejos— exigían al menos la devolución de lo robado o la compensación del daño hecho, arguyendo siempre que los hechos habían ocurrido en tiempo de tregua: era la única manera de evitar la apelación habitual a la represalia.

Puede ser que alcaldes y fieles del rastro no actuaran en algunos sectores de la frontera, en especial si correspondían a zonas de jurisdicción señorial. Así, las villas del adelantamiento de Cazorla, que era señorío de los arzobispos de Toledo, disponían de un régimen de represalias adecuado a las agresiones, según *uso e costumbre antigua del dicho Adelantamiento*, que renueva una junta del año 1428, pero parece que era una situación peculiar.[3]

Otra institución u oficio de la frontera que alcanzaba su plenitud de actuación durante las treguas era la de los alfaqueques *(alfakkak*: enviado, redentor) o *exeas*, indispensables para los tratos de compra y canje de cautivos y para la guía o acompañamiento de mercaderes, recuas y grupos que circulaban por los caminos reales, de uno a otro lado de la raya o zona fronteriza.

La alfaquequería fue una actividad conocida ya en la Alta Edad Media: algunos fueros locales de los siglos XII y XIII y las *Partidas* de Alfonso X la regulan con minuciosidad. Había sendos Alfaqueques Mayores, al menos desde tiempos de Enrique II, uno musulmán y otro cristiano, al frente de todos los demás, que estaban repartidos según los sectores de la frontera. En los años 1410 a 1414 lo era por el lado cristiano el regidor cordobés Diego Fernández de Córdoba.

---

3. C. Sáez Rivera, «El derecho de represalia en el Adelantamiento de Cazorla en el siglo XV», en J. E. López de Coca, coord., *Estudios sobre Málaga y el reino de Granada...*, Málaga, 1987, pp. 152-162.

Desde 1439 lo fue Juan Arias de Saavedra, señor de El Castellar, al que sucedió su hijo Fernán Arias, que ocupaba el cargo en 1476, lo que le daba derecho a nombrar alfaqueques menores y a participar en las sesiones del cabildo municipal sevillano.

Había, como es lógico, muchos alfaqueques «menores», tanto granadinos como cristianos. Se ha señalado que estos últimos, a veces, vestían y se dejaban crecer barba como los musulmanes, sin duda para ser mejor aceptados en el ejercicio de su actividad, que desarrollaron tanto en tiempos de paz como de guerra, y de ella tenemos muchos testimonios y ejemplos, hasta que en 1485, en plena conquista del emirato, los Reyes Católicos ordenaron su suspensión por considerar que podía encubrir actos de espionaje. Pero el oficio no desapareció: hallamos de nuevo alfaqueques negociando la liberación de cautivos en ambas orillas del Estrecho y mar de Alborán, entre 1490 y 1516, y el cargo de Alfaqueque Mayor sobrevivió hasta 1620 aproximadamente.

1.2. El comercio de frontera

Las treguas hacían posible, e incluso regulaban, ciertos intercambios comerciales a través de puertos o pasos fronterizos muy controlados para evitar el contrabando de mercancías prohibidas y para cobrar los impuestos de tránsito: *diezmo y medio diezmo de lo morisco*, por el lado castellano, y *magrán*, por el granadino. Del lado castellano, la vigilancia para evitar el tráfico con mercancías de exportación prohibida o *cosas vedadas*, corría a cargo de varios *alcaldes de sacas*, y la sentencia de las infracciones fiscales de un *alcalde mayor del diezmo y medio diezmo de lo morisco o de los puertos con la frontera de Granada*.

Leemos en muchos tratados de tregua, al menos desde 1344, cláusulas en que se fijan las condiciones del comercio. En principio, se excluía a los productos tradicionalmente vedados por la legislación eclesiástica y regia de Castilla, como eran las armas, caballos, hierro y cereales, pero no siempre se menciona el oro y la plata que, en teoría, también lo estaban y, por otra parte, solía haber licencia limitadas de *saca* de cereales hacia Granada para paliar la escasez habitual en el emirato y permitir a sus gobernantes presentar algún aspecto positivo tras la firma de cada tregua. Además, era muy frecuente que las autoridades locales pactaran relaciones o intercambios más detallados, al amparo de las treguas generales o al margen de ellas, porque «la frontera tenía su propio ritmo y sus propias reglas, no sometidas necesariamente al dictado de los poderes centrales».

Un aspecto muy importante en las relaciones económicas de frontera era el tráfico de ganado. En 1401, por ejemplo, Enrique III hubo de limitar a doce días el tiempo máximo de pasto en tierras de Córdoba para el ganado forastero que pasaba por ella a fin de ser vendido en Granada, puesto que amenazaba con agotar la hierba en perjuicio del ganado local. En los años cuarenta del siglo XV, las treguas autorizaban la exportación a Granada de 1.333 cabezas de bovino y 9.333 de ovino y cabrío por año, pero eso servía, sin duda, para exportar muchísimo más porque toda la zona fronteriza se dedicaba preferentemente a pasto de ganados, a menudo en régimen de trashumancia, y los intercambios apenas podían controlarse, sobre todo en los sectores dominados por los grandes linajes nobles en régimen de señorío o mediante el ejercicio de las alcaidías de fortalezas de la Corona.

En tiempos de tregua no eran raros los acuerdos locales o privados para que ganados de un reino utilizaran pastos en el otro. Así, en 1471 Marina de Villalobos, vecina de Gibraltar, arrendaba la dehesa del Genal a los musulmanes de Casares —zona de pasto, monte y colmenas— para que paciera en ella un hato de quinientas vacas, veinte toros y diez yeguas. Aunque el trato terminó con el robo del ganado por los casareños, hay que suponer que en muchas otras ocasiones habría más respeto. Sabemos también, por ejemplo, que los musulmanes de Cambil y Alhabar arrendaban con frecuencia a vecinos de la cercana Jaén la dehesa de Matagebid. Incluso se ha constatado la existencia en el siglo XV de una «franja intermedia de ciertas proporciones»,[4] entre un cuarto y dos leguas de ancho, a lo largo de la frontera giennense, desde Alcalá la Real hasta Cazorla, especie de «zona neutral», donde era posible el pasto común en tiempos de tregua: son los *entredichos*, mencionados en documentos del siglo XVI, cuyo origen habría que buscarlo, por lo que parece, en una sentencia conjunta de dos alcaldes entre cristianos y moros, Diego Fernández de Córdoba y Muḥammad al-Handum, dada en 1417. La situación guarda semejanza con la de otras zonas de frontera donde se había regulado el pasto en común bajo el control de los municipios colindantes.

Por otra parte, en tiempo de guerra o como consecuencia de las cabalgadas, una de las actividades más productivas de los *fronteros* era la de robar ganado a la parte contraria, y las crónicas

---

4. J. Rodríguez Molina, «Banda territorial común entre Granada y Jaén. Siglo XV», en *Estudios sobre Málaga y el reino de Granada*, pp. 113-130.

abundan en menciones de cabalgadas que consiguen cientos o a veces incluso miles de cabezas.

Había sólo algunos puertos autorizados para transitar, a los que se tenía que llegar de día, por los caminos reales y bajo la guía de alfaqueques que garantizaban la seguridad de los mercaderes o *almayares* granadinos o castellanos. Los puertos, según la tregua de 1439, eran Zahara, Antequera, Alcalá la Real y Huelma, pero también ejercieron esa función en los años siguientes Teba, Priego, Quesada, e incluso plazas interiores como Baeza, Andújar o Úbeda —para la que contamos con un testimonio antiguo, de 1291—, y también Jaén, que tenían reguladas sus *trocas* con los granadinos los lunes y jueves, utilizando para ello el mercado de Pegalajar y, al otro lado de la raya, El Mercadillo y Cambil: allí se compraban y vendían, hacia 1476, ganados, paños, frisas y sayos castellanos contra seda, *almaysares y tocas* granadinas, especias y perfumes, productos de farmacia, lino, pescado y *sardina morisca*, azúcar, frutos secos, miel y aceite. Puede que mercancías más valiosas, como el oro que desde el Magreb y Granada llegaba a Castilla, utilizaran más bien la vía marítima, con destino en Sevilla. En esta ciudad había un mesón especial donde se alojaban los mercaderes procedentes de Granada, pagando por ello, y por su actividad, una *ejea, meaja y correduría de lo morisco* al municipio.

Es seguro, por otra parte, que hubo un comercio clandestino que esquivaba el pago del *diezmo y medio diezmo* aduanero. En un notable documento del año 1420, el arrendador de la aduana de Alcalá la Real denunciaba a parte de la población que, ante la pasividad del alcaide Alfonso Fernández de Córdoba, señor de Aguilar, le tenía de hecho preso y bajo amenaza de muerte en su vivienda y se dedicaba en pleno al contrabando, con un menoscabo para la renta que el denunciante calculaba en diez mil doblas de oro en pocos meses. Tal vez el ejemplo sea singular por la cuantía del fraude, pero es una muestra también de realidades que debieron ser frecuentes.

2. Una frontera de guerra y hostilidades

Las treguas, en definitiva, fueron acuerdos destinados a suspender las hostilidades en gran escala y a dulcificar una convivencia fronteriza muy intensa, en la que no faltaron elementos de coexistencia pacífica y, a veces, de buena vecindad, pero marcada por el signo de la rivalidad, la violencia y las represalias, que manifestaban la situación general de enfrentamiento entre las partes y los presupuestos ideológicos con que se consideraban mutuamente.

2.1. LA ORGANIZACIÓN MILITAR DE LA FRONTERA

La primera consecuencia de aquel estado de cosas fue la estricta organización bélica de las tierras y hombres de la frontera, destinada tanto a la defensa como al ataque, y siempre al mantenimiento del territorio bajo control. Del lado castellano, había una división de la frontera o *banda morisca* en zonas cuyos responsables actuaban con cierta autonomía: Jerez y obispado de Cádiz, Sevilla, Córdoba, Jaén, Úbeda y Baeza, encomiendas de las Órdenes militares de Calatrava y de Santiago, adelantamiento de Cazorla, frontera de Murcia-Lorca.

En cada zona había una o varias «ciudades-base» (Torres Fontes); varias villas, con castillo o ciudadela, de segunda línea pero más próximas a la frontera; y, por fin, castillos de primera línea, torres y atalayas cuya misión era mantener la vigilancia mediante las correspondientes *velas, escuchas e guardas*, y dar avisos mediante ahumadas, almenaras o *atajadores*, ofrecer la primera resistencia en caso de ataque, señalar los derechos castellanos sobre el territorio, y servir de base de partida a las cabalgadas. Hay que recordar que no se trata de una línea creada ex profeso como consecuencia de la frontera, sino que sucede más bien al revés, la frontera se delinea desde el primer momento como consecuencia de que los núcleos fortificados preexistentes están en poder de una u otra parte. Éstos, a su vez, refuerzan con su presencia los accidentes naturales susceptibles de ser utilizados para afianzar una realidad fronteriza nueva.

Del lado granadino también existía la organización zonal, pues los documentos del siglo XV mencionan, además de la autonomía militar de Ronda y su serranía, de Málaga y de Almería, a las tropas de la *casa de Granada* y a los *cabeceras* de Guadix y Baza al frente de sus respectivas huestes y de dispositivos zonales que se articulaban según un esquema similar al de la parte cristiana: «desde torres de almenara o atalayas y torres de alquería *(burūŷ)*, y castillos *(ḥuṣūn)*, hasta un centro urbano *(madīna)*, que articulaban la defensa del territorio cercano al exterior y por tanto más expuesto, y procuraban impedir que se adentraran las incursiones. Los emires nazaríes instalaron y consolidaron tal sistema fronterizo, desde el primero de la dinastía que, abandonando algún territorio indefendible, ya desde 1265, trazó sus fronteras apoyadas en alturas, consolidando castillos o alzándolos».[5]

5. M.ª J. Viguera Molins, «El ejército», en *Historia de España Menéndez Pidal*, VIII/3, p. 460.

En la línea fronteriza, por lo tanto, no había plena unidad de acción política y militar en tiempo de tregua. En el lado castellano tenían responsabilidades fuerzas e instituciones diversas: concejos de realengo, nobles en sus señoríos, Órdenes Militares en los suyos. Para salvar esta disparidad contaban los reyes con los Adelantados mayores de la Frontera o Andalucía y de Murcia, cargos creados por Alfonso X a mediados del siglo XIII cuya importancia efectiva variaba, porque a veces fueron honoríficos aunque otras muchas se ejercían efectivamente.

En combinación con los Adelantados hallamos los oficios de Capitán mayor y Caudillo mayor, corrientes en el siglo XV, designados de manera específica y temporal para dirigir las operaciones en determinadas zonas de la frontera. Durante la guerra final, las tareas de defensa fronteriza eran encomendadas por los Reyes Católicos a nobles con título de Capitán general y mando sobre todo un reino —Sevilla, Córdoba, Jaén, Murcia—. Otra fórmula similar, muy utilizada por Enrique III y Juan II, fue la de los Fronteros mayores o *frontaleros*, comandantes de tropas a sueldo del rey que guarnecían de forma continua una zona, con autoridad militar en todos los aspectos.

2.2. LOS CASTILLOS DE LA FRONTERA

El elemento fundamental del dispositivo de mantenimiento de la frontera y control del territorio eran los castillos o fortalezas que la jalonaban y servían tanto para la defensa como para lanzar ataques. El equilibrio entre Castilla y Granada se mantuvo en sus aspectos básicos hasta la guerra final, aunque los granadinos fueron perdiendo —ya lo hemos señalado— castillos fronteros fundamentales y, con ello, capacidad de iniciativa o de ataque, y a pesar también de que en la guerra abierta su territorio era invadido y sufrían destrozos y pérdidas económicas, pero no territoriales porque los ejércitos castellanos se retiraban sin ocupar plazas o fortalezas del interior. Antes de 1482, por decirlo en pocas palabras, lo que hubo fueron recortes fronterizos, importantes a veces y siempre peligrosos, sobre todo en la frontera andaluza, pero no fatales para el sistema defensivo nazarí. Y hubo también muchas réplicas granadinas, tomas de castillos, cabalgadas, etc., aunque sus resultados estratégicos fueran escasos, en especial desde que los musulmanes perdieron buena parte de su capacidad ofensiva, más allá del plano local, a mediados del siglo XIV.

Los castillos de la frontera, sus guarniciones y los vecinos de la villa aneja a la fortaleza, tenían reconocidos diversos privilegios, por el excepcional peligro que suponía vivir en ellos. Era frecuente que el vecindario de los castillos y villas fronteras estuviese exento de pagar alcabalas y otros impuestos directos e indirectos. Los más importantes tenían asignada con cargo a la Hacienda regia una cantidad para *tenencia* del alcaide y otra para sueldo y sustento —*pagas y llevas*— de una cantidad prefijada de vecinos caballeros, ballesteros y lanceros, y eso incluso aunque la plaza hubiera sido cedida en señorío a algún noble, como sucedió a menudo en el siglo xv, porque la tenencia de fortalezas fronterizas, tanto de la Corona como de las Órdenes Militares y de los municipios, fue un medio de promoción social y política para los nobles andaluces y murcianos y, a veces, el punto de partida para la constitución de señoríos. En todo caso, percibir aquellas *tenencias, pagas y llevas* podía ser además un buen ingreso adicional. También era frecuente que se libraran otras cantidades complementarias para *velas y escuchas* y para diversos oficios públicos del concejo o dedicados a actividades importantes para la conservación de las defensas y de las armas: albañiles, carpinteros, maestros ballesteros, etc. Además, la Corona destinaba una cantidad anual para reparaciones, previo informe de veedores que eran alarifes o *maestros mayores* al servicio regio: en 1422 se presupuestaba un millón de maravedíes al año para tales obras, y en 1451 dos millones de maravedíes, pero esto no quiere decir que aumentara el gasto sino que se trata de una consecuencia de la inflación.

Se trataba de sumas cuantiosas, según puede comprobarse en los ejemplos incluidos en el cuadro de la página siguiente.

La administración de aquellos castillos no siempre era buena porque con frecuencia no se mantenía la guarnición que teóricamente debía haber ni los alcaides cumplían en persona sus obligaciones. Ya en 1333, Alfonso XI atribuyó la pérdida de Gibraltar a la malversación del dinero para mantenimiento del castillo hecha por el alcaide Vasco Pérez de Meira, y, en 1451 denunciaba Juan II ante las Cortes que *la prinçipal cabsa* —de haberse perdido algunos castillos— *fue parte no estar en ellas la gente que yo mandé pagar para ellas, nin los alcaydes por sus personas estar en ellas*.[6] Pero también es verdad que a menudo se les pagaba tarde y mal, o a través de los señores o de intermediarios que retenían las cantidades, y esto, en unas poblaciones que carecían de recursos propios, podía llegar a ser insoportable.

En Teba, en 1449, había 45 casas vacías, 15 habitadas por viu-

6. Cortes de 1451, p. 30. Se repite en las de 1465, p. 14.

Fortaleza	Año	Tenencia	Pagas y Llevas	Cab.	Ball.	Lanc.	Velas
Gibraltar	1310				300 vecinos		
	1465*	200.000	490.400 1.200 c. trigo 600 c. cebada	140	280	230	120
Tarifa	1402		148.560 2.017 c. trigo	80	200	300	90
Alcalá de los Gazules	1402		77.250	54	60	70	
Jimena	1434	60.000 70 c. trigo					
Zahara	1407		260.064	50	150	100	
	1464	90.000	245.460	50	100	100	
Cañete la Real	1469		86.800	50	50	50	40
Torre Alháquime	1469		84.960	40	60	60	40
Olvera	1472	60.000 40 c. trigo 10 c. cebada	66.145 260 c. cebada	20	24	66	30
Teba	1450	250.000 a 350.000 inc.		25	60	215	36
Antequera	1453		369.020 517.050 para *pan*	120	300	200	90
	1472	335.190	400.000				
Archidona	1469	100.000 100 c. trigo	295.200 1.240 c. trigo 600 c. cebada	120	300	200	90
Priego	1450	27.640	63.189 464 c. trigo 85 c. cebada	34	145	175	60
Alcalá la Real	1450	50.000	146.380 1130 c. trigo 250 c. cebada	50	150	300	78
Huelma	1464	60.000 70 c. trigo	588.024 1.074 f. trigo 2.400 f. cebada	70	66	30	

Las cifras en metálico son maravedíes. c. cahiz, f. fanega, v. vecino, cab. caballero, ball. ballestero, lanc. lancero.

* Gibraltar. La suma total que percibía el duque para pagas y llevas era de 1.523.600 maravedíes, supongo que incluyendo tenencia y el trigo y cebada valorados en dinero. (Archivo de Simancas, Medina Sidonia, caja 1, núm. 8, 1467, septiembre 12, Olmedo: confirmación del rey Alfonso a favor del duque de Medina Sidonia.)

das y sólo 20 con vecinos en condiciones de combatir, sobre un total teórico de 300 vecindades. Tal vez, el ejemplo sea extremo, pero la situación tampoco era buena en otros casos: Antequera tenía en 1480 sólo 221 vecinos y no los 620 que debería tener según las *pagas y llevas*. Pese a las ventajas, exenciones y subvenciones, y al intenso grado de fortificación, el peligro hacía que casi nadie quisiese poblar en la frontera. La definición de la banda fronteriza murciana que podemos leer en un documento del año 1473 es aplicable al conjunto, al menos en muchos lugares y momentos: *desde Xiquena, nueve leguas de tierra despoblada, e toda a peligro de moros*.[7]

Aquel procedimiento para sostener plazas fronterizas pasó al norte de África cuando fue preciso asegurar la guarnición y defensa de nuevas conquistas, lo que nos permite conocer con más detalle, aunque sea indirectamente, lo que ya había sucedido en las plazas de la frontera granadina. Así ocurrió en Melilla, a partir de abril de 1498: el duque de Medina Sidonia, que había tomado la plaza el año anterior, recibió cinco millones de maravedíes por los gastos hechos hasta entonces y firmó una capitulación con los reyes que le encomendaron la tenencia y guarda de la plaza (alcaidía, capitanía y oficios de justicia), con un sueldo de 300.000 maravedíes por año, y una guarnición de 700 hombres: 200 escuderos de las Guardas Reales, de los que 50 con *dobladura* (con caballos), pues *han de salir a atacar e han de ser atalayas*, que tendrían, aparte de su sueldo ordinario con cargo a la Hacienda regia, 14 maravedíes diarios; 100 espingarderos, de los que 60 de las Guardas Reales, y otros 40 que pondría el duque, pagados a 15 o 16 maravedíes por día; 300 ballesteros, a 14 o 15 maravedíes por día; 20 *tiradores* o artilleros, de los que 19 *de nuestra cavallería* (*sic* en el documento, por artillería) y uno puesto por el duque *que ha de ser un fundidor que el dicho duque tiene en la ciudad de Melilla*, al que se librarán 15.000 maravedíes de sueldo anual, 35 oficiales artesanos de diversas especialidades, a 15 maravedíes por día cada uno, dos *clérigos de misa*, un médico o *físico* y un cirujano, con 15 maravedíes por día cada uno más una *quitación* anual de 5.000, un boticario con la botica bien provista, también a 15 maravedíes por día y 3.000 de *quitación*, y 40 *hombres de la mar*, a 15 maravedíes por día. Además, cuatro *fustas* de remo y vela, a cada una de las cuales se destinan diez ducados al mes para su alquiler, un patrón (1.000 mrs/mes), un cómitre (750), 3 timoneros (500 cada uno) y cinco marineros (400 cada uno), más un mantenimiento de 10 maravedíes por día para cada persona. El costo en metálico sería, en total, de 2.949.789 maravedíes por año,

---

7.   J. Torres Fontes, *Xiquena, castillo de la frontera*, Murcia, 1978, p. 128.

que pasaron a ser 4.400.000 cuando el duque se hizo cargo de pagar a toda la guarnición y los reyes retiraron a las Guardas Reales.

Se asignaron además 4.080 fanegas de trigo para alimentación de los 300 ballesteros, 40 espingarderos, 40 oficiales y un fundidor que corrían a cargo del duque, y 91.780 maravedíes para los gastos de *lieva y acarreo* desde Sevilla y fletes. Por otra parte, el duque haría llevar también el trigo y cebada necesarios para el resto de la guarnición —la que procedía de las Guardas Reales—, vendiéndoselo *a los precios que montare en la tierra del Andalucía donde se comprare*, y se encargaría de asentar con la persona adecuada el abastecimiento de carne, pescado, vino *e otras provisiones e cosas necesarias*, siempre *a razonables prescios*. Por de pronto, los reyes mandaron abastecer la ciudad por seis meses, a su cargo, y el duque recibió otro millón para *las lavores que se han de hacer en la dicha cibdad de Melilla, en la iglesia e en las casas, e en los baluartes, e en petrallar e almenar e adobar las torres, e cerrar la parte de la mar lo que fuere menester.*[8]

2.3. LOS PROTAGONISTAS DE LAS HOSTILIDADES FRONTERIZAS

Entre las figuras típicas de la guerra y defensa fronterizas cabe citar, aparte de las ya mencionadas, a nobles, desterrados en el curso de las luchas y banderías, tan frecuentes, a los delincuentes u homicianos, a los adalides, almogávares y enaciados, e incluso a los caballeros de otros países que acudían a la frontera para probar sus armas y ganar honra. Merece la pena saber algo más de ellos.

Desde tiempos de Fernando IV y Alfonso XI, muchas fortalezas de la frontera comenzaron a gozar de un derecho de asilo según el cual todo delincuente que se refugiara en ellas y prestase servicio de armas cierto tiempo, de nueve a dieciocho meses por lo general, quedaba libre de su responsabilidad criminal en cuanto a la justicia regia se refería. Estaban excluidos los delitos llamados «casos de Corte» (muerte a traición y quebranto del seguro real, entre otros), pero el número de homicianos acogidos al privilegio fue grande, sobre todo en el siglo XV y en épocas de violencia dentro de Castilla, aunque se estipulaba una distancia mínima entre el lugar de comisión del delito y el castillo fronterizo para evitar que fuera un refugio demasiado fácil. Los Reyes Católicos extendieron la amnistía, durante la guerra final, a delincuentes gallegos, asturianos y vascos que acudieran a las campañas reales, y contaron con varios centenares en

---

8. Simancas, Medina Sidonia. Y Archivo Ducal de Medina Sidonia en Sanlúcar de Barrameda.

todas ellas. El privilegio de acogida se constata en Gibraltar (1309), Olvera (1327), Teba (1330), Tarifa, Alcaudete, Quesada, Alcalá la Real, Jódar, Jimena, Xiquena y, en muchos otros castillos. Parece ser que también en el lado granadino se conoció una situación semejante y hubo homicianos, aunque se sabe mucho menos de ellos y son datos relativos a la época final del emirato; más conocida, en cambio, es la presencia de *combatientes de la fe* norteafricanos, que acudían a practicar la *ŷihād*, a veces en algún *ribat* de la frontera.

Almogávares, hombres del campo, adalides y *almocadenes* fueron tipos fronterizos de especial importancia para las acciones bélicas. Vivían sobre el terreno y lo conocían perfectamente, por lo que eran insuperables en tareas de vigilancia —velas, guardas, escuchas—, celadas y golpes de mano, que les facilitaban el sustento, e insustituibles como guías en cualquier otro tipo de operación. Ellos solían guiar las cabalgadas o algaradas y encabezar los asaltos por sorpresa a castillos.

Buenos conocedores del árabe dialectal granadino, a menudo fueron utilizados sus servicios como intérpretes —*lenguas, trujamanes*—. Un caso especial y extremo lo constituían los enaciados, que cambiaban de religión y de bando con facilidad, según lo aconsejaran las circunstancias, aunque también es posible que algunos aprovecharan la excepción, expresada en las *Partidas,* según la cual la conversión al Islam estaba condenada con muerte e infamia, salvo si era temporal y ficticia, *por fazer algund granado servicio a los christianos.* La situación de los *tornadizos* o *helches* —cristianos que habían islamizado— y sus servicios militares y políticos a los emires granadinos, se entenderá también mejor en este ambiente, donde el cambio de fe podía significar a veces la vida o la libertad.

Pues bien, toda esta gente de frontera, reconocible a ambos lados de la línea, tuvo como función primera la de guerrear, aunque daba lugar a veces para los intercambios pacíficos o para los rasgos caballerescos, y era también forjadora de hombres que dieron mucho juego, tanto en la vida política andaluza como en la de toda Castilla, porque se habían templado en un ambiente duro y peligroso, el de aquella frontera que todavía continuaba viva durante la guerra final cuando, entre campaña y campaña, había que organizar un fuerte aparato de vigilancia y alerta. Para el invierno de 1488 a 1489, por ejemplo, se dispuso un total de cuarenta y dos puestos de guardas, con dos, tres o cuatro personas cada uno, entre Alhama y Colomera, vigilando toda la Vega de Granada. La distribución se hizo a propuesta de hombres del campo conocedores del terreno y con aprobación de los capitanes reales y de los alcaides de los castillos fronteros.

En 1509, cuando la frontera de Granada era ya sólo un recuerdo en la memoria de los últimos combatientes, uno de ellos, el famoso Fernán Pérez de Pulgar *el de las hazañas*, escribía a Pedro Navarro, a punto de embarcar para la empresa de la conquista de Orán, recomendándole que llevara consigo cuantos adalides y hombres del campo pudiese conseguir. Los argumentos de su escrito, la última de las «cartas de la frontera de Granada» en expresión de su editor, don Juan de Mata Carriazo, son el postrer homenaje a una época y una forma de hacer la guerra que había desaparecido ya de la península Ibérica pero que continuaba vigente en las cabalgadas y hostilidades en el norte de África:[9]

... Como quier que los moros son astutos en la guerra y diligentes en ella, los que han sydo en los guerrear los conoscen bien y saben armalles. Conoscen a qué tiempo y en qué lugar se ha de poner la guarda, do conviene el escucha, adónde es necesario el atalaya, a qué parte el escusaña, por do se fará el atajo más seguro e que más descubra. Conosçe el espía, sabrála ser.

Tiene conosçimiento de los polvos, sy son de gente de pie, y qual de cavallo o de ganado, qual es torbellino y qual humo de carboneros y qual ahumada, y la diferencia que ay de almenara a la candela de los ganaderos. Tiene conosçimiento de los padrones de la tierra y a qué parte los toma y a qué mano los dexa. Sabe poner la celada y a do irán los corredores, e çevallos sy le es menester.

Tienen conosçimiento de rebato fechizo, y qual es verdadero. Dan avisos. Su pensar continuo es ardiles, engaños y guardarse de aquéllos. Saben tomar rastro, y conosçen de qué gente, y aquel seguir. Tentarán pasos e vados, e dañallos e adoballos según fuere menester.

Y guían la hueste. Buscan pastos e aguas para ella, y montañas o llanos para aposentallos. Conosçen la dispusiçión para asentar más seguro el real. Tentarán el de los enemigos. Yrán a buscar y traer lengua de ellos, que es muy neçesaria.

Tienen continuo cuydado de mirar el campo, de noche los oydos desçolvados, de día los ojos no çerrados. Porque así es: debaxo de la pestaña del atalaya está la guarda del pueblo, gente y hueste...

... Pues de la puerta dentro, en lugar de frontera, toda su plática es guardalla, e lo que conbiene al ofiçio de guerra. Y a qué ora se çerrarán las puertas, y quanto antes la de la fortaleza, e las velas e rondas a qué ora yrán...

9.   J. de M. Carriazo y Arroquia, «Cartas de la frontera de Granada», *Al Andalus*, XI (1946), pp. 69-130.

El texto continúa poniendo de relieve el valor de aquellos especialistas en disponer la guarda de fortalezas, el emplazamiento de puntos de vigilancia y la prevención de ataques enemigos. Porque, en fin, concluye, *las cosas de guerra por escripto son como los Derechos, que ay más casos que vienen que no leyes usadas, porque son tantos e tantas como vuestra señoría sabe, mejor las fazen onbres de frontera, seyendo su uso, que no aquel que las ha de aprender. Que éstas no oyendo mas viendo e faziendo se saben.*

2.4. ASALTOS POR SORPRESA Y CABALGADAS

Además de asegurar la defensa, los *fronteros* tenían dos posibilidades de hostilidad que no entrañaban necesariamente ruptura de la tregua: los asaltos por sorpresa a fortalezas y lugares cercanos del adversario y las cabalgadas. Ambos tipos de actividad bélica reconocían los mismos móviles: el botín, que tributaba un *quinto real*, el desgaste del enemigo, e incluso la conquista de alguna de sus bases de ataque, la represalia, la necesidad de cautivos para el canje, e incluso el ansia de fama y la realización de los ideales de lucha contra el infiel.

Era costumbre aceptar que la acometida de improviso y *a hurto* de cualquier fortaleza que se pudiera combatir y tomar en tres días, sin asentar campamento ni llevar enseñas ni banderas, no constituía ruptura de la tregua. Así lo escribe el cronista Alfonso de Palencia en un conocido texto:

> Por antiguas leyes de guerra disimulaban semejantes novedades cuando dentro del plazo de las treguas se apoderaban por sorpresa de alguna villa o castillo, siendo convenio de antiguo observado entre andaluces y granadinos, y aprobado por sus respectivos reyes, que dentro de los tres días fuera lícito a unos y a otros atacar los lugares de que creyeran fácil apoderarse [...]. A moros y cristianos de esta región, por inveteradas leyes de la guerra, les es permitido tomar represalias de cualquier violencia cometida por el contrario, siempre que los adalides no ostenten insignias bélicas, que no se convoque a la hueste a son de trompeta y que no se armen tiendas, sino que todo se haga tumultuaria y repentinamente.[10]

Los asaltos a castillos fueron numerosísimos y su táctica siempre similar. He aquí la seguida en Huéscar, el año 1434, por los castellanos que la tomaron, según ellos mismos lo narran:

---

10. Alfonso de Palencia, *Guerra de Granada*, libro II, en relación con la toma de Zahara en diciembre de 1481. Madrid, 1909, pp. 28-29.

Llegamos en ordenanza hasta la cava, la cual es muy honda. E, llegados, hallamos las velas mudadas, e velando lo mejor que yo nunca ví, e dos rondas se cruzaban el logar mesmo donde las escalas se habían de asentar. Tanto, señor, que el hecho estaba muy dudoso de se cometer; pero esforzándonos en Nuestro Señor e en la muy buena ventura de vuestra real señoría, el fecho se comenzó en esta manera: Juan Enríquez enderezó su escala, e Ruy Díaz, mostrándonos el entrada de la cava. E el escala fue puesta en pasando las rondas, las cuales iban hablando en su arábigo que si Dios las escapaba de aquella noche que no habrían recelo ninguno; habiendo, señor, algún resabio, a mi entender, de nosotros. E, señor, el escala se puso a rayz de una vela, e subieron luego Lope de Frías e Pedro de Curiel, escuderos de Juan Enríquez, a tener las escalas, según lo suelen acostumbrar. E luego, señor, subió Alvar Rodríguez de Córdoba, alcaide de Segura, vuestro vasallo armado, e tras él Pedro Sánchez de Fornos, así mismo vasallo de vuestra señoría, e Pedro de Beas. E antes que el alcaide acabase de subir lo sintió la vela, e echóle un serón de piedras encima. Pero con todo no cesó de subir. E a las voces del velador la cerca e los tejados fue tomado por los moros...

Sigue narrando el asalto. Entran el estandarte y el trompeta del comendador y su tío Manuel de Benavides, el cual:

... fue peleando e ganado torres por la cerca hasta que halló descendida para la puerta. E descendió, e viose en asaz trabajo en la quebrar, pero al fin él la abrió. E entré yo por ella con la otra gente, e fuimos peleando hasta los meter en el alcázar e en ciertas torres que ellos tenían en el adarve...[11]

Las algaras o cabalgadas eran entradas de jinetes y peones armados en territorio del otro país para saquear, destruir las cosechas y apresar ganados y cautivos. Por eso, los momentos más adecuados para llevarlas a cabo eran la primavera y el otoño. Fueron innumerables, y a menudo fructíferas aunque también es cierto que muchas terminaban sangrientamente ante el choque con enemigos apercibidos y muy superiores en número, pues las cabalgadas no solían tener más de unas decenas o, a lo sumo, algunos cientos de componentes en época de tregua. Los ejemplos de este tipo de violencia fronteriza son tan numerosos que no podemos detenernos en ellos, ni en las formas de reparto de botín con reserva del *quinto real* al monarca, según ley, aunque los reyes a

---

11.   Carriazo, «Cartas de la frontera...», cit.

menudo renunciaron a él para estimular la realización de este tipo de actividades «cuyo propósito esencial no incluía ni la adquisición permanente de territorio enemigo ni ningún tipo de combate directo con el adversario, siendo su finalidad, única o combinada, y en el seno de una guerra de posición y desgaste, desde la más pura depredación, saqueo y obtención de botín, hasta un medio de dañar la moral y capacidad de resistencia del contrario, pasando por la neta represalia a un golpe anterior, un ataque de distracción en un área fronteriza diferente a donde estaba teniendo lugar el grueso de una ofensiva, la manera de asegurarse pertrechos adecuados durante una campaña o expedición, una forma de presión para alcanzar algún tipo de acuerdo, un cauce para obtener información o un acto simbólico de fuerza». Los tipos de cabalgadas eran muchos, desde luego, pero todos producían en el agredido una «merma de su capacidad de resistencia» y «a largo plazo, esta forma de hacer la guerra se constituía, a veces, en un método factible de allanar previamente el camino con vista a ulteriores avances territoriales»[12], aunque las pequeñas o medianas cabalgadas en tiempo de tregua no debieron tener en cuenta un objetivo tan lejano.

2.5. FRONTERA, NOBLEZA Y SEÑORÍO

En la frontera han acrecentado y justificado su poder los principales linajes andaluces y murcianos de los siglos XIV y XV: Guzmán, Ponce de León, Ribera, Saavedra, Fernández de Córdoba, Cueva, Iranzo, Carvajal, Benavides, Fajardo, por no citar sino algunos más relevantes que superaron el nivel de la aristocracia local circunscrita a una ciudad. El fenómeno afectó también al conjunto de la aristocracia o nobleza local de caballeros de cada ciudad y villa, e incluso se dieron en la frontera ocasiones propicias para que muchos alcanzaran el rango de caballero, bien armados por el mismo rey o por su adelantado, bien por el procedimiento más llano de *encabalgarse* sobre la montura del enemigo vencido y proclamar su derecho a llevar en adelante un rango de vida y unas obligaciones de tipo caballeresco. O bien, incluso, por las concesiones de hidalguía y caballería que los monarcas del siglo XV prodigaron más con ocasión de las guerras granadinas. El gran historiador de Sevilla,

---

12.   M. Rojas Gabriel, «El valor bélico de la cabalgada en la frontera de Granada», *Anuario de Estudios Medievales*, 31/1 (2001), pp. 295-328.

Diego Ortiz de Zúñiga, lo expresó perfectamente cuando escribía sobre las consecuencias de la conquista de Granada, casi dos siglos después de los hechos:

> También podemos decir que con esta conquista cesó en gran parte la gloria militar que la vecina guerra tenía tan en su punto. Nacían los nobles desde la cuna destinados a las armas, porque en ella los prevenía el sueldo de los reyes, con sus acostamientos, a que crecían obligados. Y el exemplar, la emulación y el premio hacían que ninguno dexase de servir en la guerra: eran las armas la más preciosa prenda de sus casas, y la destreza de su manejo el más apetecido exercicio de la juventud noble. Y como campeaban tan cerca de sus casas, con fácil dispendio hacían las marchas y las retiradas. Entró con la paz el ocio, entorpeció los bríos y cubrió de moho las aceradas armas, embotó las cuchillas, y hallaron en él mejor acogida los vicios; cesaron los acostamientos reales, que honraban y ayudaban a mantener los hijosdalgo. Alejóse la guerra, llevando sí tal vez al África, las más a la Italia, las fuerzas españolas, y en la gran costa de las jornadas y la prolija ausencia de la patria desmayaron las inclinaciones bélicas.[13]

Hernando del Pulgar había escrito ya prácticamente lo mismo cuando la frontera aún existía, dirigiéndose a la reina Isabel:

> E es de considerar que, como quier que los moros son omes belicosos, astutos e muy engañosos en las artes de la guerra, e varones robustos e crueles, e aunque poseen tierra de grandes e altas montañas e de logares tanto ásperos e fraguosos que la disposición de la misma tierra es la mayor parte de su defensa, pero la fuerça y el esfuerço destos cavalleros e de otros muchos nobles e fijosdalgo vuestros naturales que continuaron guerra con ellos siempre los oprimieron a que diesen parias a los reyes vuestros progenitores e se ofreciesen por sus vasallos.[14]

La actividad bélica en la frontera, la sangre vertida en ella y a menudo la muerte de parientes y allegados, o la propia, no sólo era un distintivo de los miembros del grupo caballeresco y un timbre de gloria, sino también un medio de promoción política y económica, y de afianzamiento de su predominio social. Conocemos algunos

13. D. Ortiz de Zúñiga, *Anales eclesiásticos y seculares de la [...] ciudad de Sevilla*, Madrid, 1796 (2.ª ed.), año 1492, ap. 8 (vol. 3, p. 162).
14. Hernando del Pulgar, *Libro de los claros varones de Castilla*, Tít. XVII (Oxford, Ed. R. B. Tate, 1971, pp. 55-56).

memoriales redactados para obtener oficios públicos o señoríos que son verdaderas hojas de servicios prestados. Por ejemplo, el presentado por García y Fernando Orbaneja al concejo de Jerez en 1488, que enumera cincuenta y una acciones militares en la frontera. O el que compuso en noviembre de 1483 el marqués de Cádiz, don Rodrigo Ponce de León, para conseguir que los reyes le otorgaran el señorío sobre Zahara, que él mismo acababa de recuperar, frente a las pretensiones de los Saavedra, sus antiguos señores, que también argüían con los servicios prestados por ellos y por sus antepasados. Este tipo de noticias aumenta a medida que conocemos más sobre la vida y actividades de los miembros de la caballería andaluza y murciana.

He aquí, para concluir, algunos textos relativos a varios caballeros famosos por sus acciones en la frontera:

1. Rodrigo de Narváez:

> ¿Quién fue visto ser más industrioso ni más acebto en los atos de la guerra que Rodrigo de Narváez, cavallero fijodalgo?, a quien por las notables fazañas que contra los moros fizo le fue cometida la cibdad de Antequera, en la guarda de la qual e en los vencimientos que fizo a los moros, ganó tanta honrra e estimación de buen cavallero que ninguno en sus tiempos la ovo mayor en aquellas fronteras.[15]

2. Juan y Gonzalo de Saavedra:

> Juan de Sahavedra, cavallero fijodalgo, guerreó los moros muchos tienpos, e tan osado era en las batallas, que con menor número de gente siempre osó acometer los enemigos, aunque fuesen mucho más que los suyos, e los venció muchas vezes e desbarató.
>
> Gonçalo de Sahavedra, su hermano, en guerras de moros y de christianos ningún romano pudo tener mayor diligencia, ni mejor conoscimiento para ordenar las batallas, ni en saber los logares, ni en poner las guardas, e todas las otras cosas que para seguridad de las huestes se requiere saber a todo buen capitán, el qual fue tan discreto e consideraba las cosas e los casos que podían acaescer en las guerras, e las proveía de tal manera que nunca se falló que por defeto de su provisión los de su parte recibiesen inconveniente.[16]

---

15. Pulgar, *Libro de los claros varones...*, Tít. XVII. Rodrigo de Narváez fue alcaide de Antequera desde la toma de la plaza en 1410 hasta su muerte en 1424 y sus descendientes le sucedieron en el oficio hasta 1474.

16. Del Pulgar, *Libro de los claros varones...*, Tít. XVI.

3. Ribera:

Caballeros nobles sevillanos que ejercieron el adelantamiento mayor de Andalucía a partir de Per Afán de Ribera, muerto a muy avanzada edad en 1423, del que leemos que *murió aviendo gastado mucho tiempo de su vida en guerras, por las cuales cosas los hombres se hazen inmortales.* Unos años antes había caído en combate su primogénito, Rodrigo, durante el cerco de Setenil en 1407: *E el Adelantado mostró muy poco sentimiento de la muerte de su hijo, no porque él no la tenía en su voluntad mas por mostrar que él muriera bien e con gran seso e con gran esfuerço ... E dixo al infante* [Don Fernando]: *«Señor, a esto somos acá todos venidos, a morir por servicio de Dios, e del rey e vuestro. E la fruta de la guerra es morir en ella los fidalgos. E Rodrigo, si murió, murió bien en servicio de Dios e del rey mi señor e vuestro. E pues él avía de morir, no podía él mejor morir que aquí, en vuestro servicio.* Unos años más adelante, Diego Gómez de Ribera, hijo de Per Afán y también adelantado mayor de Andalucía, se dispuso a combatir y cercar Álora, ante cuyos muros murió de un saetazo, en 1434, pero al cronista, más que la desgracia en sí, le interesa resaltar la honra que aquella acción traía para el finado y su linaje: *Gran mención se hace en las escrituras romanas de la honra y señal de vencimiento que a los cónsules e otros príncipes se daba cuando conquistaban algunos lugares e provincias e las ponían so el poderío de Roma. Así acaesció que en el verano de este año que habla la historia, don Diego Gómez de Ribera...* [17]

4. Fajardo. Fragmento de la carta del caballero murciano Alonso Fajardo *el Bravo*, en 1458, a Enrique IV, recordando sus servicios:

    ... En acrecentamiento de vuestra corona real, yo, señor, peleé con la gente de la casa de Granada, que eran mil y doscientos y setenta de a caballo y mil peones, y con el ayuda de Dios y ventura vuestra los vencí, murieron ochocientos caballeros, y entre ellos nueve caudillos, y fueron presos cuatrocientos moros, de que la casa de Granada se destruyó, por cuya cabsa están los moros en el trabajo que vuestra señoría sabe *[se refiere a la batalla de Los Alporchones, año 1452].* Yo, señor, combatí a Lorca *[sic]* y la entré por fuerza de armas y la gané y tuve, adonde se prendieron doscientos moros y

---

17. Gonzalo Argote de Molina, *Nobleza de Andalucía*, Jaén, 1588, pp. 563-567. *Crónica de Juan II*, ed. Madrid, 1982, cap. 77 (1407) y ed. CoDoIn, vol. C, cap. V de 1434.

hube gran cabalgada, ropa, bestias y ganado. Yo gané a Mojácar, donde se hicieron tran grandes fechos de armas que las calles corrían sangre. Yo, como el negocio era tan grande, requerí, primero que fuese, a Murcia, Almería [sic] y otros lugares que me ayudasen y no quisieron; y requerí a vuestra señoría que me mandase dar doscientos de a caballo y no se me dieron; en fin, en aquel hecho hice lo que pude. Yo descerqué el castillo de Cartagena, que vos tenían en toda perdición. Y agora, en galardón destos servicios y otros muchos muy notorios, mandáis hacerme guerra a fuego y sangre y dais sueldo a vuestras gentes por me venir a cercar y destruir. Yo esto, señor, lo he a buena ventura, que más quiero ser muerto de león que corrido de raposo.[18]

Un aspecto muy importante en la promoción nobiliaria fue el crecimiento de sus dominios señoriales a lo largo de toda la frontera, porque la necesidad de mantener un fuerte dispositivo militar en ella y de alentar la ascensión de caballeros dispuestos a lograrlo mediante la prestación de servicios militares, llevó a los reyes a ceder en señorío numerosos puntos fronterizos, ya fortificados o bien, en otros casos, para asegurar que lo estuvieran en el futuro. Hacia 1480 eran muy escasas las plazas realengas de la frontera: Tarifa —en vías de señorialización—, Antequera, Alcalá la Real, Quesada y Lorca, en la retaguardia de Xiquena. Los principales concejos de realengo también mantenían algunos castillos en sus respectivas *tierras*. El resto pertenecía a señoríos de diversos nobles o de las Órdenes Militares, como exponía un consejero de los Reyes Católicos ya a comienzos del siglo XVI:

Desde Vera hasta Marbella —la frontera— alinda con parte de los señoríos de los duques de Medina, Arcos, Alburquerque, Alba, y marquesado de Tarifa, Priego y los Vélez, y condados de Ureña, Cabra y Teba, sin otros caballeros de mediano estado que aquí amojonan, por manera que en estas setenta leguas sólo Antequera es de lo real y con Alcalá.[19]

Aquella realidad había comenzado a desarrollarse desde los últimos decenios del siglo XIII. Si, en un principio, las Órdenes Militares habían recibido las fortalezas más importantes, y a finales del siglo XV las de Santiago y Calatrava conservaban las suyas en los

18. J. Torres Fontes, *Fajardo el Bravo*, Murcia, 1944, doc. 51.
19. Simancas, Diversos de Castilla, 8-111 (M. Á. Ladero Quesada, *Andalucía en el siglo XV. Estudios de historia política*, Madrid, 1973, pp. 68-69).

reinos de Jaén y Murcia, en seguida comenzaron a producirse concesiones regias a favor de nobles que fundamentaron en la frontera gran parte de su poder político y militar, y muchos de sus señoríos. El primero en conseguirlo fue Alonso Pérez de Guzmán *el Bueno*, en tiempos de Fernando IV, y muchos otros siguieron el mismo camino, además de los Guzmán: Ponce de León, Ribera, Enríquez, Saavedra y Girón en el reino de Sevilla, los Fernández de Córdoba en sus diversas ramas, los Venegas y los Sotomayor, los Cueva, Benavides y Carvajales en los reinos de Córdoba y Jaén, los Fajardo en el de Murcia.

Principales plazas y castillos de señorío en la frontera de Granada

Localidad	Titular del señorío. Fechas de comienzo
1/ Zona de Jerez-Sevilla-Carmona-Écija	
Gibraltar	Guzmán, 1466 a 1502
Tarifa	Enríquez, 1447. Enríquez de Ribera, 1478
Conil. Chiclana. Vejer	Guzmán, 1299, 1303,1307
Sanlúcar de Barrameda	Guzmán, 1297
Rota. Chipiona	Guzmán. Ponce de León, 1301
El Puerto de Santa María	Órdenes Militares, 1279. Guzmán. La Cerda, 1306
Cádiz	Ponce de León. 1466 a 1493
Medina Sidonia	Órdenes Militares, 1279. 1340, L. de Guzmán. 1440, Guzmán
Alcalá de los Gazules	Órdenes Militares, 1279-1285. Ribera, 1441
Castellar de la Frontera	Saavedra, 1445
Jimena de la Frontera	Guzmán, 1470
Bornos. Espera	Señorío desde 1303. Ribera, 1394
Arcos de la Frontera	Dávalos, 1408. Ponce de León, 1440
Marchena	Ponce de León, 1301
El Coronil	Ribera, 1419
Morón de la Frontera,	
Cote, El Arahal	O.M. Alcántara, s. XIII. Girón, 1461
Olvera. Ayamonte	Zúñiga, aprox. 1400. Girón, 1460
Zahara	Saavedra. Ponce de León, 1484
Pruna	Ribera*. Ponce de León, 1482
Teba. Ardales	Guzmán**. aprox. 1430
Cañete La Real. Torre Alháquime	Ribera, aprox. 1430
Ortejícar	Girón, 1462
Osuna. Cazalla	O.M. Calatrava, s. XIII. Girón, 1464
Estepa	O.M. Santiago, 1267
[Antequera	Realengo. 1410. Los castillos de Coche, Aznalmara y Xebar, en su término]
Archidona	Girón, 1464

2/ Zona de Córdoba, Jaén-Andújar, Baeza-Úbeda

Cañete	Fernández de Córdoba (1), 1293
Aguilar. Priego	Fernández de Córdoba (1), aprox. 1370
Montilla	Fernández de Córdoba (1)
Lucena. Espejo	Fernández de Córdoba (2), aprox. 1377
Baena	Señores anteriores. Fernández de Córdoba (3), 1386
Cabra	Señores anteriores. Fernández de Córdoba (3), finales s. XIV
Doña Mencía	Fernández de Córdoba (3), finales s. XIV
Rute, Iznájar, Zambra	Fernández de Córdoba (3), 1465
Luque, Zuheros	Venegas, 1350
Porcuna, Lopera	O.M. Calatrava, 1228
Arjona, Arjonilla, Higuera	Señores anteriores. O.M. Calatrava, 1434
Martos, Torredonjimeno	O.M. Calatrava, 1228
Alcaudete	Fernández de Córdoba (4), com. s. XIV
[Alcalá la Real. Locubín	Realengo, 1341]
Vilches, Canena	O.M. Calatrava, s. XIII
Jimena. Torres. Sabiote	O.M. Calatrava, s. XIII
Bédmar	O.M. Santiago, com. s. XV
Jódar	Señores anteriores. Carvajal, 1467
Huelma, Solera	Cueva, 1464 ·
[Quesada	Realengo. De Úbeda]
Adelantamiento de Cazorla	Sede arzobispal de Toledo
Segura, Hornos, Siles, Chiclana. Beas, etc.	O.M. Santiago, s. XIII

3/ Zona de Murcia

Yeste, Létur, Moratalla, Socovos, Férez, etc.	O.M. Santiago, s. XIII
Caravaca, Cehegín	O.M. Templo. O.M. Santiago, 1344
Cieza, Pliego, Aledo	O.M. Santiago, finales s. XIII
[Xiquena	Realengo, de Lorca. 1433]

---

* Otra rama, distinta de los Ribera adelantados de Andalucía.
** Otra rama, distinta de la de los condes de Niebla y duques de Medina Sidonia. -
Ramas de los Fernández de Córdoba: 1. Señores de Aguilar. 2. Alcaides de los Donceles.
3. Condes de Cabra. 4. Señores de Montemayor.

---

3. El Romancero, eco popular y literario

Las relaciones fronterizas, en especial las acciones bélicas, dieron lugar a una creación literaria propia de aquel tiempo y de aquellas circunstancias, los «romances fronterizos», especialmente en los años de Juan II (1406-1454), que reflejan a menudo hechos reales, más o menos distorsionados, pero también la mentalidad caballeresca que la frontera estimulaba, y evocan algunos aspectos de las acciones bélicas y del conocimiento de la cultura y usos de la otra parte. No son un espejo fiel de la realidad, sino la visión idealizada de ciertos aspectos parciales, a pesar del realismo con que a menudo están compuestos, sobre todo los que se escribieron al poco tiempo de los hechos que narran, como un medio más de información y propaganda. Pero esa idealización permite analizarlos no sólo desde el punto de vista histórico sino también, a veces, desde el semiológico. Además, los romances de frontera están en el origen de la corriente literaria que durante siglos tomó a Granada como tema hasta elevar a la cima de la leyenda y el mito cuanto se refería al pasado del extinto emirato.

La historicidad de algunos romances está plenamente comprobada, pese a las deformaciones producidas por su transmisión oral, o a las interpolaciones, añadidos e incluso mezclas posteriores entre sucesos diversos, que enturbian a menudo su relato y tienen que ser detectadas por la crítica textual. Algunos de los romances más bellos aluden a cabalgadas y asaltos fronterizos.[20] Por ejemplo el que relata la fallida entrada de Juan Arias de Saavedra en tierra granadina, por la frontera de Jimena y El Castellar, en marzo de 1448:

Río Verde, Río Verde / más negro vas que la tinta
entre ti y Sierra Bermeja / murió gran caballería
Mataron a Ordiales / Sayavedra huyendo iba
con el temor de los moros / entre un jaral se metía.[21]

Otros hacen referencia a sucesos anteriores como el intento de asalto a Baeza en 1407:

Moricos, los mis moricos / los que ganáis mi soldada
derribédesme a Baeza / esa villa torreada
y a los viejos y a los niños / traed en cabalgada
y a los mozos y varones / los meted todos a espada,
y a ese viejo Pero Díaz / prendédmelo por la barba,
y aquesa linda Leonor / será la mi enamorada.
Id vos, capitán Vanegas / porque venga más honrada,
que si vos sois mandadero / será cierta la jornada.

20. Textos tomados del *Romancero* editado en *Biblioteca de Autores Españoles*, vol. ...., y R. Menéndez Pidal, *Flor nueva de romances viejos*, Madrid, 1958 (11.ª ed.). Véase también A. MacKay, «Los romances fronterizos como fuente histórica», en *IV Coloquio de historia medieval andaluza*, Córdoba, 1988, pp. 273-285.
21. C. Seco de Lucena, «Investigaciones sobre el romancero. Estudio de tres romances fronterizos», *Boletín de la Universidad de Granada*, VII (1958), pp. 1-40, y «La historicidad del romance *Río Verde, Río Verde*», *Al Andalus* (1958), pp. 75-95. J. E. López de Coca, «De nuevo sobre el romance *Río Verde, Río Verde* y su historicidad», *I Coloquio de Historia medieval de Andalucía*, Córdoba, 1982, pp. 11-19.

O la muerte del alcaide de Cañete, otro Saavedra, ocurrida en 1410:

> Buen alcaide de Cañete / mal consejo habéis tomado
> en correr a Setenil / hecho asaz bien excusado.
> Harto hace el caballero / que guarda lo encomendado
> y guarda la fortaleza / donde lo han juramentado.

Son muy famosos, también, los romances de la toma de Antequera, en 1410:

> De Antequera partió el moro / tres horas antes del día
> con cartas en la su mano / en que socorro pedía.
> Escritas iban con sangre / mas no por falta de tinta.
> El moro que las llevaba / ciento y veinte años había,
> la barba tenía blanca / la calva le relucía,
> toca llevaba tocada / muy grande precio valía...

Y algunos relativos al valor de su alcaide, Rodrigo de Narváez, por ejemplo el que narra la *batalla de la matanza*, o *del chaparral*, ocurrida el 1 de mayo de 1424:[22]

> De Granada partió el moro / que se llama Ben Zulema;
> allá se fuera a hacer salto / entre Osuna y Estepa.
> Derribado ha los molinos / y los molineros lleva,
> y del ganado vacuno / hecho había grande presa,
> y de mancebos del campo / lleva las traíllas llenas.
> Por hacer enojo a Narváez, / pásalos por Antequera.
> Los gritos de los cristianos / hacían temblar la tierra.
> Oído lo había Narváez, / que está sobre la barrera,
> y como era buen cristiano / el corazón le doliera.
> Hincado se ha de rodillas / y aquesta oración dijera:
> Señor, no me desampares / en esta empresa tan buena,
> que por te hacer servicio / dejo yo sola Antequera.
> Mandó apercibir su gente / cuanta en la villa hubiera,
> y por un jaral que él sabe, / al encuentro les saliera.
> De quinientos que eran los moros, / sólo uno se les fuera,
> que era el alcaide de Loja, / que buen caballo trujera.
> Con la presa y cabalgada / vuélvese para Antequera.

22. F. López Estrada, *Poética de la frontera andaluza (Antequera, 1424)*, Salamanca, 1998, pp. 66-67.

He aquí cómo se idealizó la entrada de Juan II en la Vega de Granada, año 1431, y su contemplación de la ciudad-dama, en un romance que, como tantos otros, se recitó en diversas versiones.

Abenamar, Abenamar / moro de la morería[23]
¿qué castillos son aquéllos? / ¡altos son y reluzían!
El Alhambra era, señor, / y la otra la mezquita;
los otros los Alixares / labrados a marauilla.
El Moro que los labró / cien doblas ganaba al día.
La otra era Granada / Granada la noblecida
de los muchos caualleros / y de la gran ballestería.
Allí habla el rey don Juan, / bien oyreys lo que diría:
– Granada, si tú quisiesses, / contiguo me casaría:
daréte en arras y dote / a Córdoua y a Seuilla,
y a Xerez de la Frontera, / que cabo sí la tenía.
Granada, si más quisiesses, / mucho más yo te daría.
Allí hablara Granada / al buen rey respondía:
– Casada so, el rey con Iuan / casada soy, que no biuda;
el moro que a mí me tiene / bien defenderme querría.
Allí habla el rey don Juan, / estas palabras dezía:
– Échenme acá mis lombardas / doña Sancha y doña Eluira,
tiraremos a lo alto, / lo baxo ello se daría.
El combate era tan fuerte / que grande temor ponía:
los moros del baluarte, / con terrible algazería
trabajan por defenderse, / mas fazello no podían.
El rey moro que esto vido / prestamente se rendía,
y cargó tres cargas de oro; / al buen rey se las embía:
prometió ser su vassallo / con parias que le daría.
Los castellanos quedaron / contentos a marauilla;
cada qual por do ha venido / se boluió para Castilla.

La muerte del Adelantado de Andalucía, Diego Gómez de Ribera, ocurrida ante Álora, en mayo de 1434, cuando estaba asaltando la plaza:

Álora, la bien cercada / tú, que estás en par del río,
cercote el Adelantado / una mañana, en domingo
de peones y hombres de armas / el campo bien guarnecido;

---

23.   J. Torres Fontes, «La historicidad del romance *Abenamar, Abenamar*», *Anuario de Estudios Medievales*, 8 (1972-1973), pp. 225-256.

con la gran artillería / hecho te habían un portillo.
Viérades moros y moras / subir huyendo al castillo;
las moras llevan la ropa, / los moros harina y trigo,
y las moras de quince años / llevaban el oro fino,
y los moricos pequeños / llevan la pasa y el higo.
Por encima del adarve / su pendón llevan tendido.
Allá detrás de una almena / quedado se había un morico
con una ballesta armada / y en ella puesto un cuadrillo.
En altas voces diciendo / que del real le han oído:
– ¡Tregua, tregua, adelantado, / por tuyo se da el castillo!
alza la visera arriba / por ver el que tal le dijo:
asestárale a la frente, / salido le ha al colodrillo...

Otros romances recuerdan cabalgadas granadinas:

Caballeros de Moclín / peones de Colomera
entrado habían en acuerdo / en su consejada negra
a los campos de Alcalá / donde irían a hacer presa.
Allá la van a hacer / a esos molinos de Huelma...

La figura del obispo-guerrero de Jaén, don Gonzalo de Zúñiga,
se vio reflejada en poemas con gran carga de leyenda, sobre su supuesta prisión en 1435:

Día era de San Antón / ese santo señalado
cuando salen de Jaén / cuatrocientos hijosdalgo
y de Úbeda y Baeza / se salían otros tantos
mozos deseosos de honra / y los más enamorados
en brazos de sus amigas / van todos juramentados
de no volver a Jaén / sin dar moro en aguinaldo
...
Por capitán se lo llevan / al obispo don Gonzalo
armado de todas armas / en un caballo alazano.

Las gestas de Fajardo *el Bravo* y de sus caballeros murcianos y
lorquíes, dejaron recuerdo en composiciones como la siguiente:

Jugando estaba el rey moro / y aun al ajedrez un día
con aquese buen Fajardo / con amor que le tenía
Fajardo jugaba a Lorca / y el rey moro a Almería
Jaque le dio con el roque / el alférez le prendía
A grandes voces dice el moro / La villa de Lorca es mía.

Allí hablara Fajardo / bien oiréis lo que diría:
Calles, calles, señor rey / no toméis la tal porfía
que aunque me la ganases / ella no se te daría
caballeros tengo dentro / que te la defenderían.[24]

O la que relata la batalla de Los Alporchones, en la que las tropas de Lorca, Murcia y Aledo deshicieron una gran cabalgada granadina, en 1452:

Allá en Granada la rica / instrumentos oí tocar
en la calle de Gomeles / a la puerta de Abidbar
el cual es moro valiente / y muy fuerte capitán.
Manda juntar muchos moros / bien diestros en pelear
porque en el campo de Lorca / se determina de entrar.
...
En campos de Cartagena / con furor fueron a entrar,
cautivan muchos cristianos / que era cosa de espantar
Todo lo corren los moros / sin nada se les quedar.
...
Alabez, como es valiente / por Lorca quería pasar,
Por tenerla muy en poco / y por hacerle pesar
Y así con toda su gente / comenzaron de marchar.
Lorca y Murcia lo supieron / luego los van a buscar
Y el comendador de Aledo / que Lisón suelen llamar,
Junto de los Alporchones / allí los van a alcanzar.

Y, por último, el *Romance de la pérdida de Alhama*, en 1482:

Paseábase el rey moro / por la ciudad de Granada,
desde la puerta de Elvira / hasta la de Vivarrambla.
Cartas le fueron venidas / cómo Alhama era ganada.
¡Ay de mi Alhama!
Las cartas echó en el fuego, / y al mensajero matara;
echó mano a sus cabellos / y las sus barbas mesaba.
Apeóse de la mula / y en un caballo cabalga;
por el Zacatín arriba / subido había al Alhambra;
mandó tocar sus trompetas, / sus añafiles de plata,
porque lo oyesen los moros / que andaban en el arada.
¡Ay de mi Alhama!

24.   J. Torres Fontes, «El Fajardo del romance del juego de ajedrez», *Revista Bibliográfica y Documental*, II (1948), pp. 305-314.

Cuatro a cuatro, cinco a cinco, / juntado se ha gran compaña.
Allí habló un viejo alfaquí, / la barba bellida y cana:
– ¿Para qué nos llamas, rey, / a qué fue nuestra llamada?
– Para que sepáis, amigos, / la gran pérdida de Alhama.
¡Ay de mi Alhama!
– Bien se te emplea, buen rey / buen rey, bien se te empleara;
mataste los Bencerrajes / que eran la flor de Granada;
cogiste los tornadizos / de Córdoba la nombrada.
Por eso mereces, rey, / una pena muy doblada,
que te pierdas tú y el reino / y que se acabe Granada.
¡Ay de mi Alhama!

Aquí no es posible más que dejar esbozado el asunto e invitar a los lectores para que conozcan mejor esta singular creación, a la vez popular y literaria, que nació en la antigua frontera de Granada y sigue viva hasta nuestros días, cuando todo lo demás es ya pasado desde hace muchos siglos.

CAPÍTULO 3

RECURSOS MILITARES Y ORGANIZACIÓN DE LAS GUERRAS

Evaluaremos a continuación las capacidades militares de una y otra parte para explicar mejor las condiciones en que se produjeron las guerras, en especial la de la conquista, sobre la que tenemos muchas más noticias, pero nuestros conocimientos son mucho menores en lo que toca al lado granadino y lo poco que sabemos de él procede, a menudo, de fuentes de información castellanas. Con todo, comenzaremos por este aspecto de la cuestión.

1. Los recursos militares granadinos

El prestigio del emir dependía mucho de su capacidad como jefe militar, capaz de defender a los granadinos de los peligros que pudieran acecharles. Lo mismo, a otra escala, ocurría con el de los aristócratas poderosos en una u otra zona del territorio: los jefes de parentelas locales organizaban la estrategia defensiva, de modo que cada uno de ellos solía tener la responsabilidad del mando de tropas (*ra'īs* o *arráez*) y de la alcaidía o tenencia de castillos, y actuaba con gran autonomía tanto en caso de guerra como durante los períodos de tregua.

Los emires gastaban parte considerable de los ingresos fiscales en el mantenimiento de tropas y guarniciones en los principales puntos del país, sobre todo en la ciudad de Granada, donde disponían de una guardia personal de *helches*—antiguos cristianos renegados— con cuya fidelidad contaban especialmente. Veremos más adelante la importancia que tiene este hecho, que, además, debió de ser habitual porque corresponde a formas de recluta que también se encuentran por entonces entre los egipcios y los turcos.

La caballería radicada en la casa del emir seguramente aumentó con el paso del tiempo: hacia 1474, Abū'l-Ḥasan contaba en ella con setecientos efectivos armados a la jineta, como caballería ligera, con estribo corto, lanza arrojadiza, escudos circulares, corazas de cuero o acolchadas. Tanto en Granada como en otras partes del emirato había tropas permanentes a sueldo, formadas por granadinos y, en otros casos, por africanos —*zenetes, gomeres*, etc., según su origen tribal— *voluntarios de la fe*, cuya presencia se constata tanto en la frontera —zegríes, de *ṭagr*, frontera— como en la guarnición de plazas, sobre todo en el sector occidental, donde mayor peso había tenido entre 1275 y 1350 la intervención de los meriníes.

Pero la ayuda oficial de los sultanes meriníes había terminado poco después de la toma de Algeciras por Alfonso XI (1344), aunque siguiera habiendo una relación continua entre ambas orillas del Estrecho. La situación militar de Granada en el siglo XV era más débil que en el XIV, aunque se puede pensar que el emirato había tomado algunos modos de organización militar de su vecina Castilla, así los relativos a la posibilidad de movilización de todos los varones útiles para empuñar las armas, y a la obligación de mantener caballo y armas en algunos casos, al modo de la *caballería de cuantía* en Castilla, o al pago por el emir de cantidades a caballeros en concepto similar al *acostamiento* castellano. Además, los procedimientos de fortificación y control del territorio eran muy semejantes a ambos lados de la frontera, así como algunas formas de guerrear habituales: algaras o cabalgadas, asaltos a castillos, talas y saqueos.

En el siglo XV no era raro que los emires hicieran alarde de sus tropas. El que llevó a cabo Abū'l-Ḥasan en abril de 1478 coincidió con una gran crecida del Darro a la que se atribuyó carácter providencial, como señal de futuras desgracias causadas por la opresión fiscal a que el emir sometía a sus súbditos y por su mala vida privada. El primer aspecto se explica por la misma necesidad de mantener aquel aparato militar, al que Abū'l-Ḥasan confiaba la supervivencia del país, y es fama que aquel emir aumentó mucho las capacidades militares granadinas. El segundo, se refería, una vez más, a los desajustes provocados por las luchas de bandos y, en este caso, al aplastamiento del de los abencerrajes. Pero es muy difícil saber la cantidad de tropas que acudían al alarde.

Tres cuartos de siglo antes, un memorial del maestre de Alcántara datado en 1406 estima que el emir disponía de algo más de siete mil de a caballo más otros tres mil a los que no pagaba sueldo en tiempo de paz (lo mismo que pasaba con la *caballería de cuantía* castellana). Pero el memorial afirma también que el emir podía movilizar cien mil peones o infantes, dato que por fuerza es exagerado y ha de referirse, en el mejor de los casos, a la totalidad de la población masculina del emirato entre dieciséis y sesenta años, si es que se utilizaban estos dos términos de edad para encuadrar a toda la que se suponía que estaba en condiciones de empuñar algún arma. Los cálculos hechos en torno a 1478 son muy parecidos: hicieron alarde cuatro mil caballeros, entre ellos los setecientos de la guardia del emir, que estimaba disponer de hasta siete mil de a caballo. Aunque se otorgue confianza a estos datos, sólo sirven para dar a conocer efectivos totales que de ningún modo podrían concentrarse en una sola acción bélica, ni siquiera en una batalla campal, sino que las hostilidades tendrían que sostenerse, en cada caso concreto, por tropas mucho menores en número.

En las operaciones militares del siglo XV tuvo mucho mayor uso la ballesta, que resultaba eficaz frente a la caballería y no exigía grandes inversiones aunque sí un entrenamiento frecuente. En Granada, como en Portugal, la ballestería tuvo un fuerte desarrollo por estos motivos. Con motivo del alarde de 1478, el emir calculaba que contaba con ochenta mil ballesteros, nueva exageración, salvo que dispusieran de esta arma todos los varones del reino movilizables. También disponían los granadinos de espingarderos, y de artillería en algunas de sus ciudades y fortalezas, pero, en aquella época, esta arma era más eficaz para asediar que para defender plazas, aunque en algún caso sirvió para dañar a los campamentos de los sitiadores.

Para completar estos datos, nada mejor que dejar hablar a los textos de época:

> *[El alarde de abril de 1478.]* El rey quiso reconoscer qué gente tenía de a caballo en su reyno, e mandó enviar sus cartas para que todos los del reyno viniesen a hacer alarde para ciertos días, ansí repartidos que los unos no estorbasen a los otros. Y repartiólo en treinta días, y dexó el postrero, que fue el día de San Juan, para los criados de su casa, que se halló que eran 700 de cauallo, y casi la mayor parte de ellos christianos que hauían sido captiuos. Y en la verdad yo conoscí a casi ciento de ellos, grandes hombres, así en la gineta como en el esfuerço, y ansi eran tenidos en mucha reputación del rey, y de los grandes y pequeños del reyno, y casi todos eran oficiales de la casa del rey, y alcaides y capitanes della [...]. Así pasaron los 29 días, en los quales dizen que se hallaron 4.000 de a caballo, y el postrero dellos las 700 lanzas, criados del rey, començaron a hazer su alarde. Y yo vi a muchos de los que allí se hallaron, que dezían que era cosa

marauillosa ver los caualleros atabíos que así los del reyno como los del rey avían sacado.[1]

El mariscal *[Fernán Arias de Saavedra]* en este tiempo estava en Zahara y en Ronda, que era de moros, e por allí pasava su vida. E sabiendo de él el rey de Granada Muley Bulhacén, envió a llamar, e él fue allá por tierra de moros, con cinco de cavallo, e el rey le hizo honrra. E fue a tiempo que el rey facía alarde, e vido el alarde el mariscal, y díxole el rey que se hallaba a la sazón con 7.000 de caballo e 80.000 ballesteros, e díxole al mariscal que le requiriese e él le mandaría ayudar en lo que oviese menester.[2]

De todas maneras, la defensa estática del territorio era el punto fuerte de los recursos militares granadinos, como lo demuestra que, después de la conquista, los castellanos mantuvieran en uso todavía entre ochenta y cien fortalezas y torres: la abundancia de puntos fortificados, que se apoyaban en las posibilidades ofrecidas por el relieve, en especial por las líneas de macizos y cadenas montañosas que jalonaban la frontera terrestre, permitió la buena defensa tanto de ésta como del territorio, hasta que los castellanos contaron con el uso masivo de artillería. En lo que se refiere a la costa o frontera marítima, los emires no tuvieron medios suficientes para evitar la inseguridad y los frecuentes saqueos y agresiones porque no contaban con flotas adecuadas, tanto por el elevadísimo costo de mantenimiento como por la ausencia de arsenales adecuados —en Málaga, Almería y Almuñécar se construían fustas, galeotas, jabeques y otros barcos pequeños— y alquilar grandes navíos —carracas, galeras, naos, etcétera— era difícil y muy caro. Pero Castilla tampoco estaba suficientemente dotada en este aspecto, pese a la potencia de sus marinas cantábrica y andaluza, de modo que, después de las luchas por el control del paso del Estrecho, entre 1275 y 1350, sus reyes apelaron pocas veces a la contratación de barcos para la guerra naval, hasta los años de la conquista y ésta se basó casi siempre en operaciones terrestres.

Los granadinos tuvieron dos motivos habituales para combatir. Uno era la defensa de su territorio y la mejora del trazado fronterizo lo que, cuando podían, les impulsaba a llevar también la guerra

---

1. Hernando de Baeza, *Las cosas que pasaron entre los reyes de Granada desde el tiempo del rey don Juan de Castilla, segundo de este nombre, hasta que los Cathólicos Reyes ganaron el reyno de Granada...*, en *Relación de algunos sucesos de los últimos tiempos del reino de Granada*, Madrid, 1868, pp. 17-18.
2. Andrés Bernáldez, *Memorias del reinado de los Reyes Católicos*, Madrid, 1962, cap. XXXI.

al de sus vecinos andaluces y murcianos, por propia iniciativa o como réplica. El otro fue de tipo religioso, general al mundo islámico, muy efectivo a la hora de aunar voluntades, producir entusiasmos colectivos, justificar iniciativas bélicas; me refiero a la obligación que toca al musulmán de «procurar la defensa de la fe con todos sus medios y esfuerzos» *(ŷihād)*, lo que, en aquella situación, se traducía en el ensalzamiento de la «guerra santa», especialmente visible tanto en el caso de los «voluntarios de la fe» como en los tratados que se refieren a la práctica de la caballería, especialmente el de Ibn Hudayl titulado *Gala de caballeros, blasón de paladines*, que su autor presentó en 1392 al emir Muḥammad VII.[3]

Un punto de vista interesante y poco conocido es el referente a las maneras de los granadinos en la guerra, basadas en la ligereza, la sobriedad, la sorpresa y las tácticas de espanto del enemigo mediante vocerío, desconcierto, división de grupos, huidas fingidas, contrataques súbitos y celadas aprovechando la disposición del terreno. Maneras todas ellas que revelan algo, por otra parte, sobre la insuficiencia de sus efectivos y de su armamento con relación al de sus contrarios. El testimonio de don Juan Manuel, escrito hacia 1340, seguía siendo válido un siglo después, y su lectura nos introduce en el siguiente apartado de este capítulo:

... La guerra de los moros non es como la de los christianos; también en la guerra guerreada como cuando cercan o combaten o son cercados o combatidos, como en las cabalgadas et correduras, como en el andar por el camino et el posar de la hueste, como en las lides, en todo es muy departida la una manera de la otra. Ca la guerra guerreada acenla ellos muy maestramente, ca ellos andan mucho e pasan con muy poca vianda, et nunca llevan consigo gente de pie nin acémilas, sinon cada uno va con su caballo, también los señores como cualquier de las otras gentes, que non lievan otra vianda sinon muy poco pan et figos o pasas o alguna fructa, et non traen armadura ninguna sinos adaragas de cuerpo, et las sus armas son azagayas que lanzan, espadas con que fieren, et porque se tienen tan ligeramente pueden andar mucho. Et cuando en cabalgada andan caminan cuanto pueden de noche et de día fasta que son lo más dentro que pueden entrar de la tierra que quieren correr. Et a la entrada entran muy encobiertamente et muy apriesa; et de que comienzan a correr, corren et roban tanta tierra et sábenlo tan bien facer que es grant maravilla, que más tierra correrán et más daño farán et mayor cabalgada ayuntarán doscientos homes de caballo moros que seiscientos de christianos... Cuando han de combatir algúnt logar, comiénzanlo muy fuerte

3. Ed. de M.ª J. Viguera Molins, Madrid, 1977.

et muy espantosamente; et cuando son combatidos, comiénzanse a defender muy bien et a grant maravilla. Cuando vienen a la lid, vienen tan recios et tan espantosamente, que son pocos los que non han ende muy grant recelo [...]. Et si por aventura veen que de la primera espolonada non pueden los moros revolver ni espantar los christianos, después pártense a tropeles, en guisa que si los christianos quisiesen pueden facer espolonadas con los unos que los fieran por delante et los otros en las espaldas et de travieso. Et ponen celadas porque si los christianos aguijaren sin recabdo que los de las celadas recudan, en guisa que los puedan desbaratar [...]. Et sabed que non catan nin tienen que les paresce mal el foir por dos maneras: la una, por meter a los christianos a peoría, porque vayan en pos dellos descabelladamente; et la otra es por guarescer cuando veen que más non pueden facer. Mas al tiempo del mundo que más fuyen, et paresce que van más vencidos, si ven su tiempo, que los christianos non van con buen recabdo, o que los meten en tal lugar que les pueden facer dapno, creed que tornan entonce tan fuerte et tan bravamente como si nunca hobiesen comenzado a foir... Porque non andan armados nin encabalgados en guisa que puedan sofrir heridas como caballeros, nin venir a las manos, que si por estas dos cosas non fuese, que yo diría que en el mundo non ha tan buenos homes de armas ni tan sabidores de guerra ni tan aparejados para tantas conquistas.[4]

2. Las formas de hacer la guerra

Los escalos o asaltos a castillos y las cabalgadas o algaradas menudeaban durante las guerras abiertas aunque convertidos en complemento de otras formas principales de combatir, que describiremos ahora para estar en condiciones de entender mejor lo que significaron durante las campañas de la conquista. Las operaciones más importantes, una vez que el ejército entraba en territorio enemigo, eran las talas, los asedios y las escaramuzas; estas últimas podían alcanzar la dimensión o categoría de batalla o lid campal, aunque raras veces se llegó a esta situación.

La tala y el cerco o asedio eran las operaciones principales por sus efectos. En ellas, el ejército actuaba en formaciones o *batallas* y se instalaba en campamentos o reales provisionales, aunque, a veces, de larga duración, por lo que se procedía a fortificarlos convenientemente —*estancias*—. Las talas repetidas, por ejemplo en la Vega de Granada, causaban gran quebranto, al arrasar cosechas, huertas

4. Don Juan Manuel, *Libro de los Estados*, caps. LXXV y LXXVI (*Biblioteca de Autores Españoles*, vol. 51).

y arboledas, y dañar o destruir instalaciones y equipamiento, con perjuicio de la producción agraria indispensable para subsistir, pero por sí solas nunca decidían la guerra ni la anexión de territorios. El ejército atacante solía llevarlas a cabo metódicamente, dividido en cuerpos o *batallas* de caballeros que protegían la operación y peones que la llevaban a cabo. Veamos un ejemplo:

> Verano de 1484. La tala de la Vega, descrita por el rey Fernando a su hermana la reina de Nápoles:
>
> De las nueuas de aqua, ya hauréys supido cómo, después [que] tomamos a Álora de poder de los moros, fuemos con el mismo exército a la vega de Granada, e con nuestras batallas ordenadas llegamos muy cerca de la cerca de la ciudat, a donde mandamos talar todos los panes segados y quemar los por seguar, fasta el trigo que en las eras tenían trillado; e más fueron cortados la mayor parte de las huertas y vinyas de allí, y quemados muchos lugares, donde fueron muertos y tomados muchos moros, de manera que plugo a Nuestro Senyor con grande honrra y victoria nuestra boluimos a esta ciudat, de donde hoy [ocho de septiembre] tornamos partir con algún artellería e con 5.000 lanças y 10.000 peones. Speramos en Dios faremos cosas que serán su seruicio y nuestra honra y en exaltación de nuestra Sancta Fe Catholica.[5]

Parece que Enrique II tuvo un proyecto de conquista de Granada basado en la tala repetida y masiva, completada con el control del paso del Estrecho en un momento —hacia 1379— en que los musulmanes todavía contaban con fuerza naval. El objetivo final era la rendición por hambre. En el siglo xv nunca se dio tan decisiva importancia a la tala salvo, tal vez, en las campañas de Enrique IV, pero la misma orografía y disposición del emirato impedían que fuera un procedimiento decisivo por sí solo:

> ... Si viviera *[Enrique II]* era su intención de armar grand flota e tomar la mar, que de allende non se pudiesen ayudar los moros, facer en su regno tres cuadrillas, una él, e otra el infante don Juan su fijo, e otra el conde don Alonso su fijo: e en su quadrilla que irían tres mil lanzas con él, e quinientos ginetes, e diez mill omes de pie; en las otras quadrillas cada dos mil lanzas, e cada mil ginetes, e cada diez mil omes de pie; e entrar cada año tres entradas de quatro a quatro meses, e andar todo el regno, e non cercar logar, mas falcar quanto fallasen verde. E que irían las quadrillas de guisa que en un día se pudiesen acorrer, si tal caso recreciese; e después salir a folgar a Sevilla

---

5. A. de la Torre, *Los Reyes Católicos y Granada*, Madrid, 1946, pp. 53-54.

e Córdoba e otro logar do tenían sus bastecimientos. Que desta guisa fasta dos o tres años le darían el regno por pura fuerza de fanbre e faría de los moros quanto quisiese.[6]

Los cercos o asedios eran las acciones decisivas de la guerra cuando tenían éxito porque permitían el control estable de nuevos territorios: se iniciaban con la instalación del ejército en uno o más campamentos o reales para asegurar el alojamiento durante un tiempo que podía ser largo, aislar en lo posible a la plaza de socorros exteriores y, al mismo tiempo, asegurar la protección de los mismos sitiadores contra ataques tanto de los sitiados como del exterior. Asegurar las líneas de comunicación y avituallamiento con la retaguardia propia era una tarea complementaria indispensable. Una vez dados estos pasos previos, los cercos solían desarrollarse en varias fases, en las que se sucedían o combinaban las talas de las huertas que circundaban a la plaza asediada y el asalto a sus arrabales, en caso de que los hubiera, con la aproximación de las máquinas de asedio y los bombardeos de artillería puesto que estas dos operaciones no podían llevarse a cabo mientras no se hubiera tenido éxito en las primeras, de modo que con frecuencia los combates más encarnizados ocurrían en aquellos entornos más que en el ataque directo a la plaza que, además, podía no ocurrir si los sitiados capitulaban al considerar insostenible su situación a causa de la privación de víveres y agua y de la inminencia de bombardeos y asaltos. En todo caso, una capitulación —incluso con las concesiones que implicaba— solía considerarse más conveniente y menos costosa que un asalto para poner fin al cerco, aunque hubiera durado mucho tiempo, pero una vez ocurrido el asalto, o en casos de resistencia encarnizada, ya no había lugar para la capitulación pactada sino sólo para la rendición.

Durante la guerra final hubo muchas escaramuzas en campo abierto, pero pocas batallas campales e incluso las que se dieron —Montes de la Ajarquía de Málaga, Lucena, ambas en 1483. Moclín, 1485— no entraban en los planes previstos, que se encaminaban más bien hacia acciones de saqueo y castigo. En 1487, frente a Vélez Málaga, los granadinos seguidores del rey Muḥammad el Zagal estuvieron a punto de presentarla, pero no llegaron a hacerlo; como en otras ocasiones, si no solían presentar batalla abierta, ni asediaban ya plazas enemigas, era porque carecían de las fuerzas necesarias: en la Vega de Granada, durante el largo asedio de 1491, ningún encuentro pasó de la categoría de escaramuza y no llegó a

6. *Crónica del rey don Enrique II de Castilla*, año 1379, cap. III, p. 38, nota 2 (*Biblioteca de Autores Españoles*, vol. 68).

haber verdadera lid campal como la que había ocurrido en la campaña de 1431 (batalla de La Higueruela).

Los granadinos podían mantener, todavía en los años anteriores a 1480, cierto equilibrio de fuerzas con andaluces y murcianos, en tanto que las hostilidades fueran sólo de frontera, pero en caso de guerra abierta tenían que replegarse a sus puntos fortificados y abandonar el campo abierto al ejército castellano, mucho más fuerte y respaldado por un país y unos recursos mucho mayores, aunque difíciles de movilizar, con la esperanza de que se retirara sin haber ocupado de manera permanente ninguna plaza y el territorio que dependiera de ella.

El punto de partida más frecuente de los ejércitos castellanos y su retaguardia más segura era la Andalucía del Guadalquivir, especialmente entre Córdoba y Sevilla, puesto que era la zona más poblada y rica, mejor comunicada con el resto del reino, capaz de asegurar el aprovisionamiento y su transporte, el alojamiento de tropas y materiales y, en su caso, los cuarteles de invierno. En la guerra final, sólo se utilizó a Murcia y su frontera como punto de partida en 1488, en una campaña corta, con pocos combatientes y en la que apenas hubo lucha, además de que buena parte del armamento y víveres precisos llegaron desde Andalucía por mar. Además, al otro lado de la frontera andaluza estaban las plazas y tierras del emirato cuya conquista era esencial, por su población y riqueza. Así pues, los componentes del ejército castellano solían acudir al comienzo de cada campaña a Sevilla, Écija o, con mayor frecuencia, a Córdoba, para dirigirse a los llanos de Antequera, cruce de caminos arrebatado a los musulmanes en 1410, y allí recibir la organización adecuada para las acciones bélicas que se proyectaban.

3.   Los ejércitos castellanos en las guerras de Granada

3.1.   ARMAS Y TÉCNICAS DE COMBATE

Hay que conocer, ante todo, los distintos tipos de armas y técnicas de combate, para explicar mejor el curso de los acontecimientos de las guerras, aunque por el momento nos limitemos a lo que sucedía del lado cristiano, debido a la extrema escasez de noticias del musulmán. La caballería seguía siendo el arma y la técnica de combate más prestigiosa, propia de nobles y de quienes aspiraban a serlo, decisiva en batallas campales, aunque no siempre, pero en Castilla, junto a la caballería pesada de los hombres de armas, armados a la guisa y rodeados de un pequeño grupo de apoyo, se había desarrollado mucho en el siglo XV una caballería ligera de jinetes, según el modelo granadino, más adecuada para operaciones de frontera y cabalgada, y más práctica para la vigilancia de campamentos e incluso para la participación de los caballeros en combates a pie, si llegaba el caso. En las huestes formadas durante las campañas principales de la guerra final, el número de jinetes llegaba a ser diez veces superior al de hombres de armas, de modo que no hay duda sobre su preponderancia, aunque a la hora de las paradas militares, de la ostentación, del lujo y los rituales cortesanos, todos rindieran tributo, incluso con exceso, a los usos caballerescos y atavíos de la caballería noble tradicional.

La participación de la infantería fue creciente y decisiva porque era indispensable en talas, asedios y asaltos. Así había venido ocurriendo en Castilla al menos desde los siglos XII y XIII, de modo que en las campañas granadinas la novedad no es su presencia, sino el número de sus componentes y su mayor eficacia, teniendo en cuenta la ausencia de batallas campales, aun sin apelar a nuevas tácticas ni casi armamentos, aunque es evidente que los ballesteros tenían mayor capacidad ofensiva que los lanceros, y más aún los primeros espingarderos, que manejaban estas arcaicas armas de fuego portátiles. Tampoco hay que desdeñar la eficacia de las tareas auxiliares —hacheros, azadoneros, cavadores, arrieros, carreteros— encomendadas a miembros de aquella infantería menos dotados para el combate o a muchos otros en diversos momentos de cada campaña.

Pero fue la nueva artillería el arma que decidió las campañas principales de la guerra de conquista, o por su empleo efectivo o por la amenaza de llevarlo a cabo. Fue, como es bien sabido, la primera arma de fuego ofensiva, segura y rápida en sus efectos, que se utilizó contra fortificaciones, *muros y torres que se habían fabricado para la sola guerra de lanza y escudo*, como escribe el cronista real castellano Hernando del Pulgar. Los grandes perfeccionamientos de la artillería como arma de asedio se lograron en el siglo XV y, aunque utilizada ya en guerras anteriores, no tuvo un uso intenso hasta la guerra final. En 1407, por ejemplo, el infante don Fernando había empleado sólo tres o cuatro grandes lombardas pedreras contra Zahara: entre 1482 y 1491, el número de lombardas y ribadoquines del ejército real castellano aumentó de muy pocas a más de doscientas, gracias al empleo de técnicos borgoñones, bretones y aragoneses, a los que se fueron añadiendo los castellanos formados en la acción bélica. Los granadinos, por su parte, no podían resistir la potencia de un arma que destruía sus medios de defensa frente a un enemigo superior en número, y facilitaba sus asaltos, un arma, además, con la que contaban poco y que era todavía mucho menos útil para la defensa de plazas que para su bombardeo y destrucción desde el exterior. Así pues, en el uso creciente de la artillería hay que ver un hecho fundamental de la guerra, porque facilitó el desmantelamiento de las defensas con que contaba Granada desde sus fronteras hasta las tierras centrales del emirato. Los cronistas ponderan la importancia de la artillería en muchos asedios, y también los enormes gastos y esfuerzos que era preciso realizar para su desplazamiento hasta los teatros de operaciones. He aquí algunos ejemplos muy expresivos:

Asedio de Ronda. Mayo de 1485

E como fue asentada [la artillería] luego començaron a tirar juntamente las lonbardas gruesas con los tiros de póluora medianos e menores. Armáronse asimismo los yngenios e los quartadgos, que tirauan a la çibdat. Otrosy, fizieron los maestros del artillería unas pellas grandes de filo de cáñamo e pez e alcreuite [azufre] e póluora, confaçionadas con otros materiales, de tal conpostura que, poniéndoles fuego, enchauan de sy por todas partes centellas e llamas espantosas, e quemauan todo quanto alcançauan, y el fuego que lançauan de sy duraua por grande espaçio y era tan riguroso que ninguno osaua matarlo. Ficieron asimismo pelotas redondas grandes e pequeñas de fierro, e destas facían muchas en molde, porque en tal manera tenplaban el fierro que se derretía como otro metal; e estas pelotas facían grande estrago do quier que alcançauan [...]. Otrosí, con un ingenio echaron una pella grande de fuego dentro de la çibdad, la qual venía por el aire echando de sí tan grandes llamas que ponía espanto en todos los que la veían. Esta pella cayó en la çibdat e començó de arder la casa donde acertó.[7]

La toma de Loja. Mayo de 1486. El bombardeo artillero

Tomados los arrabales de Loxa e retraydos a la çibdat el rey moro [Boabdil] con todos los suyos, luego el rey mandó poner las estanças contra la cibdad, bien cerca del muro, e enbió grand copia de omes de armas y gentes al canpo, para que estoviesen en la guarda facia la parte de Granada. Otrosy, mandó que tirasen las lonbardas mayores e los otros tiros de póluora medianos e menores porque derribasen çiertas partes del muro, donde más sin peligro se pudiese facer el conbate. E como el artillería tiró por espaçio de un día e dos noches, luego cayeron algunos pedaços del muro, do se fizieron tan

7. Hernando del Pulgar, *Crónica de los Reyes Católicos*, Madrid, 1940, ed. J. de M. Carriazo, cap. CLXXI.

grandes portillos que se veyan las casas de la çibdat e los omes que andauan por las calles. E por aquellos portillos mandó el rey que tirasen los ribadoquines e otros tiros de póluora, los cuales derribauan las casas e matauan onbres e mugeres e destruyan la çibdad en todo lo que alcançauan. Tirauan asimismo los quartados, que echaban las piedras en alto y cayan sobre la çibdad e derribauan e destruyan las casas. E las piedras que se tirauan eran tantas que los moros fueron puestos en grand turbaçión y no tenían espaçio para se remediar, ni sabían que consejo tomasen para se defender [...]. Estando los moros en esta turbaçión, los maestros del artillería tiraron con los quartaos tres pellas confeçionadas de fuego, las quales subían en el ayre echando de sy llamas y çentellas, y cayeron sobre tres partes de la çibdad y quemaron las casas donde açertaron y todo lo que alcançaron. Los moros, espantados de aquel fuego e viéndose por tantas partes conbatidos, no podiendo ya más sofrir las muertes y estragos que padecían y veían padeçer a los suyos, visto asymismo cómo el rey moro estaua ferido, e que todos los otros sus capitanes dellos eran muertos y dellos feridos, demandaron seguro para algunos moros que viniesen a fablar de entregar la çibdad, e el rey mandóselo dar.[8]

El cerco de Moclín. Junio de 1486

La villa de Moclín fue siempre reputada en la estimaçión de los moros e de los cristianos por guarda de Granada, así por ser çercana a aquella çibdat e por la fortaleza grande de sus torres e muros como por ser asentada en tal lugar que da seguridat a las comarcas si es amiga e gran guerra si es enemiga...

E los artilleros acordaron que se devía asentar el artillería en tres lugares, en cada uno seys lombardas grandes, e repartiéronse los quartados e otros medianos tiros por otras partes, en çircuyto de la villa. E como el artillería fue asentada e començaron a disparar todas las diez e ocho lombardas de un golpe, firieron en tres torres, las principales de la fortaleza. E continuaron los tiros aquel día e la noche siguiente, fasta que derribaron gran parte de aquellas torres e todo el petril e almenas donde las lombardas tirauan, de manera que los moros no tenían do se poner, pero reparauan lo que podían, e siempre tirauan con los ribadoquines e búzanos. E fue tan grande la priesa de los tiros en aquel día e noche que jamás ovo espaçio de un momento que no se oyesen grandes sonidos de los tiros que se tirauan los unos a los otros.

Durante esta regurosa conquista, facían grandes daños en la una parte e en la otra, en especial los tiros que facían los moros con los búzanos e ribadoquines matauan onbres e bestias e derribauan las tiendas e fazían grandes estragos en la gente del real, e todos andauan

---

8. Hernando del Pulgar, *Crónica...*, cap. CLXXXVII.

solícitos buscando lugares seguros, más para se defender que para ofender. E los moros, con el alegría del estrago que facían, davan grandes alaridos. Los christianos, visto el daño que reçibían, estavan ençendidos en yra para se vengar. E así duró grand confusión e neçesidat en el real todo un día e una noche.[9]

3.2. Los ejércitos castellanos del siglo xv

Las noticias de que disponemos sobre formación y funcionamiento de las huestes reales castellanas en la época de la dinastía Trastámara, a partir de 1369, se refieren, sobre todo, a la guerra de la conquista de Granada, entre 1482 y 1491. Pueden ser tomadas, sin muchas reservas, como modelo de lo que aconteció en las guerras y operaciones militares anteriores, porque se observa el mantenimiento de tradiciones y modos de hacer que debían tener a menudo varios siglos de existencia aunque haya también, naturalmente, novedades. Así, pues, esta exposición se basará en datos de aquellos años, aunque complementándolos con otros anteriores, siempre que sea posible, para mostrar mejor tanto las continuidades como los cambios.

Eran características de los ejércitos reales de la época Trastámara, y de las anteriores, su heterogeneidad y su condición eventual o no permanente, salvo en algunos de sus elementos constitutivos. Entre 1482 y 1491, los Reyes Católicos contaron con un ejército formado por tres bloques principales: las tropas reales, las huestes de Órdenes Militares, nobles y prelados, y las huestes aportadas por ciudades y villas individualmente o a través de la Hermandad.

3.2.1. *Las tropas reales*

El núcleo de las tropas reales estaba formado por las capitanías de «hombres de armas» y jinetes de las Guardas Reales, acompañados por el personal de servicio correspondiente a cada «lanza». Su origen no era muy remoto, pues todavía en 1406, cuando murió Enrique III, no eran más de tres capitanías de cien «lanzas» cada una, aunque ya en 1420 ascendían a mil «lanzas» y, con diversas vicisitudes, este número era el vigente hacia 1481. Pero a él hay que añadir otras 1.400 «lanzas» organizadas desde 1476 con la

9. Hernando del Pulgar, *Crónica...*, cap. CXC.

«contribución ordinaria» de la Santa Hermandad, que siguió cobrándose hasta 1498, de modo que, durante la guerra final contra Granada, los reyes contaron con una treintena de capitanías de militares profesionales de caballería.

Los reyes disponían también de una mesnada de caballeros y escuderos, repartidos por todo el reino, a los que pagaban habitualmente un *acostamiento*, llamado en épocas anteriores *tierra*, para que se mantuvieran a su servicio y acudieran a sus llamamientos, aunque la mayor parte de sus servicios en la guerra se pagaban aparte. La situación de aquellos *vasallos del rey* había cambiado mucho desde los antiguos ordenamientos hechos por Alfonso X y los monarcas que le sucedieron, en especial Alfonso XI en 1338 y Enrique III en 1391: la insuficiente eficacia de aquel procedimiento para contar con tropas había provocado tanto la disminución de su número como la cuantía efectiva de las soldadas, que era un 60 por 100 menor en 1490 que cien años antes. Las Cortes de 1432 calculaban que habría 10.000 *vasallos de acostamiento*, pero en las campañas de conquista de la Granada participaron como máximo 1.500 jinetes.

La disposición permanente de armas de fuego por los reyes fue también una novedad del siglo XV; antes habrían tenido a veces alguna pieza, desde mediados del siglo XIV, y otros tipos de máquinas de asedio que se construían para cada ocasión. Lo mismo sucedió, a menudo, con la artillería, dada la evolución bastante rápida de sus técnicas: los Reyes Católicos tenían en nómina solamente cuatro artilleros en 1479, antes del comienzo de la guerra, pero ascendían a 91 en 1485, de ellos, siete cargos generales, mientras que el número de piezas de artillería aumentaba, ya se ha indicado, hasta las 150 a 200 de diverso tipo, lo que permitía combinar su uso según las características de cada operación, y se constituían los primeros «parques» de fabricación y mantenimiento, todavía temporales, en Écija, Baza y, ya acabada la guerra, en Medina del Campo. El pago a grupos fijos de espingarderos también fue una novedad de la época de los Reyes Católicos llamada, como es lógico, a tener mucho futuro: pero en 1485 sólo eran 40 los integrados en las Guardas Reales y en 1504, 152. Los reyes preferían estimular la especialización en el uso de este tipo de armas entre vecinos de ciudades y villas que formarían luego parte de milicias concejiles.

3.2.2. *Las huestes nobiliarias*

El ejército real permanente era, por lo tanto, una fuerza limitada tanto en sus componentes como en sus finalidades: la defensa de la casa y corte del rey, la guarnición extraordinaria de algunas fortalezas, o el apoyo a determinadas funciones judiciales y administrativas. Pero en él había buenos especialistas, capaces de colaborar en la ordenación y funcionamiento de huestes mucho mayores y, aun sin superar la pequeñez de sus cifras, las capitanías podían operar en guerras exteriores, como se demostró, durante la época de los Reyes Católicos, en Bretaña, Nápoles, Navarra y Rosellón.

Sin embargo, para constituir una hueste con gran capacidad ofensiva dentro de Castilla o en zonas próximas, los monarcas contaban con las mesnadas de las órdenes militares (Santiago, Calatrava, Alcántara y San Juan del Hospital), con las de los grandes nobles del reino, y con las de algunos prelados que disponían también de dominios señoriales, como sucedía, sobre todo, con los arzobispos de Toledo.

Los grandes nobles tenían el deber de acudir con sus tropas porque el rey solía pagarles habitualmente sueldo para que las mantuvieran y, además, porque en sus señoríos, otorgados por los monarcas en tiempos pasados o recientes, podían movilizar al vecindario, tener sus hombres de *acostamiento*, pagar a sus propias tropas permanentes y, en definitiva, desarrollar los mismos recursos que el rey tenía en las tierras de realengo, sujetas directamente a su jurisdicción. De modo que, en caso de movilización, disponían de una gama variada de medios para acudir al llamamiento regio, pero, en la práctica, esto se tradujo en el envío de tropas de caballería, en número desigual y fijado por el mismo rey, y sólo en algunos casos de nobles andaluces, también de infantería.

Entre la nobleza que acudió a la conquista de Granada cabe distinguir un grupo cortesano cuya ayuda toma, preferentemente, un aspecto personal: así sucede con don Gutierre de Cárdenas, comendador mayor de León de la Orden de Santiago, don Enrique Enríquez, mayordomo mayor del rey, el conde de Tendilla y el marqués de Villena, entre otros. Un segundo sector está formado por la nobleza castellana, que acude a los llamamientos reales o envía tropas al mando de capitanes, de manera menos continua, y por la nobleza andaluza que, por su mayor proximidad al escenario del conflicto y por sus propios intereses, participa total e ininterrumpidamente. Aquellas diferencias se habrían dado ya en guerras anteriores.

Las huestes de los nobles estaban pagadas en parte por el rey, a través de *tierras y acostamientos* y de los mismos señoríos cedidos a la nobleza, pero su sueldo en campaña era sufragado aparte, por el rey mismo y por el noble correspondiente. Había en ellas un desequilibrio entre caballería, muy abundante, e infantería, que no corresponde ya a la estructura general del ejército ni al planteamiento estratégico de la guerra a finales del siglo XV, aunque la caballería era aún un arma decisiva. Pero era también, sobre todo, el modo aristocrático de hacer la guerra. En las huestes de las Órdenes Militares y en la del arzobispo de Toledo es mayor la presencia de peones y, en todos los casos, se observa una buena acogida a la novedad que representaban los espingarderos. Por lo demás, las tropas de cada noble tienden a reproducir, en pequeña escala, la composición del ejército real: hay en ellas «vasallos» que viven del *acostamiento* del noble, hombres de armas y jinetes de la escolta personal y de las fortalezas del señor, y peones, que proceden de los repartos efectuados entre las villas y lugares del señorío.

Las aportaciones máximas se produjeron en las campañas de 1487 y 1489: en torno a 7.000 hombres de armas y jinetes de la nobleza y 2.300 de las Órdenes Militares, 1.200 ballesteros y 4.100 peones lanceros de los nobles, 500 a 600 ballesteros y 2.400 lanceros de Órdenes Militares, 424 espingarderos de nobles y 316 de órdenes. En la campaña final, año 1491, las cantidades son algo menores, pero varían según los momentos del largo asedio de la ciudad de Granada.

Desde 1485 los reyes exigieron también servicio militar personal a los caballeros que habían sido armados como tales desde tiempos de Juan II y a los hidalgos que lo eran por carta regia posterior a 1464, pero la convocatoria tuvo un éxito muy escaso, pues aquella nobleza pequeña y reciente no tenía medios propios para acudir. Lo mismo ocurriría en tiempos anteriores: aunque el oficio de armas era cosa propia de todo el estamento nobiliario, cumplirlo sólo resultaba posible si se contaba con sueldo, *acostamiento* u otro recurso especial.

3.2.3. *Las huestes concejiles y de la Hermandad*

En las guerras de la Reconquista, al menos desde el siglo XII, había participado buena parte del vecindario del reino, aunque no fuesen caballeros, en virtud de obligaciones militares que atañían a todos, sobre todo en campañas dirigidas personalmente por el rey, y que podían cumplirse personalmente o mediante pagos compensatorios como había sido, en épocas anteriores, el de la fonsadera y, después, el de los *servicios* otorgados en las Cortes.

Los archivos municipales de algunas ciudades del sur conservan todavía hoy cartas reales de llamamiento para las campañas del siglo xv, y gracias a ellas podemos dar algunas estimaciones sobre combatientes. La ciudad de Murcia, por ejemplo, movilizó un máximo de 250 a 300 jinetes, 250 a 300 peones ballesteros y 500 peones lanceros para la campaña de 1407. Según la *Crónica de Juan II*, Sevilla envió a aquella campaña 600 jinetes y 7.000 peones y Córdoba 500 y 6.000 respectivamente: hay que recordar que en estas cifras se incluye siempre la aportación de los pueblos de las tierras sujetas a la jurisdicción de la ciudad.[10] En Sevilla, durante las de los años treinta, se movilizaba a unos 400 a 600 jinetes —800 en 1438— y en torno a 2.600 peones ballesteros y lanceros, por mitad, aunque en 1438 llegaron a 3.500. En las campañas de 1456 a 1458, lo habitual fue de 400 a 500 jinetes y de 3.000 a 4.000 peones, aunque en 1458 la movilización no llegó a producirse.

La novedad introducida por los Reyes Católicos consistió en que buena parte de las tropas se contrataron no directamente por los concejos sino por la misma monarquía, utilizando una contribución extraordinaria que pagaban todos a través de la Hermandad establecida en 1476. Aquello creaba un marco institucional adecuado para que en el futuro la monarquía pudiera contar con una contribución y una milicia territorial adecuada y dispuesta a la movilización cuando fuera preciso, y sobre esta base se elaboró el conocido proyecto de 1495 que no llegó a realizarse, tal vez, porque implicaba la puesta a punto de una organización militar homogénea en el reino cuyo control por la monarquía, y no por otras fuerzas políticas, no estaba asegurado en el caso de alteración del orden.

Así pues, durante la guerra de Granada, la mayoría de las ciudades y villas de León y las dos Castillas aportaron tropas por vía de la Hermandad, hasta 10.000 peones en algunas campañas. Sólo las de Andalucía, Murcia y algunas del reino de Toledo y Extremadura lo hacían cada una individualmente, hasta un máximo de 2.400 jinetes y 13.000 peones, y también las regiones norteñas, que contaban con hermandades propias, enviaban contingentes de peones, muy apreciados por su bravura: las cifras máximas son de 3.000 gallegos y 1.200 asturianos en 1489, 1.200 vascos en 1486 y 1491, y de 900 cántabros en 1487.

El sueldo corría a cargo en una parte de la Hacienda regia y en otra de los fondos municipales o de las *contribuciones* de la Hermandad. Ahora bien, las autoridades municipales o las de la Hermandad no solían adjudicar por sorteo la obligación de acudir al llamamiento sino que recaudaban entre todos los vecinos los medios financie-

---

10. *Crónica de Juan II*, cap. 50 (Madrid, Ed. Carriazo, 1982).

ros necesarios y contrataban voluntarios, o a veces lo hacían los mismos vecinos afectados por sí mismos si no querían acudir en persona a la guerra. Se trata, por lo tanto, de formas encubiertas de mercenariado cuyos protagonistas eran vecinos o habitantes de las ciudades y territorios del reino, pero controladas firmemente por la monarquía, de modo que no derivaban hacia la condición de cuerpos al servicio o bajo el mando de *condottieri*, al modo italiano. Es más, aquel procedimiento permitía contratar especialistas: ballesteros y, en algunas ciudades como Toledo o Ciudad Real, espingarderos.

En ocasiones, a lo largo de la guerra, los reyes acudieron también a la contratación de algunos pequeños grupos de especialistas extranjeros, necesarios para la artillería, espingarderos en otros casos, o infantería suiza, tal vez conocedora ya de las nuevas tácticas de combate en campo abierto basadas en cuadros compactos de *lansquenetes*, aunque este procedimiento no llegó a utilizarse en la guerra de Granada. La presencia esporádica de algunos nobles de otros países europeos con breve acompañamiento de caballeros es interesante por lo que simboliza, pero carece de importancia desde el punto de vista militar, por lo que no nos detendremos más en su mención. En conclusión, apenas hubo recurso a la contratación de tropas extranjeras, al contrario de lo que había sucedido en algunas guerras civiles de tiempos anteriores, por ejemplo, durante la que sostuvieron Pedro I y Enrique II, entre 1366 y 1369.

Cabe decir, en líneas generales, que las huestes de la conquista de Granada tuvieron entre 1482 y 1484 de 6.000 a 10.000 jinetes y de 10.000 a 16.000 peones. En 1485 las cantidades ascienden respectivamente a 11.000 y 25.000. Por fin, en 1486 se llega a la cifra mayor de la guerra: 12.000 y 40.000. En 1487 sería muy similar (11.000 y 45.000), así como en 1489 (13.000 y 40.000) y en los primeros momentos de la campaña de 1491 (10.000 y 50.000). Los años 1488 y 1490 exigieron huestes menores, semejantes a las de las primeras campañas. Todas estas cifras son, natualmente, redondeos aproximados, hechos con el único objeto de dar una idea de conjunto. No incluyo en ellas nunca a los muchos peones que, por ser taladores, arrieros o de otra condición similar, no solían combatir. En cualquier caso, puede observarse cómo lo que aumenta mucho en las campañas decisivas de la guerra de conquista es la infantería.

Apenas es posible facilitar otras semejantes para momentos anteriores, pero todo lleva a suponer que los efectivos previstos variaron poco, según fuera el tipo de acción a desarrollar, aunque la misma variedad de éstas hace imposible indicar cifras medias. He aquí algunos ejemplos de ejércitos mercenarios de campaña: en 1374, Enrique II consigue reunir en La Rioja hasta 5.000 «lanzas castellanas», 1.200 jinetes y 5.000 peones. En 1386, el duque de Lancaster desembarcaba en Galicia con 1.500 lanzas y otros tantos arqueros, y sus aliados portuguees logran reunir 2.600 lanzas y 6.000 peones, mientras que el rey de Francia envía a Juan I de Castilla 2.000 lanzas de socorro. Ejemplos de pequeñas o medianas huestes para algaradas y «entradas» en la frontera de Granada: en febrero de 1407 los murcianos realizan una incursión con 80 hombres de armas, 500 jinetes y 3.000 peones, y en junio los de Carmona, para realizar otra, juntan 200 de a caballo y 800 peones. Para las pequeñas correrías se formaban columnas de caballería, como la de 29 hombres de armas y 37 jinetes que entraron en tierra de Ronda en 1408, o la de 42 de a caballo, con 28 peones, de Carmona y Marchena, que salteó meses antes la zona de Torre Alháquime.

La previsión hecha en las Cortes de 1406 para armar un ejército y reanudar la guerra abierta contra Granada estimaba la necesidad de contar con 10.000 lanzas, de caballería pesada, 4.000 jinetes, 50.000 peones, 50 naos y 30 galeras, más lombardas, ingenios de asedio, pertrechos y carretas, con un costo, durante seis meses, de cien millones de maravedíes. Son cifras muy semejantes a las de las principales campañas de la guerra final contra Granada.

3.2.4. *La marina*

Las guerras de Granada en el siglo XV tuvieron un carácter eminentemente terrestre pese a la vulnerabilidad del territorio y la economía del emirato en su fachada o frontera marítima. Todavía en la guerra de 1407 a 1410 fue preciso emplear una flota de cierta consideración para bloquear el paso del Estrecho y combatir Gibraltar, de modo que el almirante don Alonso Enríquez mandó una formación de origen andaluz, vizcaíno y catalán compuesta por quince galeras, cuatro o cinco *leños*, seis naos y veinte *valengueros*, que recuerda todavía a las flotas del siglo XIV, pero en las siguientes guerras disminuyó mucho la importancia de las operaciones navales complementarias.[11]

Sin embargo, algunos expertos en cuestiones militares, como era el caso de Diego de Valera, aconsejaron al rey Fernando en 1482 la conveniencia de resolver la guerra mediante la conquista de Má-

---

11. *Crónica de Juan II*, caps. 37, 38 y 173.

laga (*tomándose Málaga, el reyno de Granada es vuestro*, escribe Valera al rey), utilizando recursos navales abundantes para el transporte de tropas, armamento y demás materiales, pero se prefirió una estrategia terrestre aunque a lo largo de la guerra hubo una pequeña armada real limitada a funciones de vigilancia para estorbar el comercio de hombres y víveres entre los musulmanes de ambos lados del mar de Alborán, a lo que se añadía la iniciativa particular de marinos andaluces que hacían cabalgadas en la costa africana o tomaban presas y cautivos en aguas del estrecho de Gibraltar. Sólo en determinados momentos aumenta la cantidad de flete de naves para servicios de transporte de víveres, de piezas de artillería o de granadinos que pasaban a África con seguro de los reyes, pero ninguna acción de la guerra se apoyó en el mar y en la marina como fuerza principal.

Una de las razones era el elevadísimo coste de alquiler de barcos con capacidad militar y de tripulaciones expertas: Valera estimaba que para la vigilancia eran precisas al menos dos grandes carracas de unos 500 *toneles* de capacidad, dos *vallineles* de 70 u 80 y media docena de carabelas con velas latinas, más cuatro galeotas en verano, por ser estos dos últimos tipos de barco los más adecuados para capturar a las pequeñas embarcaciones musulmanas, *que con el primero levante traviesan e non pueden resçibir daño de los gruesos navíos*. Éstos se destinarían a vigilar costas y evitar el contrabando y envíos de víveres y pertrechos desde el norte de África, pero Valera no recomendaba la contratación de galeras, por sus malas condiciones marineras en aquellas aguas, especialmente en invierno, cuando más necesaria era la vigilancia: se observa un cambio notable en los tipos de barco con respecto a las flotas de comienzos de siglo. De hecho, los navíos actuaron en uno u otro momento de la guerra, procedentes de la Andalucía atlántica, de la costa vasco-cantábrica y también de Cataluña y Sicilia, bajo el mando de capitanes generales nombrados por los reyes.

He aquí el parecer de Diego de Valera:

Carta de Diego de Valera al rey Fernando. Sin fecha. Verano de 1482

El armada que paresce ser nescesaria para que el Estrecho se guarde [...] e los moros no puedan ser socorridos de allende, asy de pan commo de gente, es la syguiente: dos carracas, cada una de ella de porto de quinientos toneles arriba, e si dos no se pudieren aver, sea una de seiscientos toneles o más, e dos naos de cada dozientos e cinquenta toneles, e dos balleneres de cada setenta o ochenta toneles, e seys caruelas latynas, lo qual basta para el ynvierno, e venido el verano conviene añadir quatro galeotas. E al paresçer mío, e de otros que más saben que yo, Vuestra Alteza no deue de galeas enpacharse, porque son muy costosas e poco prouechosas para los mares de acá, e de ynvierno no pueden seruir, donde es menester la maior guarda, porque los moros siempre acostunbran más pasar en ynvierno que no en verano, e no es dubda que según la general nescesidad que de pan tyenen en la maior parte del reyno de Granada e la grande abundancia que de ello han en la Beruería, que a todo peligro se pornán por pasar; e commo los nauíos de los moros sean muy pequeños y en ellos no puedan mucho para traer, procurarán, commo es cierto que lo han procurado, de pasar en nauíos venecianos o ginoueses o florentynos, o por aventura de portogueses, e para esto enpachar son nescesarias las carracas, o a lo menos la una, con las naos e balleneres commo dicho es, las quales non podrían enpachar el paso de los moros en sus nauíos porque son tan pequeños e tan sotiles que vienen tierra e con el primero leuante trauiesan e no pueden rescibir daño de los gruesos nauíos, e para esto bastan las dichas carauelas de ynuierno e de verano con las galeotas.[12]

3.3. LOS PROCEDIMIENTOS DE FORMACIÓN Y CONTROL DE UN EJÉRCITO NO PERMANENTE Y HETEROGÉNEO

Resulta fácil entender lo complejas que eran las operaciones destinadas a dar forma y poner en condiciones operativas a un ejército de aquellas características. Lo sorprendente, a veces, es el grado de eficacia que se alcanzó, teniendo en cuenta lo rudimentario de los medios organizativos y administrativos con que contaban los reyes, pues estaban limitados a los grupos de especialistas de la misma corte —y casi ninguno lo era sólo en el arte de la milicia— y a la colaboración de los otros poderes del reino, es decir, las administraciones nobiliarias y las concejiles.

Ante todo, era preciso prever o definir las características de la hueste que se iba a reunir, su costo y su mantenimiento, tal como hemos visto en el ejemplo anterior, relativo a las Cortes de 1406. Una vez logrado este diseño inicial, y a veces no había tiempo para ello si la guerra estallaba súbitamente, como ocurrió en 1482 tras la toma de Alhama, al rey, como cabeza directiva y organizadora, competía expedir las correspondientes cartas de *apercibimiento* y *de llamamiento*. La primera precedía, a veces varios meses, a la segunda: de esa manera se daba tiempo a las autoridades que debían reu-

---

12. Diego de Valera, *Epístolas...*, Madrid, 1878, textos en epístolas XVI, XVIII, XIX, XXII, pp. 55-79.

nir el número de tropas pedido inicialmente. En la de *llamamiento* se fijaba la fecha, lugar y demás condiciones concretas de presentación de las tropas. Podía haber también otras cartas de apremio, aclaración de aspectos parciales, modificando el contingente a enviar, etc. Si los destinatarios eran nobles o «vasallos del rey», éste no intervenía en los preparativos, pero si eran concejos, podía hacerlo, enviando algún cortesano o colaborador, un *contino* en época de los Reyes Católicos, para que colaborara y vigilara el buen cumplimiento de lo ordenado.

Las cartas de *apercibimiento* y *llamamiento* durante la guerra contra Granada de 1482 a 1491 se conservan, a cientos, tanto en el Archivo Real de Simancas como en los municipales de muchas ciudades. Respecto a la política seguida por el infante Fernando de Antequera en 1407, escuchemos lo contenido en la misma *Crónica de Juan II*, según la cual el infante reunió al concejo de Sevilla y le comunicó su intención de proseguir la guerra en 1408, para lo que preveía el empleo de 2.000 caballeros y de 15.000 a 20.000 peones andaluces. Ordenaba que se hicieran nóminas de caballeros, ballesteros y lanceros, divididos en cuadrillas de diez, y que todos estuviesen apercibidos, *e yo* —añade— *vistas las nóminas, tomaré del número lo que entendiere que cumple.* Dos años después, en 1410, señala la *Crónica* cómo *de los caballeros de Castilla quedaron muchos por venir, porque a algunos fue mandado quedar en la guarda del rey, e otros por otras diversas causas, e algunos que el infante no quiso llamar porque quería que quedasen descansados con la intención que tenía de proseguir esta guerra, e parescíale que era razón de no traer todos juntos los caballeros del reino.* Las intervenciones personales del infante Fernando fueron importantes ya desde 1407 cuando, a su llegada a Sevilla, *dio muy grande acucia así en el armada como en todos los otros pertrechos que eran nescesarios para la guerra, así en mantas e grúas e lombardas e engenios e carretas para llevar así los mantenimientos para el real como para todas las cosas necesarias, e hizo hacer repartimiento por la tierra de hombres de caballo e de ballesteros e lanceros, e mandó repartir mucho trigo y cebada para llevar al real, en lo cual mandó poner cierto precio por tal que no se pudiese encarecer...*

A medida que las tropas iban llegando al punto de reunión, era preciso *aposentarlas*. Ésta era tarea de los mariscales y aposentadores, que también debían buscar los sitios más apropiados para la acampada, cuando la hueste se pusiera en marcha. La *horden de aposentamiento* que se tuvo en mayo de 1489, por ejemplo, cuando llegaron tropas al obispado de Jaén para la próxima campaña contra Baza, muestra la complejidad de la tarea: hubo que disponer asentamientos en Baeza, Úbeda y otras trece poblaciones para alojar a todos. Los peones de la Hermandad, por ejemplo, estuvieron en Úbeda, los hidalgos y espingarderos en Baeza, los peones gallegos en Andújar y los vizcaínos y alaveses en La Higuera de Arjona, mientras que las mesnadas de los diversos nobles se repartían por otras localidades, procurando asegurar el aprovisionamiento de agua y forraje para los caballos, y evitar conflictos con el vecindario.

La *presentación* era también aspecto obligado para todos nada más llegar porque de ella dependía, de una parte, el sueldo, que no podía cobrarse sin haberla realizado, y, de otra, la garantía de haber participado en la campaña, necesaria para muchos que debían justificar después su presencia en ella. Los contadores mayores de Hacienda, a través de alguno de sus oficiales, recibían estas presentaciones, que eran personales en el caso de los vasallos del rey, hidalgos y caballeros, pero colectivas cuando se trataba de tropas concejiles. Las mesnadas de los grandes nobles y órdenes también daban cuenta de su presencia, pero se pagaba a sus miembros de acuerdo con la relación jurada que presentaba el noble, o su capitán, sin hacer, por lo que parece, otras indagaciones.

En el tiempo breve que mediaba entre la presentación de las tropas y el comienzo de la campaña había que dar forma y organizar a la hueste general. Los grupos grandes, dotados de homogeneidad, conservaban su unidad, y así sucedía, por ejemplo, con la gente de los grandes nobles y con las milicias de los principales concejos: estas últimas venían ya distribuidas en cuadrillas, según las instrucciones regias y su propia tradición: en 1491, por ejemplo, eran cuadrillas de cincuenta, con *vestiduras diferenciadas porque sean conosçidos entre los otros*.

Pero los vasallos del rey, los hidalgos, caballeros armados y pequeños grupos nobiliarios o concejiles necesitaban ser encuadrados en unidades mayores, para lo que se formaban capitanías, al mando de las personas designadas por los reyes. Las capitanías de infantes también servían para dar homogeneidad a los grupos de peones norteños o a los espingarderos, por citar dos casos.

La distribución del ejército durante la campaña era cuestión de la máxima importancia, pues de ella dependía en buena parte su eficacia y buen funcionamiento.

Cuando estaba en orden de marcha, la hueste se disponía en *batallas*. Era tradicional que, tras los exploradores, la delantera y la vanguardia, son conceptos distintos, fuera llevada por el maestre de Santiago, el condestable o el Alcaide de los Donceles, a los que acompañaba a veces el pendón de Sevilla si la expedición había salido de esta ciudad. Inmediatamente antes de la retaguardia se situaba la principal *batalla* o *batalla real*, donde iba el rey o el infante, flanqueada por sendas alas que en ocasiones eran las milicias de Sevilla y Córdoba. Y, por fin, en la retaguardia o *reguarda* viajaban la acemilería con el fardaje, la artillería, y una escolta o *batalla* de protección. Esta distribución típica, tomada del arte militar clásico, la hallamos en muchas descripciones, por ejemplo en la referente a 1410, previa al asedio de Antequera, o en la de 1487, que corresponde a la campaña de Vélez Málaga y Málaga: se observa en ellas que el volumen y composición de las *batallas* no obedece a cánones fijos, pues el número de caballeros y peones que componen cada una es muy variable.

Las operaciones a partir de puntos fijos exigían el asentamiento de reales, cuya distribución y grado de sedentariedad dependían de la configuración del terreno y de las necesidades y peculiaridades de cada asedio. Todos ellos tuvieron en común varios aspectos: el mando supremo de un gran noble en cada real, salvo en el que habitaba el propio monarca, y la fortificación de los campamentos mediante fosos, vallas, artillería ligera y un sistema de vigilancia conveniente, hasta convertirlo en una pequeña ciudad militar. Cuando el real alcanzaba este grado de fijeza solía recibir el nombre de *estancia*, que aparece a menudo en las crónicas.

En 1410, ante Antequera, el infante Fernando situó dos reales, uno de ellos guardando la sierra, para asegurar mejor el sitio. El asedio de Ronda se organizó también a partir de dos, uno frente a la ciudad, en El Mercadillo, otro en «la llana», cerca del alcázar, pero diversas *estancias* con *cavas y albarradas y tapias* aseguraban la unión entre ambos. Ante Málaga se instalaron veinticuatro *estancias* unidas entre sí por fortificaciones, la principal en un cerro cerca de Gibralfaro, y la armada formaba una barrera, por las noches, para evitar el acceso al puerto. En Baza, año 1489, se volvió al sistema tradicional de dos reales principales, con la ciudad en medio, pero unidos por una excavación con empalizada en la que se distribuían quince castillos *de tapias*, de modo que el cerco era completo, además de disponerse otro castillo avanzado frente a la sierra, unido también al sistema por cava y empalizada. Es más, cuando llegó el otoño, ante la necesidad de continuar el cerco, *el rey mandó hacer casas en el real, para defensa del frío y de las aguas que con el tiempo del invierno esperaban. Y luego los grandes y caballeros y capitanes que estaban en el real hicieron casas de tapias y cubiertas de madera y teja, de tal manera que era defensa para las fortunas del frío y del sol. Y en hacer estas casas hubo tanta diligencia que en espacio de cuarenta días se hicieron más de mil casas, puestas en orden por sus calles. Y allende de las casas, todas las otras gentes de pie hicieron chozas cubiertas de tal manera que defendían del frío y aguas.*[13] Los incendios eran uno de los peligros mayores que amenazaban a los reales, y a veces no por motivos fortuitos: en 1410 hubo un complot, atizado por el embajador granadino Sa'd al-Āmīn, para prender fuego al campamento cristiano. En 1491 se incendió el real emplazado en El Gozco, frente a Granada.

Los alardes periódicos fueron el único medio para contener, en lo posible, la abundancia de deserciones. Siempre se realizaba uno al comenzar la campaña, coincidiendo con la organización de la hueste en *batallas* y, cuando la acción se prolongaba, especialmente en Baza y Málaga, los alardes tenían lugar cada cierto tiempo. En 1410, por ejemplo, el infante Fernando hizo un alarde inicial en el Río de las Yeguas, punto típico para tales actos, pues también lo utilizaría su nieto el rey Fernando en varias ocasiones.

Si los alardes no bastaban para cortar la deserción, al menos servían para castigar la que quedaba al descubierto y para calcular los refuerzos que eran precisos. La relativa abundancia de deserciones no implica condescendencia por parte de los reyes, que empleaban todos los medios a su alcance, entre ellos los escarmientos ejemplares, para castigarlas, por ser mal ejemplo y por comprometer el éxito de las campañas, además de ordenar otras averiguaciones a cargo de los concejos. *Los reyes* —leemos en la *Crónica de Juan II* con referencia a la campaña de 1407— *deben poner en esto gran guarda e castigar muy crudamente a los que tal engaño les hacen, no solamente por la pérdida del sueldo mas por el peligro en que los ponen.* En aquella campaña las deserciones abundaron a pesar de los alardes que el infante hizo al comienzo y en el mismo real, pero se debían en parte a la falta de sueldo y de vituallas.

El problema de las deserciones era, desde luego, complejo. La actitud de un no profesional movilizado o *manferido* —como entonces se decía— no era especialmente entusiasta en guerras ofensivas, sobre todo si la acción duraba más de uno o dos meses.

---

13.   Hernando del Pulgar, *Crónica...*, cap. CCXLVI.

A menudo se añadía el retraso en el cobro del sueldo y la escasez o carestía de los víveres. Y, casi siempre, los perjuicios derivados del abandono de las actividades económicas habituales, de la familia, etc. Ni los castigos ni las predicaciones eran suficientes para evitar una realidad que, aunque no masiva, sí que llegó a alcanzar cierto volumen en los cercos de Málaga (1487) y Baza (1489): a veces tendría mayor poder disuasorio el hecho mismo de encontrarse en tierra hostil y lejana. Durante el cerco de Granada, en 1491, los reyes procedieron a licenciamientos parciales de tropas a medida que el cerco se prolongaba, ante la inutilidad de mantener un ejército tan grande para sostenerlo: muchos fueron llamados de nuevo para que estuvieran presentes en el momento de la capitulación.

Entre los profesionales y los mercenarios no había apenas deserciones, debido a su obligación específica y a su mayor profesionalidad.

Las multas cobradas por deserción o incumplimiento de servicio se aplicaban a indemnizar a los heridos y a familiares de los muertos. Dichos familiares quedaron además exentos de posteriores repartos para la guerra en 1483.

Es casi imposible calcular las pérdidas de vidas humanas en aquellas guerras. Algunos episodios sugieren fuertes bajas, como, por ejemplo, los violentos combates librados durante el cerco de Málaga, o las penalidades del de Baza: a él habían acudido vecinos de Fuenteovejuna, *donde diz que murieron gran parte de ellos e otros con gran pobreza y muertos de hambre y dolientes se vinieron a sus casas habiendo servido muchos días en dicho real, aunque después de venidos dicen que muchos de ellos son muertos de las dichas dolencias que traían.*[14] Miserias de la guerra a las que se añadía con frecuencia el peligro terrible de las epidemias desatadas en los reales, como la que acabó con la vida de Alfonso XI en 1350, ante Gibraltar, o la que diezmó en 1384 al ejército de Juan I de Castilla ante Lisboa, *en manera que del día que morió el maestre de Santiago fasta dos meses morieron de las conpañas del rey dos mil omes de armas de los mejores que tenía, e mucha otra gente... que non avía día que docientos omes o más no moriesen;* o en 1386 a las tropas del duque de Lancaster desembarcadas en Galicia. Un siglo después, en 1485, la ciudad de Sevilla fue puesta en cuarentena porque la peste había hecho su aparición en ella, y no envió ni tropas ni abastecimientos al cerco de Ronda.

---

14. Archivo General de Simancas, Registro del Sello, febrero de 1490, doc. 240.

En fin, el despido, al término de cada campaña, era la única forma legal de marcharse. Todos aquellos que lo precisaran debían solicitar *carta de servicio* cuando eran despedidos.

3.4. LOS SERVICIOS DE MANTENIMIENTO DE LA HUESTE: SOLDADAS, TRANSPORTES, ABASTECIMIENTO, SANIDAD, POLICÍA Y JUSTICIA

El control de todos los servicios de mantenimiento, o de su mayor parte, correspondía a los reyes, por medio de personal especializado de la corte, pues era el único modo de asegurar cierta homogeneidad en su funcionamiento, pero compartían su pago o su realización material con los nobles, en el caso de sus propias mesnadas, y con los municipios.

El aspecto principal, puesto que de él dependía la posibilidad de atender a otros, era el adecuado pago de las tropas, que afectaba a todos los combatientes, aunque los reyes daban sueldos mayores a los que no recibían otros por parte de sus señores o concejos respectivos, o no tenían sueldo o *acostamiento* habitual del rey en tiempo de paz.

En la guerra de 1482-1491 los sueldos por día de campaña, incluyendo los de viajes de ida y vuelta, fueron éstos:

Hombres de armas: 35 a 40 maravedíes los que son vasallos del rey.

30 maravedíes los integrados en mesnadas de nobles.

Jinetes: 35 maravedíes los del rey, 30 maravedíes los de concejos, 25 maravedíes los de nobles.

Peones: de 13 a 15 maravedíes en todos los casos (lanceros, ballesteros, espingarderos, en orden de menor a mayor sueldo).

Pero, como ya he indicado, buena parte de aquellos combatientes contaban con otros sueldos o recursos derivados de su condición o de su actividad guerrera. Los vasallos del rey disponían de su *acostamiento* fijo. Los integrados en mesnadas de nobles o de órdenes tenían también *acostamientos* de su señor respectivo, o fuentes de renta fijas como serían las de las encomiendas, en el caso de las órdenes. Y los peones que venían en tales mesnadas, procedentes de los concejos de los señoríos, recibirían sueldo de tales concejos, igual que ocurría en las huestes concejiles de ciudades y villas de realengo. En estas huestes, en efecto, el concejo hacía frente a una parte del pago, hasta completar una soldada diaria de dos reales (62 maravedíes) el jinete y un real el peón. Los peones contratados por vía de la Hermandad cobraban también un real diario. Eran sueldos que podían resultar atractivos para gentes sin oficio o especialidad fijos y, por lo tanto, capaces de sustentar aquellas formas peculiares de mercenariado ocultas bajo la apariencia de huestes concejiles o hermandinas.

Los sueldos pagados en guerras anteriores no eran más bajos, si se efectúa para cada caso la correspondiente deflactación de la moneda de cuenta (maravedí) reduciéndola a moneda de plata (real): en 1385 se asignaba un sueldo diario de 4 maravedíes por día a los ballesteros murcianos y 3 maravedíes a los lanceros, es decir, 1,33 y un real respectivamente. En 1407, el infante Fernando pagaba a 10 maravedíes el jinete y 5 maravedíes el peón, lo que es la mitad de las cifras de 1385, pero seguramente también era sólo la mitad del sueldo, con lo que nos hallaríamos con las cifras clásicas: dos reales el hombre a caballo, un real el peón. Ese mismo año, Murcia pagaba un sueldo de 7,5 maravedíes a cada ballestero, lo que equivale a un real y significa que todo el gasto corría a cargo del municipio.

Aparte hay que considerar el pago por vía de contratos especiales que sufragaba íntegramente la Corona: sueldos de artilleros, espingarderos, escaladores, mercenarios extranjeros, marina... Y también los de los capitanes, que eran más elevados: en época de los Reyes Católicos un capitán de tropas de a caballo percibía 250 maravedíes diarios y uno de peones 62.

Las circunstancias concretas del pago daban lugar a veces a notables deficiencias y retrasos, a pesar de las precauciones que tomaron, sobre todo, los Reyes Católicos, que establecieron, o mantuvieron, la costumbre de pagar desde el momento de la presentación hasta el del despido, más las jornadas de viaje estimadas a ocho leguas diarias (algo más de 40 km). Se hacían varias pagas durante la campaña y una final de *fenecimiento*, de modo que no hubiera cuentas pendientes posteriormente. Se descontaba un cinco por ciento para el pago de servicios administrativos *(cámara y contadores)* y dos días de paga para *físicos y mariscales*, es decir, los servicios de aposentadores, encargados del aprovisionamiento, médicos y cirujanos.

Apenas hay noticias sobre cómo pagaban su parte los concejos, aunque es de suponer que se efectuarían repartos entre los vecinos y que los combatientes recibirían el sueldo en una o varias veces. Si se daba el caso de iguala hecha entre un vecino *manferido* —esto es, convocado para acudir a la hueste— y el mercenario que iba a ir en su lugar, el peligro de incumplimiento podía aumentar en caso de pago anticipado de una parte elevada, o si se acordaba una cantidad fija sin tener en cuenta la duración de la campaña. Al pago de los jinetes y peones que en cada caso se le hubieran repartido, el municipio añadía en ocasiones el de algunos especialistas y maestros artesanos cuya presencia requerían los reyes en sus cartas de llamamiento, en especial en las dirigidas a ciudades andaluzas: canteros, silleros y armeros, herradores, maestros de hacer ballestas, alabardas y otras armas, cordoneros y esparteros, cirujanos y especieros, entre otros.

La movilización de un número elevado de combatientes y la misma acción bélica conllevaban la aparición de problemas sanitarios que requerían atención continua: heridas recibidas en combate, precaución ante brotes epidémicos, etc. Durante la guerra de 1482-1491 hubo *físicos* y cirujanos reales en todas las campañas. Ningún cronista deja de mencionarlo, atribuyendo la iniciativa a la reina, que acaso pagaría parte de los salarios y de los materiales con dinero procedente de su casa, aparte del procedente del descuento de dos días de haber que se hacía a todos los combatientes. El *Hospital de la Reina* era móvil y lo atendían los mismos médicos y cirujanos de la casa real, según leemos en el cronista Hernando del Pulgar: *E para curar los feridos e los dolientes, la reyna enbiaua siempre a los reales seys tiendas grandes e las camas de ropa neçesarias para los feridos e enfermos, y enbiava çerujanos y físicos e medicinas e honbres que los siruiesen, e mandaua que no lleuasen preçio alguno, porque ella lo mandaua pagar. E estas tiendas, con todo este aparejo, se llamaua en los reales el Hospital de la Reyna.*[15]

Un aspecto del control regio sobre la hueste, y la mejor demostración —dejando aparte la jefatura militar del rey— de que sólo se ejercía su jurisdicción sobre el conjunto del ejército, una vez constituido, era la actuación de los alcaldes y alguaciles de la corte para asegurar el cumplimiento de la ley y las adecuadas funciones de policía. Ya desde la campaña de 1484 solía haber tres alcaldes, nueve alguaciles, más algunos pregoneros, carceleros y verdugos, apoyados por un cuerpo de policía militar de un centenar de jinetes y otros tantos peones, que solían ser *vasallos del rey* e hidalgos.

En 1487, durante el cerco de Vélez Málaga, promulgó el rey unas ordenanzas para prevenir los aspectos más frecuentes de indisciplina o delito en los reales. Sería interesante contar con ejemplos o términos de comparación más antiguos pero, de momento, hemos de conformarnos, de nuevo, con el relato de Del Pulgar: *El rey, por quitar los ruidos y quitar otros inconvenientes que en las grandes*

---

15.   Hernando del Pulgar, *Crónica...*, cap. CLX.

huestes acaecen, constituyó y mandó pregonar ciertas ordenanzas, conviene a saber: que ninguno jugase dados ni naipes, ni blasfemasen, ni sacase armas contra otro y revolviese ruido. Otrosí, que no viniesen mujeres mundarias ni rufianes al real; y que ninguno saliese a escaramuza que los moros moviesen sin licencia de su capitán; y que todos guardasen el seguro que diese a cualquier lugar de moros en general, o a cualquier moro en especial; y que no se pusiese fuego a los montes que eran cercanos al real, ni a los otros reales que de ende en adelante pusiesen. Y franqueó a todos los que trujesen mantenimientos a sus reales, por mar o por tierra, para que los pudiesen vender libremente, sin pagar derecho de cualquier calidad que fuese. Y todas estas cosas mandó guardar so ciertas penas.[16]

La propia experiencia de campañas anteriores y de algunas peleas internas entre grupos de combatientes —como la que tuvo lugar en 1486— moverían a efectuar esta sistematización de disposiciones que, por lo demás, parecen de sentido común y afectan ya también a otros aspectos de logística que hemos de considerar a continuación.

Los servicios de transporte de víveres y otros productos y de los grandes trenes de artillería exigieron el trabajo de muchos miles de personas, en su mayoría arrieros y carreteros, que eran contratadas o bien directamente por la administración real o bien a través de los concejos encargados de la tarea de repartir o manferir un número de acémilas con el que los vecinos deberían servir cada año, cuando fueran requeridos, aunque siempre los pagara la Hacienda regia.

La acemilería era el medio principal de transporte. En las principales campañas de la conquista de Granada fue habitual el movimiento de entre 20.000 y 25.000 viajes de acémila, pues a menudo las mismas bestias participaban en varias recuas sucesivas. Habría otros arrieros que viajarían por su cuenta y riesgo, sin previa contratación. Es casi imposible calcular cifras totales de acémilas empleadas realmente, pues todos los datos se refieren a viajes/unidad, a veces con posible exageración: las cuentas de pago del año 1482 llegan a mencionar 40.000 viajes/unidad para abastecer Alhama, pero Pulgar eleva la cifra a 80.000 en el año 1483. Los precios de alquiler en aquellos años eran de 25 maravedíes por día la mula o *carga mayor* (2,5 fanegas, unos 108 a 110 kg de cereal) y 15 maravedíes por día el asno o *carga menor* (2 fanegas, unos 89 kg), más 20 maravedíes por día de salario para el

---

16. Hernando del Pulgar, *Crónica...*, cap. CC.

arriero. En la campaña de 1489, en la que fueron mayores los riesgos y dificultades de transporte, se llegó a pagar a 35 maravedíes por día o a 3 maravedíes por fanega y legua.

La carretería también se utilizó, pero menos debido a las dificultades orográficas y a la ausencia de caminos adecuados en la frontera y en el interior de Granada: a veces se construyen durante las mismas campañas de la guerra final y, después de 1492, se hicieron planes para trazar *carriles* carreteros en el territorio granadino. Durante la guerra final fueron bastante frecuente contrataciones parciales de entre 250 y 600 carretas: en 1487 llegaron a ser de 950 a 1.100, a un precio de 75 maravedíes por día la carreta con dos bueyes.

Una función principal de las carretas era el transporte de artillería e ingenios de asedio. He aquí algunos ejemplos y textos: en 1410, las *bastidas* construidas en el corral del alcázar de Sevilla se transportaron hasta Antequera en 360 carretas hechas allí mismo. Tres años antes, la *Crónica de Juan II* detalla el orden que se tuvo al ir contra Setenil en repartir la responsabilidad de transportar la artillería e ingenios, con una minucia que demuestra la importancia que se atribuía a aquella operación: no era para menos pues se movió, entre otras piezas, una gran *lombarda* capaz de tirar *una piedra que pesa seis quintales* y ante Setenil se construyó una *bastida* con ruedas, que había de ser movida por 500 hombres. Para el cerco de Alora, en 1484, leemos en Del Pulgar, *iba asimismo gran número de carros con el artillería, y una gran parte de los peones pasaban adelante por las sierras y puertos de aquella tierra, allanando los caminos y lugares ásperos, por do pudiesen pasar los carros.*

La dificultad de paso es ponderada por los cronistas en diversas ocasiones. Pulgar, en 1485, al describir el camino hacia Cambil y Alhabar, en las sierras giennenses: *E porque vimos aquellas grandes montañas, pensamos así imposible con ningún trabajo ni industria de hombres pasar carros por ellas. Plúgonos ir a ver a los lugares por donde acometieron hacer el camino que se hizo, y hallamos que seis mil hombres que enviaron el rey y la reina, con picos y otras herramientas, derribaron toda una sierra y la allanaron hasta igualar con el valle bajo. Y en otras partes hinchieron valles de grandes piedras que derribaron de lo alto, y de grandes alcornoques y otros árboles que cortaron. Y así andando estos peones doce días por los lugares más fragosos, cortando y sacando piedras y derribando árboles, pudieron allanar un camino por donde los carros del artillería pudieron pasar.*[17] Bernáldez, al describir los cercos de Vélez Málaga y Má-

---

17. Hernando del Pulgar, *Crónica...*, cap. CLXXIX.

laga en 1487 exalta la labor del personal al servicio de la artillería (2.709 azadoneros, 1.143 carreteros, 942 hacheros, 287 paleros, 180 pedreros, 110 carpinteros): *e aún quedará memoria de este ínclito e famoso rey para syenpre, por razón de aquellos caminos, de tantas sierras e laderas e puertos e peñas e ahocinamientos como hizo llanos a azadón e barra, pala e almadana, en toda la tierra que ganó a los moros, que es cosa increíble a quien no ha visto los pasos por do tan gruesas lonbardas e tan grande artillería passava.*[18]

En último extremo, se podía utilizar a la marina para tales transportes, si las circunstancias lo permitían, como sucedió en el mismo año 1487, cuando las piezas de artillería más gruesas y los víveres se trajeron por barco, aprovechando que la campaña se desarrollaba en zonas litorales. Y también en 1488 y 1489 se desembarcaron víveres en las playas del sur de Murcia y norte de Almería, con destino a las plazas conquistadas o asediadas.

Un aspecto tratado escasa y marginalmente por los cronistas, que lo dan por supuesto, y también en la documentación contable, por su poco costo o porque a veces se hacían cargo de él personas que ya tenían otro sueldo o salario, es el referente a los servicios de comunicación e información. Su importancia era, sin embargo, sustancial.

Los correos y mensajeros utilizados eran a menudo los de la misma Corte, que ya tenían establecidos, a veces, sus sistemas de relevo y estaciones o postas. Más importancia directa para el desarrollo de las operaciones militares tenía la actividad de adalides, almogávares y almocadenes, *hombres del campo, enaciados* y demás gentes conocedoras de la frontera, de los que tratamos en el capítulo anterior, por lo que no es preciso hacerlo ahora de nuevo, salvo para recordar que los sistemas de vigilancia y guarda, conocidos a veces como *guardas escusañas*, velas y atalayas, estaban formados por aquellos hombres y otros de parecida condición. Su labor se complementaba con las informaciones aportadas por algaradas o cabalgadas, mercaderes, pastores, cautivos… sin aquellos servicios de inteligencia e información, la suerte de más de un cerco o una incursión habría sido mucho peor.

El aprovisionamiento de la hueste era una preocupación principal, de respuesta no aplazable, más difícil cuanto más lejano era

---

18. Bernáldez, *Memorias…*, cap. LXXXII.

el teatro de operaciones, mayor el número de combatientes o más peligrosas las líneas de comunicación con las plazas y fortalezas ya conquistadas, pero cuyo abastecimiento era preciso asegurar desde bases situadas a mucha distancia. Los problemas de desabastecimiento tenían efectos catastróficos: en el invierno de 1370, por ejemplo, Enrique II tuvo que levantar el cerco que había puesto a Ciudad Rodrigo por el mal tiempo y porque no *le venían viandas ningunas de ninguna parte*, y cuatro años después abandonó la campaña contra el duque de Lancaster, en La Rioja, porque *non se podían aver viandas nin mantenimientos* para su ejército formado por más de once mil combatientes.

Pulgar encarece el esfuerzo hecho para proveer a la hueste, en el año 1486: *Se puede creer que en la provisión de los mantenimientos que se traían todos los años a los reales había mayores trabajos y se hacían mayores gastos que se pudieron hacer por otros reyes en las conquistas de los reinos y provincias que conquistaron. Y porque no había en aquella comarca puertos de mar seguros donde se pudiesen descargar los mantenimientos que de otras partes se trajesen y convenía que todos los días hubiese las recuas de veinte mil bestias, trayendo de muy lejos los mantenimientos y vestuarios y todos los oficios y oficiales y herramientas y pertrechos y otras cosas necesarias a la vida. Y otrosí era necesaria gran copia de gente de armas que de continuo entrase y saliese con las recuas porque las asegurasen de los enemigos, en lo cual las gentes pasaban trabajos y hacían grandes gastos.*[19]

Desde luego, una buena parte de la soldada que ganaban los combatientes de cada campaña y las guarniciones que permanecían en los castillos y plazas conquistadas había que gastarla en víveres y otros mantenimientos, pero la cuestión era asegurar su llegada a precios asequibles. En ocasiones, los reyes apelarían a la compra directa, para la posterior reventa, pero utilizaron mucho más el procedimiento de repartos obligatorios de cereales y otros víveres, pagaderos al cabo de cierto tiempo, y, además, estimularon la venta libre por arrieros no contratados pero que aceptaban el riesgo de hacer a su costa el viaje correspondiente, con la esperanza de obtener una ganancia.

Con el fin de hacer efectivos los tres procedimientos, los reyes enviaban *continos* que compraban o repartían los víveres, aseguraban su envío por mar o tierra y hacían lo necesario para evitar irregularidades en el cumplimiento de las órdenes reales. Otro punto en

---

19. Hernando del Pulgar, *Crónica...*, cap. CLXXXIX.

el que la autoridad regia tenía que emplearse a fondo era el relativo a la fijación, y cumplimiento, de precios de tasa para los cereales, al menos para los que habían sido comprados por la misma Corona o procedían de repartos obligatorios.

Porque, en definitiva, la venta de abastecimientos en los reales y fortalezas, aunque movía una cantidad de dinero muy considerable, sólo enriquecía a algunos, pero el abasto causaba problemas a muchos más. En la guerra de conquista de Granada, los reyes no llegaron a enjugar los gastos que les causaba la organización del transporte y la devolución o pago de los víveres tomados en reparto. Los proveedores, y más si eran obligados, no encontraban a menudo compensación suficiente ya que, aunque estaban exentos de impuestos de tránsito y vendían a precios de tasa bastante elevados, se veían coaccionados por la autoridad regia —a menudo se prohibió la exportación de cereales andaluces durante la guerra— y no siempre cobraban satisfactoriamente. Además, habría que evaluar los efectos que la economía de guerra causaba sobre el funcionamiento de los mercados y la posibilidad de consumo del resto de la población.

Tampoco es posible cuantificar el gasto total de las huestes en campaña, a pesar de la abundancia de datos parciales entre 1482 y 1491, que contrasta con la total carencia de noticias para tiempos anteriores. En 1485 se emplearon de 110.000 a 130.000 fanegas de trigo y cebada entre la campaña propiamente dicha y el abastecimiento de Ronda y demás plazas conquistadas. En 1487, el almacén o alfolí montado en el real ante Málaga vendió 60.000 fanegas de trigo y 69.000 de cebada. En 1489, Alfonso de Toledo, encargado de aquellos menesteres, recibió 247.000 fanegas de trigo durante el largo asedio de Baza, unos seis meses: el consumo se puede estimar en 2.500 a 3.000 fanegas diarias de trigo y cebada, lo que implicaba que la escasez podía presentarse en cuanto las recuas fallaran más de un día.

Los datos sobre otros productos, tales como vino, carne, queso o legumbres, son mucho más escasos, así como los relativos a la obtención de pastos y forrajes: en 1410 la hueste fue acompañada de *erveros* para buscar y recoger todos los que hallaran y es de suponer que tal práctica sería habitual en todas las guerras, así como la presencia de aguadores y otras personas dedicadas a asegurar tan fundamental suministro.

En general, es posible aplicar todas las observaciones anteriores a las campañas del siglo XV sobre las que tenemos menos datos. Así, por ejemplo, en las cartas de *llamamiento* a Sevilla de los años treinta y cincuenta, se fijan también las cantidades de víveres que el municipio ha de repartir entre los vecinos y enviar para su consumo por el ejército en campaña o en los castillos de la frontera. Las cifras varían mucho, según las dimensiones de cada operación. En 1431, por ejemplo, se reclamaba mil *cargas*[20] de harina, 500 de vino, 500 de cebada, 300 vacas y 4.000 carneros, pero en 1438 eran nada menos que 1.500 *cargas* de harina, otras tantas de pan cocido, 2.000 de cebada, 500 de vino y 3.000 carneros, y en 1458, 700 de harina, 600 de vino, 700 de cebada, 200 vacas y 1.500 carneros.

La situación llegaba a ser especialmente abrumadora para los vecinos de las ciudades, villas y lugares de Andalucía: muchos iban a la guerra en persona y todos pagaban, como los demás del reino, los servicios extraordinarios otorgados por las Cortes para la guerra; pero, además, las autoridades municipales establecían sisas especiales sobre el consumo o repartían directamente entre ellos cantidades para obtener el dinero preciso con el que pagar parte del sueldo de los combatientes y el coste de anticipar los avituallamientos y materiales necesarios y del alquiler de las mulas y carretas que los transportaban a los reales donde estuviera instalado el ejército o a los castillos de la frontera.

3.5. MORAL DE COMBATE Y PROPAGANDA JUSTIFICATIVA

No debe olvidarse este aspecto de la organización y funcionamiento de las huestes en una exposición de conjunto, al menos para sugerir algunas ideas principales que se deducen de la lectura de las crónicas y documentos.

La misma manera de llevar adelante la guerra puede ser objeto de comentario a la vista de los testimonios que exaltan los valores propios de la mentalidad caballeresca en el combate y en el heroísmo. Figuras como la de don Rodrigo Ponce de León, marqués de Cádiz, en la guerra de conquista, alcanzan categoría de arquetipos. Pero, hay que preguntarse, ¿aquellas valoraciones alcanzaban a toda la hueste o sólo a sus sectores aristocráticos? En cualquier caso, eran compatibles con fenómenos de rapiña indiscriminada e indisciplina en algunos momentos, cuando la autoridad regia o de los jefes de la hueste no alcanzaban a impedirlo, a veces con desastrosas consecuencias, como sucedió en sierra Bermeja, en marzo de 1501, donde moriría el mismo jefe de la expedición, don Alonso Fernández de Córdoba, señor de la casa de Aguilar.

---

20.   La *carga* de 2,5 fanegas equivale a unos 140 litros.

La actitud del rey durante la contienda era objeto de valoración inmediata, por lo que tenía de ejemplar. El infante Fernando, conquistador de Antequera en 1410, aparecía como la viva imagen de la caballería, e incluso varios años antes había fundado una orden, la de la Jarra y el Grifo, que situó bajo el amparo de la Virgen María y cuyos ideales tuvo ocasión de poner entonces en práctica. Su nieto, el rey Fernando, es ensalzado por su valor personal, no siempre atemperado por la prudencia. Por el contrario, la escasa disposición bélica del monarca anterior, Enrique IV, había sido motivo de su desprestigio durante las campañas granadinas de 1455 a 1458. En la reina Isabel, por ser mujer, la ejemplaridad se medía de distinta manera: por una parte en su eficacia como coordinadora de toda clase de preparativos y del abastecimiento; por otra, en el valor que su actitud tenía para alentar y estimular a los combatientes, bien mediante el envío de cartas a diversos nobles, bien, incluso, haciéndose presente en los campamentos durante las campañas más duras como fueron las de 1487, 1489 y 1491, porque su llegada era señal cierta de que no se iba a cejar en el empeño.

Así, durante el cerco de Málaga, en 1487, fue requerida por su marido el rey: *para la brevedad de aquel propósito de aquella conquista convenía que ella viniese en persona y estuviese en aquel sitio porque los moros por experiencia viesen la voluntad que él y ella tenían de permanecer en aquel cerco y de lo no alzar por ninguna cosa que ocurriese, hasta ganar la ciudad. La venida de la reina pareció /a los combatientes cristianos/ serles alivio de los trabajos pasados, y se esforzaron más para los continuar.* En el otoño de 1489, cuando ya el cerco de Baza se prolongaba, *la reina, movida por los ruegos del rey y por las muchas suplicaciones y amonestaciones de los grandes y caballeros que con él estaban... acordó de ir al real que el rey tenía sobre la ciudad de Baza... Y la venida de la reina al real fue con placer común de todos, especialmente porque como las gentes deseaban ver cosas nuevas, creían que su venida habría tal novedad, que el cerco que había durado seis meses con grandes trabajos y peligros hubiese algún fin.*[21]

La multiplicación de rezos y predicaciones durante los asedios o la aparición de personajes exaltados, que pretendían transmitir su fe al resto de los combatientes, no eran cosa extraña y, a veces, los relatos de los cronistas recuerdan otros episodios similares ocurridos durante las cruzadas en el Levante mediterráneo. Ante Antequera, leemos en la *Crónica de Juan II*, año 1410, *avía un loco que*

---

21. Hernando del Pulgar, *Crónica...*, caps. CCVII y CCL.

dezían Alonso Guerra /o García/, que venía con los de Seuilla, que la ymaginaçion que tenía hera predicar la fee de Jesucristo; e dezía entre sus locuras muy buenas cosas. E llegando, pensó de entrar en Antequera, a pedricar a los moros. E entró dentro, e luego le pusieron en fierros. E magüer que después el condestable lo demandó, no se lo quisieron dar; e salió después, como adelante oiredes.[22]

Menos extravagante resultaba el empleo de insignias y reliquias a las que se atribuía especial eficacia, como ocurrió en 1410 también, cuando el infante Fernando hizo traer de León el pendón de san Isidoro, recordando que los *reyes de Castilla antiguamente habían por costumbre que cuando entraban en guerra de moros por sus personas llevaban siempre consigo el pendón de Santo Isidro de León, habiendo con él muy gran devoción.*

Los actos de exaltación a la vez religiosa, militar y cívica, culminaban tras la conquista o toma de una plaza importante, según se describe en numerosas ocasiones: había parada militar, y los cronistas suelen mencionar a los prelados, ricos hombres y caballeros principales, entrada del infante o rey en medio de una procesión religioso-militar, salvo que fuera conveniente evitar el alarde por motivos de prudencia o concesión al vencido, liberación de cautivos, consagración de la mezquita mayor, alzamiento de cruz y pendón en la torre del alcázar, etc. Un buen ejemplo es el relato de lo ocurrido en 1487, cuando los reyes entraron en Málaga después de su terrible y largo asedio.

Aquellas festividades eran, también, un medio de alentar la moral para el combate y de propagar las justificaciones de la guerra. Por eso se repetían en diversas ciudades castellanas por medio de «triunfos», «alegrías», etc., que eran de mayor importancia si se trataba de la urbe, Sevilla o Córdoba con frecuencia, en la que hacía su entrada el rey o infante después de la campaña victoriosa. En la «entrada» del infante Fernando en Sevilla, el 14 de octubre de 1410, después de la toma de Antequera, se formó un gran cortejo de nobles y eclesiásticos, precedido por la espada del rey Fernando III, que portaba el adelantado Per Afán de Ribera, por un crucifijo y dos pendones de la cruzada, y acompañada por diecisiete musulmanes con pendones suyos perdidos en la batalla. Cada rico hombre desfilaba con su estandarte y divisa, y el infante era acompañado por los pendones de Santiago, san Isidoro y la ciudad de Sevilla. Ante la catedral fue recibido por el prelado y cabildo y en su interior se cantó un *Te Deum* y fue devuelta la espada del rey Fernando. En aquel

22. *Crónica de Juan II*, Madrid, Ed. J. de M. Carriazo, 1982, caps. 161 y 169.

acto, como en otros similares, se compendiaba toda una manera de concebir la guerra y sus funciones sociales y religiosas, y a través del mismo se ofrecía una explicación comprensible para los contemporáneos del porqué del esfuerzo desarrollado en la organización y empleo de tan grandes y costosos ejércitos.

3.6. DE LOS EJÉRCITOS MEDIEVALES A LOS MODERNOS

La composición y funcionamiento de las huestes en la Castilla del siglo XV era el resultado de una larga tradición autóctona y de la aplicación de principios clásicos del arte militar. A partir de estas realidades actúa, en aquella época, una autoridad regia más efectiva y con mayor capacidad de organización, que dispone ya, además, de un pequeño ejército permanente. El resultado fueron los ejércitos de las guerras contra Granada, en especial los de la guerra de conquista del decenio 1482-1491, en los que observamos un adecuado aprovechamiento y utilización de los recursos y una eficacia notable en la organización y funcionamiento, así como la capacidad para mantenerse en campaña durante períodos de tiempo largos.

Hay aspectos y experiencias en aquellas huestes que pudieron aprovechar los ejércitos permanentes de tiempos posteriores, como son el uso cada vez más frecuente y variado de la artillería y de las armas de fuego personales, la capacidad para integrar en los distintos tipos de operaciones a la infantería y sus mismos usos de organización y encuadramiento, o la importancia que tiene la caballería ligera de jinetes, cosa propia de la frontera aunque extendida ya a toda Castilla, en relación con la pesada de *hombres de armas*, mucho más tradicional. Pero, en otros aspectos, el paso a la formación de ejércitos permanentes después de 1492 exigió grandes innovaciones en lo referente al pago de sus efectivos, a los modos de aprovisionamiento y transporte, pues generalmente operaban fuera del territorio del reino, y a las motivaciones políticas y religiosas a aducir, porque fue frecuente que se emplearan en guerras entre países europeos cristianos.

Para concluir: el ejército de la conquista de Granada fue la última hueste medieval de Castilla. El futuro ejército moderno y permanente de la monarquía recibió de aquella guerra un conjunto de ideas y experiencias transmitidas a través de personas que realizaron el paso entre una y otra época de la historia militar hispánica, pero esto no debe ocultar el hecho de que en Granada actuó todavía un ejército de tradición medieval, heterogéneo, inestable, basado en todos los grupos sociales del reino.

4. Recursos hacendísticos extraordinarios y financiación de las guerras

4.1. LA ÉPOCA DE JUAN II Y ENRIQUE IV[23]

La financiación de las guerras contra Granada llevadas a cabo por el regente don Fernando, por Juan II y por Enrique IV se basó sobre todo en el cobro de servicios extraordinarios que otorgaban las Cortes de Castilla, cuyo cobro se repartía mediante dos procedimientos, las monedas y el o los *pedidos*. La guerra de Granada fue el motivo más frecuente para pedirlos y las resistencias de las Cortes, que nunca dejaron de otorgarlos, se referían al hecho de que lo recaudado no siempre se utilizaba para aquel fin. Así, don Fernando de Antequera consiguió cuarenta y cinco millones de maravedíes para la campaña de 1407, otros sesenta en 1408 y cuarenta en 1409, que se emplearon en la campaña de 1410, pero siguió cobrando cuarenta y ocho más en 1411 que ya no destinó a Granada sino, en parte, a apoyar su candidatura al trono aragonés. Obtuvo, además, indulgencia de cruzada, cuya administración dejó mucho que desear. De todo ello, y de algunos daños más, se hace eco el cronista Alvar García de Santa María, cuando el infante era ya rey de Aragón:

> Gran daño e pérdida vino a Castilla en la partida del noble infante don Fernando a ser rey de Aragón [...]. Lo primero que el rey de Granada e los moros e sus comarcanos no estuvieron en tanto temor después que fue ido como de antes estaban, e do le solían dar parias e cautivos en las cuantías que dicho abemos [...]. después que fue partido siempre menguaron en las parias [...]. Lo tercero porque fueron abiertos los puertos [aduanas] que son entre Castilla y Aragón para sacar todas las cosas que de antes estaban vedadas, assi monedas de oro y plata, como pan e caballos e armas e ganados e mulas e yeguas e azémilas, lo quanto que rendía al dicho infante su tierra e el diezmo que él abía de la tutela del rey, e los quarenta e cinco quentos que le dieron para proseguir el dicho negocio, según que dicho abemos todos salían del reino para Aragón... *[Sigue enumerando los daños venidos a Castilla y añade, sobre la administración de las limosnas de cruzada:]* [...]. El infante don Fernando, movido a bien e con buena intención, teniendo que por esta cruzada abría muy grande ayuda para proseguir las guerras de los moros, plúgole mucho e mandó fazer thesoreros a frailes de monasterios [...] y e cada uno destos en el arçobis-

---

23. Datos tomados de mi libro *La Hacienda Real de Castilla en el siglo xv*, La Laguna de Tenerife, 1973.

pado o obispado por do iban andaban predicando los perdones que abían los que fuessen en la cruzada e los que diessen dozientos e quarenta maravedís, que era la menor cantía, que obiessen indulgencia a culpa e pena, maguer que otras abía de cinco mil e otras de más, según fuese la persona [...]. E según su buena intención del infante, bien pensó que lo no podía él mejor fiar que era de hombres religiosos, e guardarían bien el servicio de Dios e su conciencia, maguer que por la cuenta no parecía ansí después, que el fraile que recaudó un cuento de maravedís no dio la mitad, e de todo lo al passó en costa de comer, e predicadores, e de thesorería, que llevaban de cada casa un florín de chancillería, e otras muchas burlas que en ello fizieron, según que mejor lo saben los contadores mayores del rey de las sus cuentas, que les tomaron las cuentas. E lo al que sobre todo se gastó, no en lo que fue dado [...]. E como quiera que muchas gentes ponían en ello culpa al infante diziendo que fue movido a cobdicia en el coger desta cruzada por tener dineros para proseguir el su negocio de los reinos de Aragón, no fue esta su intención, antes teniendo que abiendo tomado la possessión de sus reinos, que vernía a proseguir la dicha guerra de los moros [...]. Pero el tiempo se siguió de otra manera [...]. porque la guerra no se pudo fazer, e lo que della se cogió obo asaz lugares do lo despendiese.[24]

Las mismas cifras de los servicios de las Cortes, entre cuarenta y cinco y cincuenta millones al año, se manejan entre 1429 y 1452 y, desde luego, sólo en parte fueron a parar a las guerras contra los emires granadinos y a la defensa de la frontera. Tal vez por eso, entre otros motivos, las cantidades globales no variaban pese a la depreciación del maravedí. Enrique IV obtuvo de las Cortes más de doscientos ochenta millones entre 1454 y 1463, lo que supone una media anual bastante más baja pero el rey, además de contar con otros recursos, dedicó pocos a la guerra después de 1458.

A un nivel de actividad insuficiente correspondía otro similar de ingresos extraordinarios. Juan II en 1431 y, en especial, Enrique IV entre 1457 y 1460 contaron con otros muy sustanciosos porque obtuvieron también de la Santa Sede la declaración de cruzada para la guerra y, por lo tanto, la posibilidad de recaudar limosnas de sus súbditos, que recibían la indulgencia, y aplicarlas a los gastos de guerra. Además, Juan II contó en 1429 con un subsidio o décima de las rentas de todo el clero castellano para aplicarlo a la guerra, por importe de 104.000 florines, que en aquel momento equivalían a cinco millones y medio de maravedíes. Sobre la in-

---

24. *Le parti inedite della «Crónica de Juan II» di Avlar García de Santa María*, Venezia, ed. Donatella Ferro, 1972, pp. 150-155.

dulgencia de 1431 apenas hay noticias, salvo que la limosna fijada era muy alta, como ya había ocurrido en 1410, entre cinco y doce florines, por lo que estaría al alcance de pocos y no sería muy rentable. La predicada entre 1457 y 1460 tenía fijada una limosna de 200 maravedíes, que equivalían a dos florines, de los que 150 eran para atender gastos bélicos. El cronista Valera estima en cien millones de maravedíes su rendimiento neto, y los documentos conservados lo confirman, así como el hecho, ya denunciado en su momento, de que parte de aquel dinero no se dedicó al fin previsto. En definitiva, también en este aspecto los políticos defraudaron la confianza que se había depositado en ellos cuando comenzaron sus empresas contra Granada. La situación cambió radicalmente durante la guerra de conquista emprendida por los Reyes Católicos.

4.2.   LA FINANCIACIÓN DE LA CONQUISTA

Estimar el gasto total de la conquista de Granada es tarea demasiado compleja para emprenderla con mínimas posibilidades de éxito, aunque es posible proponer cifras verosímiles en las que se tenga presente lo invertido por la Hacienda real y lo correspondiente a municipios y aristócratas. Pero hubo también numerosas prestaciones por parte de personas y grupos sociales que no tuvieron carácter monetario, ni fácilmente reducible a cantidades concretas. Es prudente suponer que la conquista costó a la Corona unos mil millones de maravedíes y multiplicar esta cifra por dos como hipótesis de coste total, lo que equivale a cinco millones y cuarto de ducados (moneda de oro equivalente a 375 maravedíes).

La Hacienda regia no podía hacer frente a aquel gasto con sus ingresos ordinarios, aunque con ellos se pagaba el sueldo de las Guardas Reales, los diversos servicios cortesanos implicados en la guerra, en especial a los *continos*, y alguna parte de la artillería así como los *acostamientos* ordinarios, pero el resto tenía que proceder de otras fuentes, de modo que fue preciso obtener otros excepcionales y extraordinarios.

Como la conquista de Granada tuvo, entre otras, una motivación oficial religiosa, se consiguió de nuevo la concesión de bulas pontificias de indulgencia para todos los que participaran con limosnas para la cruzada. Aquel medio permitió allegar una cantidad muy grande de fondos, procedentes sobre todo de la Corona de Castilla, pero también de la de Aragón y del reino de Navarra. Las negociaciones con la Santa Sede para obtener la promulgación de la indulgencia comenzaron en 1479, y se obtuvieron concesiones y prórrogas en 1482, 1485, 1487, 1490 y 1492, después de acuerdos cuya consecución fue laboriosa porque Roma exigía participar en los beneficios de la recaudación con el argumento de las necesidades de cruzada contra los turcos en el Mediterráneo oriental y en las aguas próximas a la Italia del sur. Las tarifas de limosna establecidas oscilaban entre dos reales (62 maravedíes) y un florín (265) de modo que estaban al alcance de la mayoría y, en consecuencia, los ingresos por cruzada ascendieron a la elevada suma de 650.000.000 maravedíes a lo largo de aquellos años, de los que un 85 por 100 fueron recaudados en tierras de la Corona de Castilla.

Ya se ha indicado que la contribución de la nobleza y caballería, Órdenes Militares y prelados titulares de señoríos se ejerció mediante la participación personal y corriendo con parte de los gastos militares de sus mesnadas, aunque otra la sufragara la Corona. Respecto al estamento eclesiástico, se arbitró de nuevo un procedimiento tradicional desde tiempos de Alfonso X, consistente en el reparto de un subsidio o *décima* sobre sus rentas que, una vez otorgado por el papa, repartido y recaudado, sería administrado directamente por la Corona. Los subsidios se otorgaron en 1482, 1485, 1487, 1489, 1491 y 1492 y supusieron en torno a cien mil florines en cada ocasión, es decir, unos 160.000.000 maravedíes en total.

Con el dinero de cruzada y subsidio se hizo frente a la mayoría de los gastos de guerra extraordinarios, pero los reyes contaron, además, con otros ingresos de importancia. Además de la facultad que tenían para utilizar con carácter extraordinario algunas rentas eclesiásticas sin titular, como eran las *medias annatas* sobre beneficios vacantes o los *expolios* de sedes episcopales en la misma situación, los reyes impusieron contribuciones extraordinarias a las comunidades musulmana (mudéjares) y judía de Castilla: la de los musulmanes fue de cuantía escasa, un millón y medio de maravedíes al año, en el mejor de los casos, pero la de los judíos ascendió a sumas mayores, porque era una comunidad más numerosa y rica, en torno a los cinco millones y hasta ocho y medio algunos años, calculados en todos los casos a razón de un *castellano de oro* (485 maravedíes) por cada cabeza de familia. Esto supone un total de en torno a 60.000.000 a lo largo de la guerra, si los pagos se hicieron regularmente cada año.

Por último, la misma conquista generaba, en ocasiones, fuentes de ingreso secundarias, procedentes del botín o del cautiverio de los granadinos. Si el primer renglón apenas ha dejado huella en las cuentas regias (algo más de medio millón cobrado en concepto de *quinto real* entre 1482 y 1486), el segundo tuvo importancia en 1487 cuando, tras la toma de Málaga, sus habitantes fueron reducidos a la condición de cautivos: en las cuentas conocidas se hallan 4.363 personas vendidas junto con sus bienes, por un total de más de 56.000.000 maravedíes. Por lo demás, es bien sabido que el caso de Málaga fue excepcional, ya que en los demás las capitulaciones aseguraron la libertad y los bienes de los granadinos.

Como las aportaciones de ciudades y villas recaían sobre cada municipio, que las administraba de forma autónoma, la Corona no obtuvo de ellas dinero sino hombres, acémilas y víveres, pero debía pagar sueldo a los primeros, y devolver el importe de los abastecimientos con cargo a sus propios recursos, aunque otra parte del gasto recayera sobre las mismas ciudades y villas. Es posible, sin embargo, que los reyes hayan dispuesto con mayor libertad de las contribuciones extraordinarias de la Hermandad otorgadas por los municipios de las dos mesetas, de modo que aplicarían a cada necesidad, o según su criterio, una parte de los 300.000.000 que tales contribuciones importaron en conjunto. Hay que tener presente que las contribuciones de las Hermandad sustituían a los servicios de las Cortes, que no se reunieron entre 1480 y 1498, pues el origen del dinero —los contribuyentes *pecheros* del reino— era el mismo.

La Corona pudo hacer frente al gasto extraordinario de la conquista utilizando todos los recursos mencionados hasta aquí, pero hubo numerosas ocasiones de urgencia en las que era preciso contar con dinero en plazo breve y esto obligó a apelar al préstamo y a establecer diversos procedimientos para su devolución o, en otro caso, para la consolidación de la deuda contraída.

Entre los tipos de préstamo posibles, los empréstitos obligatorios repartidos a través de los concejos, sin interés y con devolución a corto plazo, eran la forma más utilizada en épocas pasadas y la primera a que se apeló desde 1482 hasta 1489, año en que se recaudaron dos préstamos obligatorios. También los tomaron los reyes de grandes nobles, mercaderes extranjeros o instituciones como la Mesta, así como de particulares en los momentos más difíciles de la guerra, en especial a lo largo de 1489. Destacan, por ejemplo, los empréstitos hechos por el duque de Medina Sidonia, don Enrique de Guzmán, el marqués de Cádiz, don Rodrigo Ponce de León, el señor de Aguilar, don Alonso Fernández de Córdoba, el conde de Benavente, don Rodrigo Alonso Pimentel, el *guarda mayor* Alfonso Carrillo de Acuña, los de la Mesta, en tres ocasiones, o los de mercaderes radicados en Burgos y Sevilla. Entre los préstamos no castellanos, destacan los concertados con la ciudad de Valencia, por un total de 15.900.000 maravedíes, a un interés del 7,5 por 100 anual.

En total, las cantidades tomadas a préstamo casi alcanzaron los 300.000.000 maravedíes durante el decenio de la guerra, aunque de manera desigual porque se observa un fuerte incremento en 1489, año en el que no se recaudó pagos de cruzada y la campaña militar se prolongó durante más de seis meses.

Hubo tres formas de amortización de préstamos. Una, la devolución pura y simple en un término breve de tiempo. Otra, la fijación de la deuda mediante la entrega de mercedes y juros que aseguraban el cobro de intereses. Y, tercer procedimiento, la devolución diferida a medio plazo, que también implicaba el pago de intereses y la entrega de bienes en prenda.

La devolución sin intereses se aplicó a los empréstitos obligatorios y a los que hicieron personas muy allegadas a los reyes: municipios, nobles, grandes eclesiásticos, la Mesta. Es interesante saber de dónde procedía el dinero con el que se amortizaban las deudas. En el caso de la Mesta, por ejemplo, se estipuló la devolución de cada cantidad sobre la renta de *servicio y montazgo*, en cinco anualidades. En los restantes, no cabe pensar que la devolución se hiciera a costa de las rentas ordinarias, cuya administración se desenvuelve ajena a la guerra hasta 1489, así que la única fuente de ingresos capaz de atender a la amortización sería el dinero procedente de la cruzada, y todo lleva a pensar que sobre él y sobre otros ingresos extraordinarios se amortizó la mayoría de los préstamos.

La Corona no fue partidaria de situar sus deudas en juros sobre rentas ordinarias, salvo en caso extremo y, aun entonces, emitió *juros al quitar*, como forma menor de daño a sus ingresos. Hay algunas muestras de dinero de sus rentas situado en juros antes de 1489 pero, a finales de aquel año, la Hacienda regia tuvo que apelar ampliamente al procedimiento para hacer frente a sus necesidades y satisfacer a muchos pequeños acreedores: no sólo se trataba de entregar juros para amortizar préstamos pasados, sino de la venta directa de estos títulos de deuda para obtener dinero en efectivo. El interés ofrecido por los juros oscilaba entre el 8 y el 10 por 100 *(doce mil al millar, diez mil al millar)* y, por aquella vía, se consolidó una deuda de en torno a 100.000.000 maravedíes de principal, según muestran las cuentas de la Hacienda regia correspondientes a 1490 y 1491.

En ocasiones, las cantidades prestadas eran tan fuertes que los reyes prefirieron amortizarlas concediendo lugares en señorío jurisdiccional, según un procedimiento que se venía utilizando en la frontera andaluza al menos desde finales del siglo XIII. Así obtuvo Montefrío don Alonso Fernández de Córdoba, o Casares don Rodrigo Ponce de León y, en tierras conquenses, Caracena el guarda mayor Alfonso Carrillo de Acuña.

El préstamo realizado por la ciudad de Valencia tuvo características correspondientes a las costumbres políticas de relación rey/reino propias de la Corona de Aragón, donde el monarca estaba sujeto al pago de intereses y, si llegaba el caso, de impuestos. Por eso fue preciso entregar una prenda al municipio, que fue un gran collar y la corona de la reina Isabel —no era la primera vez que se hacía— y aceptar que Valencia transformara la deuda en *censales* comprados por diversas personas e instituciones. Sus intereses y la amortización del principal se pagaron con cargo al dinero de cruzada y *décima* eclesiástica recaudado en la Corona de Aragón.

Al pasar revista a los procedimientos puestos a punto para obtener recursos financieros se comprende mejor el enorme esfuerzo que la guerra de conquista supuso. La Corona puso a prueba su autoridad y su capacidad de organización, y el reino la suya de respuesta y entrega a una empresa que continuaba y culminaba otras del pasado. Lo nuevo es la intensidad sostenida del fenómeno, no sus finalidades y sus justificaciones, ni siquiera los procedimientos: es cierto que en ocasiones anteriores no se había conseguido el mismo efecto, pero esto no se debe atribuir sólo a falta de empeño político de los reyes del pasado y de estímulo de sus súbditos —aunque así fuera—, sino también a carencias y límites en los instrumentos y recursos del poder y en los medios para hacer la guerra que sólo se superaron definitivamente a partir de 1480, cuando culmina el proceso de maduración institucional y adaptación entre sociedad y poder que acompaña al nacimiento del Estado monárquico moderno, y esto se comprueba fácilmente considerando a la vez lo tradicional de muchos de los procedimientos utilizados por los Reyes Católicos y la potencia y efectividad nuevas con que supieron manejarlos.

CAPÍTULO 4

LA CONQUISTA, 1482-1492

1. La guerra de Granada

Las condiciones en que se desarrolló la guerra de conquista tienen raíces y motivos profundos en el tiempo, y así lo hemos explicado en los capítulos anteriores, pero no se debe minusvalorar la importancia y singularidad del acontecimiento. Primero, por el enorme atractivo que conserva, tanto su estudio científico como su evocación literaria: «Hay períodos históricos —escribía hace cuatro decenios don Juan de Mata Carriazo y Arroquia— cuya vivencia no se ha cerrado todavía, que siguen como en fase constituyente y fluida, sin cristalizar en una estampa cerrada e impermeable. Actúan sobre nosotros, nos inquietan y nos atraen; sobre todo si ocultan la clave de su secreto.»

Es posible que haya pocas claves secretas todavía para entender la guerra de Granada, pero sigue siendo un suceso cuyo conocimiento interesa especialmente, del mismo modo que el antiguo reino nazarí generó una corriente de idealización de su historia, convertida a menudo en leyenda, que no ha cesado, según reconoció incluso uno de sus historiadores más prosaicos, el que suscribe: «un antiguo país, una tierra de variada y sorprendente humanidad, adornada con todo el vistoso ropaje que las generaciones pasadas crearon para ella, plena de una historia donde resuena el fragor épico de la lucha, rebosante de lirismo evocador en la estela que ha dejado, y de tragedia sombría en los momentos cruciales de su vida». La renovación, una y otra vez, del tema morisco granadino, desde el Romancero del siglo XV, pasando por el impacto de la revuelta y expulsión de los moriscos en 1569-1571 y por los usos literarios del Siglo de Oro, hasta las exaltaciones del Romanticismo y las manipulaciones más recientes han contribuido a que todos seamos presos de mundos imaginarios y fascinantes que dificultan acaso una aproximación más racional y explicativa a la realidad pasada pero, a la vez, hacen más atractivo su estudio.

1.1. CRONISTAS E HISTORIADORES DE LA GUERRA

Los diez años de la contienda llevaron a presentar la guerra de Granada como una especie de «Troya islámica» (Lafuente Alcántara), lo que no pasa de ser una ofrenda en el altar de la erudición humanista y de su imaginario heroico de raiz clásica pero, mucho antes, la actitud de los cronistas de la guerra, desde el lado de los vencedores, incorporaba otra carga ideológica de distinto signo, reivindicativa —reconquistadora— en la que creían y participaban todos sus contemporáneos: la conquista era recuperación, restauración, liquidación de un dominio político inicuo y, a la vez, combate santo contra enemigos de la fe católica y, en tercer lugar, el medio mejor para verter hacia el exterior y hacer fructífera la capacidad de violencia que, empleada dentro de Castilla, causaba el desorden y ruina del reino. Sin embargo, la riqueza de las explicaciones de los cronistas Hernando del Pulgar, Diego de Valera, Alfonso de Palencia o Andrés Bernáldez no se agota en esta postura ideológica, cuyo peso y aceptación general nunca se ha de olvidar; por el contrario son, además, descriptivas, detalladas, excelentes, como las que hallamos, del lado granadino, en Hernando de Baeza y en algún autor anónimo. Pulgar, incluso, escribió un *Tratado de los reyes de Granada* y su origen para ilustración de Isabel y Fernando. Y podemos completar los hechos con otros autores —la *Historia de los hechos de don Rodrigo Ponce de León*, Fernán Pérez del Pulgar, Antonio de Nebrija, Lorenzo Galíndez de Carvajal, Pedro Mártir de Anglería, Lucio Marineo Sículo, Alonso de Santa Cruz—, con el singular testimonio iconográfico de los relieves sobre la conquista tallados por Rodrigo Alemán en la sillería del coro bajo de la catedral de Toledo, cumpliendo el encargo del cardenal Pedro González de Mendoza, con el de viajeros casi contemporáneos como Jerónimo Münzer, e incluso con las prolijas estrofas de la *Consolatoria de Castilla* de Juan Barba.

Después, se han sucedido generaciones de historiadores de la guerra de Granada, que repiten, glosan y añaden a partir de los primeros relatos pero sin incorporar apenas nuevas fuentes de conocimiento hasta bien entrado el siglo XIX: Jerónimo Zurita, Luis del Mármol Carvajal, Ginés Pérez de Hita, Diego Hurtado de Mendoza, Francisco Henríquez de Jorquera, Francisco Fernández de Córdoba, abad de Rute, Francisco Bermúdez de Pedraza, Diego Ortiz de Zúñiga, entre los del Siglo de Oro. José Antonio Conde, Washington Irving y

William Prescott, entre los románticos del siglo XIX, y Víctor Balaguer y Cirera (*Las guerras de Granada*, Madrid, 1898) en su estela. Mucha mayor novedad tuvieron en aquel siglo las aportaciones de Antonio Benavides y las obras de Miguel y Emilio Lafuente Alcántara, dueños de gran capacidad crítica y amplios conocimientos eruditos.

El uso de nuevas fuentes documentales, conservadas en diversos archivos locales y nobiliarios, arranca de las obras de Francisco Guillén Robles (1880), Leopoldo Eguilaz y Yanguas, Joaquín Durán y Lerchundi, Ángel del Arco y Molinero, con ocasión del cuarto centenario de la toma de Granada, y, en especial, de las de Mariano Gaspar y Remiro y Miguel Garrido Atienza, en torno a 1910, y culmina en los años cuarenta a sesenta del siglo veinte con las publicaciones de Antonio de la Torre y del Cerro, gran conocedor del Archivo de la Corona de Aragón, y Juan de Mata Carriazo Arroquia, eminente editor de crónicas castellanas del siglo XV y de documentos de los archivos sevillanos, y minucioso historiador de la guerra.

A partir de entonces, la historiografía sobre Granada toma otro sesgo con el manejo masivo de documentos, especialmente del Archivo Real de Simancas, y con la consideración de la guerra de Granada y de la nueva organización del país tras la conquista en el contexto de la historia política y militar, social, económica y cultural de la tardía Edad Media castellana y europea. Porque la conquista de Granada fue un acontecimiento a través de cuya singularidad e importancia se manifestó buena parte del entramado institucional, de las relaciones sociales y estructuras económicas, y del mundo mental de Castilla a finales de la Edad Media. Más allá de su importancia como tema concreto, da ocasión para discernir las realidades profundas de una situación histórica y sus formas de funcionamiento y relación, a través de unos métodos de trabajo propios de la investigación histórica actual.

El esfuerzo bélico, sostenido durante diez años, manifestó la realidad de la mayor autoridad monárquica en el seno del naciente «Estado moderno». Las formas de organización del ejército, las de su abastecimiento y pago, enlazan con tradiciones medievales pero las potencian hasta un nivel antes desconocido. La masa de capitales puesta en movimiento por la Corona para realizar la empresa incide sobre el conjunto de la vida económica del reino en una medida difícil de calibrar. Las consecuencias sociales de la conquista son duraderas: decenas de miles de nuevos pobladores se añaden a los antiguos o los desplazan; la actual Andalucía toma forma definitiva. Sus efectos ideológicos también, en especial sobre la moderna concepción de España. La conquista de Granada fue, por todo ello, un suceso central y singularmente denso por su valor explicativo, dentro del conjunto de la historia hispánica, y se cuenta siempre como la parte más rica del legado que, conscientemente, quiso dejar la época de los Reyes Católicos a su posteridad.

1.2. LA COYUNTURA MEDITERRÁNEA EN 1480

En 1479, cuando falleció su padre Juan II, Fernando e Isabel accedieron al trono aragonés y se consumó el reajuste de relaciones exteriores que había comenzado a esbozarse desde 1475, mediante la armonización de las líneas de política exterior castellana y catalano-aragonesa, hasta entonces distintas y, a menudo, divergentes. El cambio principal fue el alejamiento de Castilla respecto a su tradicional alianza con Francia, aunque de hecho había concluido a la altura de 1464, y su incorporación a la actitud mucho más hostil, que había enfrentado ya a Juan II de Aragón con los reyes franceses en los ámbitos pirenaicos (Rosellón y Cerdaña. Navarra). En aquellas circunstancias, no fue difícil reafirmar la comunidad de intereses y buena relación tradicional de Castilla con los dominios de los duques de Borgoña y condes de Flandes, reanudar los contactos políticos y comerciales con Inglaterra, e incluso intervenir en el ducado de Bretaña para dificultar su plena integración en el reino de Francia. Respecto a Portugal, se había restablecido la buena vecindad y resuelto los conflictos en las rutas atlánticas, una vez concluida la guerra en que este reino había apoyado la pretensión al trono castellano de la princesa Juana, hija de Enrique IV.

Todos estos escenarios políticos atlánticos y pirenaicos pasaron a segundo plano, sin embargo, mientras duró la guerra de Granada. Los mediterráneos, en cambio, guardan una relación más estrecha con ella, porque la conquista del emirato, aun siendo asunto predominantemente castellano, se entendía también en relación con las grandes líneas de política mediterránea desarrolladas por los reyes aragoneses, sobre todo a partir de Alfonso V (1416-1458), y con la amenaza, que se sentía cada vez más próxima, de los turcos otomanos: «el peligro en el Mediterráneo se convierte en obsesión. Explica en parte la tenaz decisión empleada en la guerra de Granada, pues este reino cerraba las costas de la Península y era la válvula de seguridad para el estrecho de Gibraltar».[1]

1. L. Suárez Fernández, «La política internacional durante la guerra de Granada», en *Seis lecciones sobre la guerra de Granada*, Granada, 1982. También, *Los Reyes Católicos. El tiempo de la guerra de Granada*, Madrid, 1989.

Frente a los turcos, que habían atacado la isla de Rodas, defendida por la Orden Militar de San Juan, y llegando a desembarcar por algunas semanas en Otranto, al sur de Italia, en el verano de 1480, Fernando II despliega una actividad política compleja: apoyo a los caballeros sanjuanistas en Rodas y Malta, amistad con los *soldanes* egipcios, rivales de los turcos, y comercio con su puerto de Alejandría, negociaciones para tener al margen del conflicto granadino a los emiratos del Magreb o Berbería, lo que se consiguió plenamente, y, en especial, apoyo a su pariente el rey Ferrante de Nápoles y al mantenimiento de la paz entre los poderes italianos, con objeto de no verse obligado a distraer su atención del escenario granadino. Esto no siempre fue fácil, como se comprobó durante la llamada «crisis de Ferrara», entre 1482 y 1484, y, además, obligó a respetar la buena posición de que disfrutaban los mercaderes genoveses en Castilla, pese a que Génova y Barcelona mantenían una rivalidad tradicional.

La conquista de Granada, por lo tanto, además de ser empresa castellana largamente esperada, condicionó muchos aspectos de lo que hoy llamamos política internacional. Única réplica efectiva, aunque indirecta, a la expansión turca, señaló la voluntad de los Reyes Católicos para convertir a sus reinos en brazo armado de la cristiandad en el Mediterráneo. Por otra parte, con la conquista de Granada ganaba el aragonés Fernando la colaboración de Castilla a su propia política internacional, lo que era imprescindible, hasta el punto de que se aplazó toda acción importante mientras duró, pese a los puntos de rivalidad (Bretaña, Navarra, Rosellón, Nápoles) donde podía surgir la confrontación con Francia en cualquier momento. El rey mantuvo un compás de espera hasta que cayó Granada —aunque hubo momentos de especial tensión—, pero, a trueque de aplazar unos años la realización de otros proyectos, en circunstancias que entonces no se podían prever, logró el imprescindible y masivo apoyo castellano —financiero y militar— y consolidó la unión política y el diseño diplomático que los convertiría en realidad.

1.3. LAS FASES DE LA GUERRA

Antes de entrar en detalles sobre el curso de la guerra es conveniente presentar una visión de conjunto sobre su desarrollo. La conquista de Granada comenzó con un asalto por sorpresa, el de Alhama, y esto la condicionó mucho porque la guerra giró en torno a Alhama, a su mantenimiento y apoyo, entre 1482 y 1484, y para ello se asestaron golpes continuos sobre Loja y la zona occidental del emirato, cuyo centro era Ronda. En el invierno de 1484 a 1485 se produjeron hechos importantes que permitieron dar un nuevo curso a la guerra: fue, por una parte, la dedicación más continua de los reyes, que permanecieron en Andalucía largas temporadas, y, por otra, la agudización de la crisis política interior de Granada, que venía siendo un elemento a favor de los castellanos desde 1483 y alcanzó entonces posibilidades nuevas. En suma, la intensidad de la conquista militar, la asfixia económica del emirato y la favorable evolución del pacto con Muḥammad XI, Boabdil, han decidido la guerra entre 1485 y 1487, años cruciales y decisivos. Por último, entre 1488 y 1491, la guerra tomó un ritmo más lento y menos espectacular: dos años pasan hasta doblegar la resistencia de Muḥammad ibn Saʿd al-Zagal (el Valiente) en el este del emirato, y otros dos hasta resolver el revés que supuso la ruptura con Boabdil a comienzos de 1490 y conseguir, al fin, la entrega de la ciudad de Granada y la Alpujarra. Además, la excesiva duración y costo de las campañas de 1487 (Málaga) y 1489 (Baza, Guadix, Almería), redujo considerablemente las posibilidades de guerrear en 1488 y 1490, años ambos de escasa actividad bélica.

2. Entorno a Alhama: 1482-1484

La historiografía castellana ha marcado, con la toma por sorpresa de Zahara, el comienzo de la guerra, y no porque haya sido un incidente anormal en la frontera, está claro que no lo fue, sino porque proporcionó un incentivo inmediato para la realización de las ideas que estaban en la mente de los Reyes Católicos desde años atrás y que se disponían a poner en práctica después de concluir victoriosamente la guerra de sucesión al trono castellano, en 1479: *Si se puede dezir* —escribían al concejo de Sevilla el 12 de febrero de 1482— *que ovimos plazer desto que ha pasado, lo diremos porque nos dé ocasión para poner en obra muy prestamente lo que teníamos en pensamiento de hazer y por ventura por algún día se sobreseyera, pero, visto esto, Nos entendemos luego en dar forma como la guerra se haga a los moros por todas partes y de tal manera que esperamos en Dios que muy presto non solo se recobrará esta villa que se perdió, más se ganarán otras.*[2] Las mismas ideas se encuentran en otra carta real al marqués de Cádiz, don Rodrigo Ponce de León:

---

2. Archivo Municipal de Sevilla. Tumbo de los Reyes Católicos, II, f. 130.

El rey e la reyna. Marqués primo: vimos vuestra letra y en mucho serviçio vos tenemos el consejo y paresçer que nos enviastes para esto de la guerra de los moros, e mucho vos gradesçemos lo que para ello nos enbiastes a ofresçer, y tal confiança avemos tenido e tenemos de vos y asy ha paresçido en las cosas que fasta aquí se han ofresçido de nuestro serviçio. Y lo que nos escrivistes vimos a muy buen tiempo, porque Nos entenderemos luego para que, con el ayuda de Dios, se faga la guerra a los moros luego, segúnd conviniere, e vuestro paresçer aprovechará mucho en ello, y quando tengamos acordado lo que en ello se oviere de fazer, que será presto Dios queriendo, avremos por bien de nos servir de vos en ello, como de quien sabemos que nos podrá e sabrá en ello servir, y de quien tenemos mucha confiança para en las cosas de nuestro serviçio. Y asy esperamos de vos remunerar vuestros serviçios en merçedes y acresçentamiento vuestro, y porque sobre ello más largo fablamos a vuestro mensajero, datle entera fee e creencia.[3]

Cuando las cartas de los reyes llegaran a sus destinatarios ya habría salido, o estaría a punto de hacerlo, con el mayor secreto, la expedición encabezada por el Asistente Real en la ciudad, Diego de Merlo, y el marqués de Cádiz, cuyo objetivo fue la toma por sorpresa de Alhama, lo que se consiguió entre el 28 de febrero y el primero de marzo. Aquel golpe de audacia ponía en manos de los andaluces una ciudad en la que había al menos 4.000 habitantes, a sólo diez leguas —unos 55 km— de Granada, en el camino que unía a la capital del emirato con Málaga y Vélez Málaga a través del boquete o paso de Zafarraya. La importancia estratégica de la conquista era tal que provocó la respuesta inmediata de Abū'l-Ḥasan, que asedió la plaza en marzo, pero hubo de retirarse ante la llegada de refuerzos traídos por el duque de Medina Sidonia y el conde de Cabra, aunque volvió a intentar su asalto en abril.

Entre tanto, Fernando e Isabel habían llegado a Córdoba y, mientras se organizaba el difícil abastecimiento y guarnición de Alhama, se intentaba con medios insuficientes y mala organización el asedio de Loja, a finales de junio, porque su toma significaría el control al acceso principal a la Vega de Granada y el del otro camino que unía a la capital con Málaga, pero el cerco de Loja fracasó y los granadinos pudieron asediar de nuevo Alhama en julio, aunque infructuosamente.

3. Los reyes al marqués de Cádiz, Medina del Campo, 17 de febrero de 1482. Ed. M. A. Ladero Quesada, *Granada después de la conquista. Repobladores y mudéjares*, Granada, 1993, p. 369, doc. 6.

El resultado de las acciones del verano de 1482 favorecía a los cristianos, pese a todo, pero la guerra se había generalizado y era preciso atender tanto al sostenimiento de Alhama como a la buena organización militar de la frontera, donde el intercambio de hostilidades y los intentos para asaltar castillos fueron continuos durante el otoño e invierno siguientes.

La pérdida de Alhama minaba el prestigio de Abū'l-Ḥasan, que se había basado especialmente en la fuerza militar: además de sus desesperados intentos para recuperarla por las armas, parece que estuvo dispuesto a entregar Zahara, todos los cristianos cautivos que había en Granada y 30.000 doblas, si los Reyes Católicos se la devolvían, lo que da idea del gran valor que atribuía a la plaza, y de lo inseguro de su situación. En efecto, aprovechando las nuevas circunstancias, el bando de los abencerrajes intentó otro golpe político con éxito al liberar de su cautividad en la Alhambra a su hijo Muḥammad (XI), Boabdil, y proclamarlo emir. Boabdil entró poco después en Granada, mientras su padre y su tío Muḥammad el Zagal se refugiaban en Málaga. Así lo narra el cronista Andrés Bernáldez:

> Después que el rey moro Muley Hazén volvió de Alhama en Granada sin la tomar, luego fue gran división entre los moros, e alzaron por rey a Muley Baudili [...]. Y después que esto vido el rey viejo Muley Hacén, fuese a Málaga, con toda su casa e tesoros. E la mayor parte desde daño le vino al rey viejo por envidia que habían los caballeros de Granada por la gran privanza que con él tenía Abolcacín Venegas, alguacil de Granada, que mandaba a Granada e todo el reyno mucho mejor que el rey. Este alguacil era de linaje de christianos, de los Venegas de Córdoba, e su padre e abuelos fueron christianos, e él nació en tierra de moros e era muy gran servidor del rey.[4]

Aquella lucha intestina, sin embargo, no debilitó la que los granadinos mantenían contra sus enemigos, porque ambos bandos necesitaban afirmar su prestigio con victorias. En la primavera de 1483 las incursiones aumentaron: se ha hecho famosa la que llevaron a cabo en marzo el marqués de Cádiz y el maestre de Santiago con numerosos nobles y tropas de plazas fronterizas andaluzas —se estima que participaron 3.000 de a caballo y 1.000 peones— por su desastroso resultado, al ser atacados por las tropas de Abū'l-Ḥasan

---

4. Bernáldez, *Memorias...*, cap. LVI.

y muertos unos 800 y cautivos otros 1.500 de sus componentes, entre ellos muchos *hombres principales*, en la Ajarquía o *Lomas de Málaga*. Como de costumbre, se dio una interpretación moral y providencial del suceso:

> ... Este desbarato hicieron muy pocos moros, maravillosamente, e pareció que Nuestro Señor lo consintió, porque es cierto que la mayor parte de la gente iba con intención de robar e mercadear, más que no de servir a Dios, como fue probado e confesado por muchos de ellos mesmos, que no llevaban la intención que los buenos christianos han de llevar a la pelea e batalla de los infieles, que han de ir confesados e comulgados e fecho testamento, e con intención de pelear e vencer a los enemigos a favor de la santa fe cathólica. E ovo muy pocos que la tal intención llevasen, mas por la mayor parte iban todos puestos en codicia de haber por robo cosas e alhajas como las de Alhama, diciendo que muchos fueron ricos de Alhama, y otros muchos llevaron muchos dineros y encomiendas de sus amigos para comprar de las cabalgadas que habían de hacer esclavos y esclavas y ropas de seda, como si de hecho lo tuvieran. E pensavan, sin temor a Dios nuestro señor, executar el mal propósito que llevaban. E quiso [Dios], por castigar a los malos, que recibiesen pena los buenos. Que dijeron los christianos que fueron presos que puesto caso que había muchos moros en los cerros y de cada cabo, que todos los moros que ficieron el destrozo e daño que no fueron sino fasta quinientos peones e cinquenta de a caballo, e que todos los otros no llegaron fasta que estaba fecho el desbarato.[5]

Muy pocos días después, en la zona oriental de la frontera, los murcianos estuvieron a punto de conseguir la entrega de Almería, ofrecida por Yaḥyā al-Naŷŷar, pero la plaza tomó partido por Boabdil antes de que la operación tuviera efecto, y al-Naŷŷar hubo de refugiarse en la Alpujarra y secundar el bando de Abū'l-Ḥasan, con lo que se perdió, de momento, la posibilidad de jugar en la frontera murciana la carta de la capitulación pacífica, a la que ya habían sido proclives más de una vez los dirigentes granadinos de aquel sector.

Deseoso de emular a su padre y rival, Boabdil dirigió una cabalgada con 700 de a caballo y hasta 9.000 peones contra Lucena un mes después de lo de las Lomas de Málaga, pero fue sorprendido el 21 de abril de 1483, resultando muertos casi todos sus caballeros, derrotado y preso él mismo por el conde de Cabra y el Alcaide de los Donceles. Las posibilidades políticas que abría aquella captura eran gran-

5. Bernáldez, *Memorias...*, cap. LX.

des: Boabdil preso era una baza diplomática de importancia y Fernando el Católico comprendió que era mejor devolverle la libertad después de firmar con él y los suyos una tregua que le permitiera presentarse ante los granadinos como emir de la paz y del sosiego, de tal manera que la guerra se limitara a sostener Alhama y a hostigar a Abū'l-Ḥasan y sus partidarios. Con todo, antes de concretar aquella decisión, el rey dirigió una intensa tala en la Vega de Granada durante el mes de junio y tomó la torre de Tájara, a medio camino entre Loja y Alhama, a la vez que renovaba y abastecía a la guarnición de esta última plaza. Para ello reunió ya una hueste de dimensiones considerables:

> Como todas las gentes que el rey mandó llamar fueron juntas, partió de la villa de Almodóvar e poniendo sus reales llegó fasta un lugar que dicen el Carriçal e allí esperó el artyllería que yva en su hueste, asymismo todo el recuaje de los mantenimientos e otras cosas. E mandó fazer alarde de la gente que llebaua e falló que estauan juntos en aquel real fasta 10.000 onbres de cauallo a la gineta e la guisa e 20.000 onbres a pie, e otros 30.000 peones diputados solamente para talar. Allende desto, yvan en aquella hueste otra grand copia de gentes que tenían cargo de yr con las bestias que llevauan los mantenimientos para basteçer la hueste, e otrosy los que llevauan los bastimentos e cosas neçesarias para el proveymiento de la çibdad de Alhama. En esta hueste yvan con los mantenimientos e artillería fasta 80.000 bestias de recuaje.[6]

Sólo después, en julio, se firmó la tregua con Boabdil, desdeñando la posibilidad de hacerlo con su padre que, instalado de nuevo en Granada, también la ofrecía. La tregua fue por dos años e incluyó las cláusulas tradicionales, ya conocidas en otras: vasallaje del emir respecto a Fernando e Isabel, tributo o parias de 12.000 doblas de oro anuales, obligación de acudir a los llamamientos del rey con 700 *lanzas* de caballería y de auxiliarle en la guerra contra Abū'l-Ḥasan, liberación de 400 cautivos cristianos y de otros 60 cada año. El granadino aseguraba su cumplimiento dejando en rehenes a su propio hijo, a su hermano menor y a otros diez hijos de notables granadinos de su bando, a los que se alojó en el castillo de Porcuna. Así describe sus términos el rey en carta a su hemana la reina de Nápoles:

> *[Córdoba, 26 de agosto de 1483]* De la victoria hauida por el conde de Cabra y el Alcayde de los Donzeles del rey de Granada moço, somos bien cierto haueys tomado vos toda aquella alegría y más de la

6. Pulgar, *Crónica...*, cap. CXLVIII.

que screvir nos podríays. Avisando vuestra serenidad que, luego que el dicho rey fue entregado a nos, vinieron algunos ambaxadores moros, por parte de su madre y de los lugares de su parcialidat, para platicar del rescate del dicho rey; y, después de muchas particularidades, hauemos últimamente concluydo, concordado y capitulado con aquel que, por poner en diuisión y perdición aquel reyno de Granada, hauemos deliberado soltarle, desta manera: que él haya de star a nuestra obediencia y sea vasallo nuestro, a lo qual se es obligado; e ha de librar 400 christianos, aquellos que por nos le han seydo nombrados; y haya de hazer la guerra a su padre; y hanos de dar de tributo cada hun anyo, durante los dos anyos que de tregua la otorgamos, 12.000 doblas; y haya de continuar la dicha guerra por nos, juntamente con nuestra gente, y haya de venir a nos servir con 700 lanças quadequando por nos fuera llamado y a donde quiera, assi contra christianos como contra moros; e obligase cadanyo soltar 60 cativos christianos. Por seguridat de lo qual nos da en rehenas a su fijo y hermano, e 10 fijos de 10 hombres de los más principales de aquel reyno, las quales reenas speramos en día en día; venidas que sean, pondremos en libertad al dicho rey, porque todo esto cumple mucho al servicio de Dios y nuestro.[7]

La tregua era una maniobra hábil, con claros antecedentes en otras del siglo xv, y pretendía enfrentar a los partidarios granadinos de la paz —entre ellos gran parte de la población rural y algunos aristócratas— con la de los que apoyaban la guerra —alfaquíes y otros dirigentes religiosos, y posiblemente la mayoría de la aristocracia y de las poblaciones urbanas—. Pero se impusieron estos últimos: un dictamen o *fatwa* de los alfaquíes granadinos (17 de octubre) declaraba la legitimidad del gobierno de Abū'l-Ḥasan, y Boabdil no pudo volver a la ciudad de Granada sino que, apoyándose en la mayor voluntad «pacifista» del sector oriental del reino, entró en Vélez Blanco y Vélez Rubio y acabó asentando su corte en Guadix hasta 1485.

Mientras tanto, el otoño y el invierno de 1483 fueron pródigos en escaramuzas e intentonas fronterizas, de las que sólo mencionaremos dos de mayor importancia, ocurridas en septiembre y octubre respectivamente: primero, la llamada batalla de Utrera o de Lopera, donde una gran cabalgada granadina fue deshecha y, segundo, la recuperación de Zahara, hechos ambos protagonizados por el marqués de Cádiz. Así se celebró en la corte, que estaba entonces en Vitoria, la noticia de esta conquista:

---

7.   A. de la Torre, *Los Reyes Católicos y Granada*, Madrid, 1946, pp. 156-157.

[Los reyes] dixeron ante todos los grandes de su corte e muchas otras gentes que allí estaban: «¡Bendito sea Dios, que en nuestros tiempos alcanzamos ver y tener en nuestros reynos otro conde Fernán González!» Y mandaron luego, con acuerdo del cardenal [Mendoza], fazer una muy solemne procesión, en la que iba el cardenal e otros cuatro obispos vestidos de pontifical [...]. e junto con el cardenal e obispos iban los reyes, y en pos dellos los grandes de su corte e todos los otros grandes caballeros y gentes de la cibdad; e dixeron su misa muy solemne, con canto de órgano y órganos; e ovo un notable sermón de un religioso de San Francisco, maestro en santa teología, el qual dixo cosas maravillosas ensalzando la santa fe católica y loando mucho al noble caballero marqués de Cádiz don Rodrigo Ponce de León, por las grandes victorias que Dios le daba.[8]

Pero las grandes cuestiones en torno a la guerra no se decidían en la frontera sino en las altas esferas políticas de la corte. Fernando pensaba que Alhama, la tregua y Boabdil vasallo eran muestras suficientes de su interés en la empresa granadina y una fuente de prestigio tan grande como la que había obtenido su abuelo y homónimo en 1410 al conquistar Antequera y, también como él, se dispuso a ocuparse de cuestiones relativas a la Corona de Aragón, en especial al proyecto de recuperación de Rosellón y Cerdaña, posible tras la muerte de Luis XI de Francia, para lo que comenzó por reunir las Cortes —son las aragonesas de Tarazona, febrero-marzo de 1484—, pero en aquel punto tropezó con el veto de su mujer, Isabel, reina *propietaria* de Castilla, cuya opinión era que la guerra tenía que ser llevada hasta el final con toda la potencia posible, de modo que se evitaran nuevos aplazamientos indefinidos. Fernando acabó por ceder, al no contar con respaldo suficiente de sus dominios catalano-aragoneses y, sobre todo, porque sabía que sin el apoyo castellano sus proyectos eran irrealizables, y viajó a Córdoba en mayo, donde se reunió con Isabel para preparar la campaña principal del año.

Antes, siguiendo instrucciones regias, el maestre de Santiago y el marqués de Cádiz habían llevado a cabo, a finales de abril y comienzos de mayo de 1484, una profunda incursión y tala en las tierras próximas a Málaga —Almojía, Álora, Cártama, Churriana, Alhaurín, Coín—, incluso con apoyo naval: era, en cierto modo, el desquite por la derrota de la Ajarquía y la demostración de que una hueste de aquel tipo, en campo abierto y bien dirigida, era imbati-

---

8. *Historia de los hechos de don Rodrigo Ponce de León, marqués de Cádiz*, cap. XXIII (Co.Do.In., vol. 106).

ble, pero el fin de la guerra había de ser la conquista sistemática de los puntos fortificados y esto exigía perseverancia y medios mayores, porque, de lo contrario, los granadinos siempre podrían reponer los daños después de haber comprado la paz. Así lo demostraba la experiencia después de dos siglos y medio de talas, cabalgadas y asaltos a castillos fronteros: los granadinos casi nunca habían presentado batalla en campo abierto y habían perdido pocas plazas importantes, mientras que su estrategia y la disposición de su sistema defensivo les permitía siempre mantener el equilibrio en cualquier otro tipo de guerra. Pero Castilla, opinaría seguramente la reina, no había padecido otra guerra civil más para que sus dirigentes volvieran a considerar que la guerra de Granada era una diversión prestigiosa: la fuerza política y los recursos de la monarquía eran mayores y convenía robustecerlos aún más; los medios militares de ataque habían aumentado y, además, con los turcos hostigando en Nápoles, la presencia política y militar del Islam en España era cada vez más peligrosa y podía fortalecerse a poco que las circunstancias cambiaran.

Y así fue como la situación de guerra se consolidó aunque en 1484 se mantuviera todavía en los términos y dimensiones de los dos años anteriores. El rey dirigió una campaña en junio y primera mitad de julio durante la que se tomó Álora, se abasteció Alhama, que seguía precisando aprovisionamientos trimestrales para mantenerse, y se taló la Vega una vez más. El testimonio escrito de estas operaciones nos da ocasión para conocer, de primera mano, diversos aspectos característicos de aquellas guerras:

1. **Las ceremonias de toma de posesión, tras la toma de una plaza**

> Tenían [los reyes] esta costunbre, que en tomando alguna ciudad o lugar, luego mandaban a sus alféreces que subiesen a la fortaleza, o en algún lugar alto, y que primeramente levantasen la señal de la Cruz, insignia de nuestra salud, y en levantándola, como todos la mirasen, luego se hincaban de rodillas y la adoraban, dando gracias a Nuestro Señor, y los sacerdotes cantaban el cántico Te Deum laudamus. Y el segundo pendón y seña que levantaban era del señor Santiago apóstol, a quien España tiene por su patrón y guiador; y como le veían, invocaban y llamaban su nombre. La tercera seña era el pendón real, pintado con sus armas reales, al cual estando mirando todo el ejército, a muy grandes voces decía: «¡Castilla, Castilla!» Y levantados todos estos pendones, luego un obispo iba a la mezquita, donde los moros se ayuntaban a sus ritos, según su secta mahomética, que significa congregación y ayuntamiento, y entrando den-

tro, la bendecía y consagraba, y dedicaba a nuestra fe y religión christiana.[9]

2. Las ceremonias en Álora

E luego fueron puestas sobre las torres de la villa vanderas del rey e de la reyna e el pendón de la cruzada [...]. E como la villa fue desenbargada, el rey entró en ella con una solepne proçesión e fue a la mezquita prinçipal e fundó en ella una iglesia que, por ynterçesyón de la reyna, fue yntitulada Santa María de la Encarnaçión.[10]

Durante la pausa estival de las hostilidades, muy conveniente a causa del calor y para que los andaluces llevaran a cabo lo principal de sus trabajos agrícolas, la corte residió en Córdoba, donde los reyes recibieron una embajada de Boabdil, que aseguraba su condición de vasallo, y tomaron disposiciones para aumentar la capacidad de la flota que vigilaba las costas granadinas, debido al aumento del tráfico clandestino de combatientes y pertrechos norteafricanos que se efectuaba, en ocasiones, utilizando barcos genoveses y venecianos.

Probablemente, por entonces los reyes decidieron pasar el invierno en Andalucía, después de llevar a cabo nuevas acciones antes de que el verano terminara. El resultado fue la toma de Setenil, a sólo diez kilómetros de Ronda, en el mes de septiembre. En los asedios de Álora y Setenil intervino ya activamente la artillería, lo que contribuyó a abreviar las negociaciones de capitulación, que permitieron la libre salida de los sitiados con sus bienes muebles, 200 vecinos en el caso de Setenil: la combinación de ambos aspectos —bombardeo y capitulación benévola— daría buenos resultados en otros muchos casos. De momento, la caída de ambas plazas dejaba a Ronda en situación muy difícil, casi aislada del resto del emirato: Fernando recorrió sus alrededores a finales de septiembre, antes de enviar la artillería a Écija y de volver él mismo a Sevilla, donde invernó la corte. Aquel invierno sevillano de los monarcas iba a ser fructífero porque en su transcurso se fueron enlazando los hechos que provocaron el derrumbamiento de todo el oeste del reino de Granada, cuya cabeza era Ronda.

9.   L. Marineo Sículo, *Sumario de la clarísima vida y heroicos hechos de los Católicos Reyes don Fernando y doña Isabel*, Toledo, 1546. Versión latina en *Opus de rebus Hispaniae memorabilibus*, 1531, fol. CXVI rº y vº.

10.   Pulgar, *Crónica...*, cap. CLX.

3. De Ronda a Málaga: 1485-1487

Hasta 1484, la guerra había consistido en la defensa de Alhama, en la continua fricción fronteriza y en el hostigamiento y tala de la Vega granadina y de los campos próximos a Málaga. Desde 1485 se transforma en una larga serie de asedios llevados a cabo con tenacidad, gracias a ejércitos y medios de combate mucho mayores y a costa de extraordinarios gastos y esfuerzos económicos. La negociación diplomática continuó siempre, pero en segundo plano, porque en ella no podía basarse ninguna previsión sólida de futuro y porque no era el medio principal para consumar la conquista, sobre todo si no tenía el respaldo de los éxitos militares. Además, a comienzos de 1485 pareció que se venía abajo el fruto de la tregua de 1483 cuando Boabdil, que había llegado a entrar en Almería, fue expulsado del emirato por su tío el Zagal y hubo de huir a Castilla. Desde aquel momento, el Zagal ejerció el poder, primero a nombre de su hermano el emir, pero desde junio en el suyo propio, cuando los partidarios de la resistencia armada le proclamaron visir. Abū'l-Ḥasan murió poco después.

Las campañas del trienio 1485-1487 fueron el golpe de gracia para la Granada nazarí. Se observa en ellas la cohesión fruto de un plan previo que había fijado tres objetivos: Ronda y su serranía, porque eran el foco más activo de guerra fronteriza; Málaga y su costa, por ser el corazón económico del país; la Vega de Granada, en tercer lugar, porque sin ella la capital estaba casi inerme y desabastecida.

En la consecución de aquellos objetivos no se siguió un orden rígido. Así, la campaña de 1485 comenzó con base en Córdoba y los prados de Antequera, a mediados de abril, y la hueste castellana se dirigió contra Benamaquiz, Coín y Cártama, que cayeron antes de que el mes terminara, y con ellas otros lugares próximos a Málaga (Campanillas, Churriana), pero el Zagal había tenido tiempo para poner a la ciudad en buen estado de defensa. Ante esta dificultad, y teniendo en cuenta ciertos ofrecimientos secretos para la entrega de Ronda que había recibido el marqués de Cádiz, el rey varió sus planes y retrocedió hasta Antequera pero sin manifestar su propósito, de modo que el Zagal continuó con sus fuerzas concentradas en Málaga y dispuesto a rechazar un golpe contra Loja. Así relata el cronista Diego de Valera el aviso que recibió el marqués:

> Este çerco sobre Ronda se puso porque el marqués [de Cádiz] fue çertificado por un moro de los de aquella cibdad, llamado Yuze el Xarife, que daría horden por lo servir que el rey la oviese, siendo él

çierto que el rey e la reyna le harían merced. Para lo qual el moro escribió al marqués faziéndole saber que la cibdad estava muy despoblada e no avía en ella más que 700 vecinos, en que podría aver hasta 1.200 honbres de pelea, e que él daría orden para que los moros saliesen de la cibdad. E así lo fizo, echando fama que el rey yva a otra parte; e asy era bien que el rey lo pusiese por obra, e que luego los mançebos de guerra saldrían por fazer cavalgadas. E venida la gente en este medio tiempo a çercar la cibdad, tomarla yan sin gente, e apretándose por todas partes e tomándoles la mina del agua, la qual este moro mostró al mensajero que esta carta al marqués llevó, la cibdad no se podía defender veynte días. E dezía más este moro en su carta, que podría mucho fazer en la cibdad porque era uno de los más prinçipales, así en linaje como en hedad e fazienda. E a causa de esta carta, la qual el marqués mostró al rey antes que de Sevilla partiese, se tovo la forma que dicha es.[11]

Así, el ejército de Fernando se dirigió rápidamente hacia Ronda. El asedio comenzó el 8 de mayo de 1485. El 17 se bombardeó el arrabal y al día siguiente fue tomado al asalto. El 20 se cortó el suministro de agua a la ciudad, que se rindió dos días después sin más combate para conseguir una capitulación favorable. Con ella se entregaron todos los lugares de su Serranía, y poco después, el 15 de junio, Marbella. Así, cuando regresaron a Córdoba, los reyes pudieron hacer balance de una situación nueva porque, por primera vez, habían conseguido la conquista de una parte considerable del emirato: la frontera avanzaba de golpe más de cien kilómetros, hasta las cercanías de Málaga, y se incorporaba un territorio poblado por musulmanes que era preciso reorganizar, controlar militarmente y, al menos en los núcleos principales, poblar con cristianos hasta asegurar su dominio por completo.

Como en 1484, se proyectó una segunda campaña en septiembre, cuyo objetivo sería Moclín, uno de los castillos que defendían la Vega, a medio camino entre Alcalá la Real y Granada, clave para el control del paso de Puerto Lope, en la ruta más directa a las proximidades de la capital del emirato. Pero la vanguardia cristiana, que mandaba el conde de Cabra, fue deshecha por el Zagal, cerca ya de Moclín, y tuvo más de mil bajas, de modo que el rey prefirió modificar el curso de la expedición y consiguió la toma de dos castillos próximos a Jaén, Cambil y Alhabar, después de someterlos a un intenso bombardeo artillero: al menos, se libraba a los giennenses

---

11. Valera, *Crónica...*, cap. LX, p. 189.

de aquella vecindad fronteriza, que había sido su pesadilla durante mucho tiempo, pero la invasión de la Vega granadina se posponía. La actividad bélica no había impedido buscar en todo momento coyunturas diplomáticas más favorables: Boabdil volvió al este del emirato en septiembre de 1485, apoyado por Castilla, que mantenía la tregua de 1483 con él y sus seguidores, y poco a poco fue extendiendo su dominio, gracias a la circunstancia de no ser su tío el Zagal un emir reconocido por todos. En marzo de 1486, el arrabal granadino del Albaicín se alzó a su favor y comenzó una violenta lucha callejera en la propia capital del emirato que no cesó hasta la segunda mitad de mayo, cuando ambos bandos entendieron que era indispensable unirse para detener el avance castellano. Así relata aquellos sucesos un anónimo musulmán:

> Algunos demonios en forma de hombres dedicábanse a animar a la gente, pintándoles con bellos colores la ventaja de este proceder e interesándoles en tener paz con los christianos. Resultado de esta propaganda fue que se sumase a este parecer un partido de gentes del arrabal del Albaicín, que es uno de los barrios de Granada. La mayor parte de los habitantes de dicho barrio llegaron por fin a aceptar este punto de vista, por el deseo que tenían de paz, como eran gentes ganaderas y campesinas; aceptaron, pues, la obediencia del emir Mohammed ben Alí [Boabdil]. Eso bastó para que quedase encendida la guerra civil entre los del Albaicín, de una parte, y los de Granada y su emir Mohammed ben Saad [el Zagal], por otra. Empeñáronse entre ambos bandos luchas y combates, llegando los de Granada a plantar en batería cañones y hasta a arrojar lluvias de piedras contra los del Albaicín, desde las murallas de la alcazaba vieja; además, les disparaban con catapultas. Combatían y se defendían los del Albaicín, esperando la llegada hasta ellos del emir Mohammed ben Alí quien, por su parte, les enviaba recado desde el Axarquía [el este del emirato] prometiéndoles su llegada.[12]

Boabdil reconoció a su tío la condición de emir, a cambio de conservar su propio dominio en la zona oriental del país (Guadix, Baza, los dos Vélez, Vera), y se puso al frente de la defensa de Loja. Es posible que, de esta manera, los musulmanes intentaran conservar la plaza aprovechando la existencia del pacto entre Boabdil y Castilla, pero Fernando e Isabel consideraban caducado todo acuerdo desde el momento en que Boabdil se había aliado con su tío por-

---

12. Anónimo, *Fragmento de la época sobre las noticias de los Reyes Nazaritas*, Larache, ed. Alfredo Bustani, 1940, pp. 19-20.

que, si le apoyaban, era para que le combatiera y pusiera en evidencia la condición ilegal de su mando.

Así, los preparativos de conquista no se detuvieron: Loja y las restantes fortalezas de la Vega son el objetivo para 1486, año en el que caen todas ellas, con lo que la capital del emirato ve paralizadas sus actividades, la Vega queda inservible para cualquier labor agrícola sin el consentimiento de los castellanos y los principales caminos hacia Málaga cortados. Además, después de aquellas conquistas, la lucha fronteriza, ya muy disminuida con la caída de Ronda, cesa casi por completo porque los granadinos carecen de bases de partida para llevarla a cabo.

La hueste castellana se concentró en Córdoba, la artillería se puso a punto en Écija a lo largo de abril de 1486 y la campaña se inició a mediados del mes siguiente, justo cuando los bandos granadinos llegaban a un acuerdo, de modo que Fernando se enteró de que Boabdil defendía Loja, *mirando poco a lo que tenía asentado* e *sin me dar razón ninguna*, según leemos en una carta del rey. Primero se cortó el camino entre Granada y Loja, tras librar un fuerte combate en la llamada *cuesta de Alboaçen* y después se aisló la plaza con una línea de fosos y *estancias* fortificadas porque se temía un ataque procedente del exterior y toda precaución parecía poca después de la amarga experiencia sufrida en 1482. Luego, la secuencia de acontecimientos fue rápida, aunque sangrienta: asalto a los arrabales el lunes 22 de mayo, bombardeos de la muralla y la ciudad ese día y, de nuevo, el 28. Al día siguiente, Loja capituló y sus habitantes pudieron salir libres de ella llevando sus bienes muebles, pero Boabdil quedó cautivo por segunda vez.

Continuando nuestra sancta enpresa —*escribe el rey al concejo de Sevilla*— contra los moros deste reyno de Granada, enemigos de nuestra sancta fee católica, acordé de venir sobre esta cibdad de Loxa con muy grand exérçito e artellería. Donde supe estaua dentro el rey de Granada moço, que mi vasallo se fizo e conmigo se conçertó, e con la gente suya e con la que de Granada levó del otro rey, e con los naturales della, serían 500 lanças e 3.000 peones, con yntinción de la defender, mirando poco a lo que conmigo tenía asentado e sin me dar razón alguna. Y llegando aquí, asenté mi real, sábado 21 del presente, e luego el lunes siguiente mandé dar conbate a los arrabales de la dicha çibdad, los quales con el ayuda de Nuestro Señor se tomaron, a donde murieron más de 200 moros de los más prinçipales dellos. Y puestas mis estançias dentro en los dichos arrabales, mandé asentar mi artillería, la qual ayer domingo, a ora de misas, començó de tirar. Y tiró de tal manera que la dicha çibdad y los que dentro estauan reçibieron muy grand daño y esperauan reçibir mucho mayor sino que el dicho día, a la noche, me enbió suplicar el dicho rey que dentro estaua reçibiese a él e a la dicha çibdad a partido. E yo, visto la çibdad ser tan fuerte y de las más prinçipales de todo el reyno, puerto y guarda y llaue de aquél, que otra tan prinçipal no les queda saluo la misma çibdad de Granada, e de donde muy grand daño los christianos auían reçeuido e reçebían continuamente, e porque por conbate no se podía tomar sin grand daño e perdimiento de personas [lo aceptó y], oy lunes 29 del presente, con el ayuda de Nuestro Señor, se me entregó la çibdad libre e desenbargadamente.[13]

Antes de considerar las nuevas circunstancias diplomáticas que este hecho provocó, es necesario proseguir la narración de la campaña. La caída de Loja abría la puerta principal de entrada en la Vega y hacía previsible la de sus restantes fortalezas si la ciudad de Granada no las auxiliaba, como así fue: a lo largo del mes de junio capitularon Íllora, Moclín, Colomera y Montefrío. Parece que sólo fue preciso utilizar la artillería masivamente contra las dos primeras plazas y, además, en el asedio de Moclín se dio la particularidad de que los sitiados emplearon artillería ligera para intentar defenderse: fue precisamente la explosión de su polvorín lo que les obligó a rendirse. Así, en menos de un mes habían caído fortalezas de las cuales, como escribe un cronista, *en otro tiempo la menor era bastante para tenerse un año e no poderse tomar sino por hambre.* Sus habitantes emigraron casi todos a la ciudad de Granada, para hacer aún más angustiosa su situación, y los reyes, por su parte, situaron fuertes guarniciones en ellas, destinadas tanto a su defensa como al control de la Vega. Pero los gastos habían sido tantos, y la dificultad de aprovisionamiento llegaba a tal extremo que la campaña militar hubo de cesar en aquel momento.

Antes, la reina había acudido en persona, para participar en las alegrías de la victoria y conocer directamente los esfuerzos y padecimientos de la guerra:

E como la reyna doña Isabel, estando en la cibdad de Córdoba, supiese que la cibdad de Loja e la villa de Illora eran ganadas, con el gran gozo e alegría que su alteza tenía, envió pedir por merced al rey que las quería venir a ver y le plugiese enviarle al marqués de Cádiz con gente para que la llevase seguramente [...]. E de allí, e Archidona [el marqués] pasó con su gente, sus batallas bien ordenadas, deste cabo de la Peña de los Enamorados, a rescebir a la reyna [...]. E como el marqués llegó a la reyna y le fizo reverencia y aquel acatamiento

13. Archivo Municipal de Sevilla, Tumbo Reyes Católicos, doc. 917.

que debía y era obligado, le besó las manos, e la reyna ovo mucho placer en lo ver, e díxole: «No parece, marqués, sino que los campos por donde venís vienen llenos de alegría. Merescimiento tenéis de grande honrra y el rey mi señor y yo vos faremos grandes mercedes». [...] E fueron su camino fasta la fuente de Archidona do estaban las tiendas del marqués, el cual le fizo allí muy grandes fiestas, e donde la reyna comió. Tenía una muy rica mesa, e puesto a las espaldas un paño muy rico de brocado e otro por cielo, e su aparador muy compuesto, con una muy rica vaxilla de plata blanca e ciertas piezas tanto doradas que parescían todas de oro, mucho pan blanco muy esmerado, e muy finos vinos, muchas frutas, aves e otras carnes, e muchas otras cosas de miel e de azúcar fechas de diversas maneras, según el tiempo; conservas e aguas muy odoríferas que la marquesa le avía enviado. E fue todo tan conplida e abastadamente, que la reyna e infanta, e las damas e caballeros y todas sus gentes fueron muy alegres y contentas de tan rico rescibimiento.

E luego esa tarde la reyna se partió para Loja, e llegada a la ciudad, lo primero fue a ver la iglesia mayor, e de allí fue a ver la fortaleza, porque el marqués le mostraba y daba tan buena razón de todo como quien lo sabía muy principalmente que otro ninguno. E su alteza daba muchas gracias a Dios, y estaba maravillada cómo en tan pocos días se había tomado aquella cibdad tan fuerte y tan populosa. E otro día de mañana, después de haber oído misa, la reyna se partió [...] la vía de Illora. E llegando a una legua de ella, el rey salió a la rescebir con muchos caballeros y gentes de su hueste, donde sabréis por cierto que fue el más honrrado y más rico rescibimiento que hombres pudieron ver, de tantos gozos y alegrías que todos facían. Y eran tantas las trompetas, sacabuches y cheremías, tamboriles e atambores e atabales, que parescía que el mundo se quería hundir.[14]

Ahora es preciso saber qué había ocurrido con el tratado de 1483 después de la nueva prisión de Boabdil. Cuando los reyes supieron que estaba en Loja, consideraron rota la tregua y el vasallaje que Boabdil había prestado, pero al caer la plaza accedieron a renovar ambos en términos mucho más favorables para ellos: Boabdil prestó otra vez su vasallaje y obtuvo la promesa de ser nombrado duque o conde de las zonas de Guadix, Baza, los dos Vélez, Vera y Mojácar si conseguía recuperarlas en un plazo de ocho meses. Podemos suponer, por lo tanto, que Boabdil —cuya renuncia al emirato a favor de el Zagal había ocurrido poco antes— se conformaba con consolidar su nueva situación teniendo aquellas tierras como gran noble vasallo de los reyes de Castilla, que, en lo

14. *Historia de los hechos... marqués de Cádiz*, cap. XXXV.

sucesivo, lucharían contra el Zagal y se limitarían a conquistar las plazas y tierras que le reconocían como emir. He aquí los términos del nuevo pacto, tal como los relata el rey Fernando al concejo de Úbeda:

Sabed que agora, al tiempo que Muley Abdali, rey de Granada, me dio y entregó e fizo dar y entregar la cibdad de Loxa e su alcazaba, a suplicación del dicho rey de Granada e porque el dicho rey me ratificó e aprobó e a mayor abundamiento me otorgó de nuevo aquella ovediencia de lealtad e fidelidad que me había dado e otorgado como bueno e leal vasallo, yo mandé asentar e asenté con él que si dentro de ocho meses primeros siguientes, que comenzaron a 29 días de mayo de este año presente, las cibdades de Guadix e Baza, e la cibdad de Vera, e Vélez el Blanco y Vélez el Rubio y Moxacar y sus tierras, y las otras çibdades e villas e lugares que agora están por él, se le diesen e entregasen lealmente y con efecto, que yo y la serenísima reina, mi muy cara y muy amada muger, le haremos merced por juro de heredad para siempre jamás de todo ello, con el título de duque o conde, no seyendo las dichas cibdades y villas e lugares puertos ni playas de mar. E que non consentiremos ni daremos lugar a que por nuestras gentes le sea fecha guerra ni mal ni daño en sus gentes ni en las dichas cibdades y villas e logares que así se le diesen y entregasen dentro del dicho término, segund dicho es, sirviéndonos el rey como bueno e leal vasallo y non consintiendo ni dando logar que desde las dichas cibdades e villas e logares se diese favor e ayuda a los moros del reino de Granada, ni faciendo ni consintiendo facer guerra en mis reinos e señoríos, segund que más largamente en el asiento y capitulación que con el dicho rey mandé hacer es contenido.[15]

Los sucesos de los meses siguientes desbordaron aquellas previsiones a favor de Boabdil, pues tuvo una fortuna inesperada, fruto de las tensiones internas que vivía la sociedad granadina: es cierto que no pudo entrar en Baza, Guadix y Almería —que siguieron fieles a el Zagal—, pero en septiembre de 1486 volvió al Albaicín y resistió todos los intentos de su tío para desalojarle, contando con la ayuda de los pobladores del arrabal y de los alcaides castellanos de las fortalezas de la Vega, en especial Gonzalo Fernández de Córdoba, Martín de Alarcón y Fernán Álvarez, que acudieron en su ayuda con espingarderos, ballesteros, víveres y pertrechos, de modo que durante los primeros meses de 1487 la guerra se trasladó a las mismas calles del arrabal mientras los reyes, en febrero, reconocían de

15.   El rey Fernando al concejo de Úbeda, en Loja, 30 de mayo de 1486. Ed. J. Durán y Lerchundi, *La toma de Granada*, Madrid, 1893, I, p. 72, y M. Garrido Atienza, *Las Capitulaciones para la entrega de Granada*, Granada, 1910, doc. V.

nuevo a Boabdil como emir y le otorgaban tregua por tres años y la posibilidad, a sus seguidores, de mantener comercio de aprovisionamiento a través de Loja y otros pasos o puertos de la Vega. Las luchas en el Albaicín fueron violentas, y así lo testimonia Hernando de Baeza que, a buen seguro, presenció aquellos sucesos porque estaba al servicio de Boabdil:

> Estando ansí en la cibdad de Granada el rey, y su sobrino en las villas de los Veles, carteóse [Boabdil] con ciertos caualleros del Aluaizín, los quales le prometieron de le obedescer y leuantar por su rey y señor. Y él, sabido esto, con mucho esfuerço y osadía, con solos doze de cauallo y casi otros tantos de pie, osó atrauesar de noche, con almogáuares que le traían, desde las villas de los Vélez hasta la cibdad de Granada, que son más de veinte leguas, y venir hasta media legua del Aluaicín, a donde tenía el concierto... Luego que entró [en el Albaicín], le metieron en una casa a donde ya avía mucha gente armada. Esta gente, y la que con el rey venía, comenzaron a dezir en alta voz: «¡Dios todopoderoso ensalce el estado del rey Muley Baudeli, hijo de Muley Abulhazén, señor nuestro!» Luego llegaron otros, uno en pos de otro, y besáronle la mano y el pie, y dexáronle ansí con diez o doze caualleros que le acompañasen, y todos los otros salen por el Aluaicín, apellidándolo todo y haziendo saber al pueblo como su rey natural está dentro con ellos. Luego pusieron mucho recaudo, cerrando las puertas que estauan entre el Aluaicín y la cibdad, arrimando a las puertas de madera piedra y tierra y muchos maderos, para que los de la ciudad no pudiesen pasar a ellos. Así estuvo el rey en el Aluaicín, peleando con el rey su tío que estaua en la cibdad, por espacio de un año, poco más o menos [...] hasta tanto que el rey católico don Fernando salió muy poderosamente y asentó su real sobre la cibdad de Vélez Málaga.[16]

Aunque aquello modificaba el pacto establecido meses atrás, era mucho más interesante que Boabdil, emir de nuevo, llegara a hacerse con el control de Granada y, además, el cambio de situación tuvo por efecto inmediato lograr que los mercaderes de Málaga, dirigidos por el *ḥāŷib* o ministro principal de Boabdil, Yūsuf ibn Kumāša, se hicieran con el poder en la ciudad y se declararan partidarios suyos, en un postrer y desesperado intento para evitar el ataque de los castellanos a la plaza. Mientras tanto, los Reyes Católicos iniciaban las operaciones militares en los primeros días de abril de 1487, con Vélez Málaga como primer objetivo. Fiado en la

---

16.   Hernando de Baeza, *Las cosas que pasaron entre los reyes de Granada...*, Madrid, 1868, pp. 34-35 y 37.

actitud pacífica de los malagueños, que ayudaban incluso al abastecimiento del ejército castellano por vía marítima, Fernando asentó el real fortificado entre la ciudad y la sierra para cortar la comunicación con Granada, y comenzó a combatir los arrabales mientras esperaba la llegada de la artillería, procedente de Écija, que debía superar enormes dificultades para atravesar sierras y pasos escabrosos.

La situación de el Zagal en la Alhambra era muy apurada. Contaba con la fidelidad de los jefes militares de Guadix, Baza, Salobreña, Almuñécar y Almería, y con la guarnición de *gomeres* norteafricanos al mando de Ḥamet el Zegrí instalados en la fortaleza de Gibralfaro, junto a Málaga. Consiguió, además, que su sobrino prometiera no actuar mientras él intentaba derrotar a los castellanos que asediaban Vélez y marchó sobre esta ciudad, precisamente cuando buena parte de la artillería estaba a punto de llegar, pero sus intentos de los días 22 a 26 de mayo fracasaron, de modo que hubo de retirarse —la inferioridad de sus fuerzas era manifiesta— y la plaza capituló el 27, su alcaide entregó a los cautivos cristianos y los habitantes musulmanes de Vélez la abandonaron libremente, con sus bienes muebles, el 3 de mayo.

Los acontecimientos de los días siguientes hacían pensar que la campaña tocaba a su fin. El Zagal no se atrevió a volver a Granada y marchó a Almería, y así Boabdil pudo fácilmente hacerse con el control de la ciudad y la Alhambra a finales de abril y proponer inmediatamente a los Reyes Católicos un acuerdo que consolidaba el de 1486, pero teniendo en cuenta las nuevas circunstancias. Los principales puntos del nuevo pacto son los siguientes: Boabdil entregaría Granada y sus fortalezas cuando fuera posible a cambio del señorío con título nobiliario de Guadix, el Cenete, Baza y su Hoya, los dos Vélez, Mojácar, Vera, Val de Purchena, los lugares del Río de Almanzora y los distritos o *taas* de Ugíjar y Márjena, en la Alpujarra, excepto lugares costeros, más otras cinco *taas* para diversos colaboradores del emir, con respeto a las propiedades que éstos tuvieran en Granada, donde podrían residir. A los vecinos del Albaicín se les concedería, además, franqueza fiscal por diez años, pero el resto de los habitantes de Granada debería abandonar la ciudad. Se abría un plazo de seis meses para que otros lugares del emirato se adhirieran al pacto y ambas partes se comprometían a luchar contra el Zagal para que lo acordado se pudiera llevar a la práctica. Mientras tanto, Boabdil seguía siendo, para los Reyes Católicos, *el rey de Granada, nuestro vasallo*. El tratado de 1487 venía a aclarar una situación antes algo confusa, iniciada un año atrás, en la que sobresalen como rasgos permanentes la voluntad castellana de dominar políticamente todo el emirato y luchar contra el Zagal, y el deseo de Boabdil de obtener un extenso señorío para sí mismo, como gran noble castellano, a trueque de un título de emir al que renunciaba sin resistencia.

El tercer pacto de los Reyes Católicos con Boabdil. Mayo de 1487

Yten, es asentado e concordado que auiendo entregado el dicho rey de Granada a Sus Altesas, o a sus gentes por su mandado, la dicha cibdad de Granada e el Alhambra e el Albaysín e el alcaçaua e otras fuerças que el dicho rey de Granada touiere en la dicha cibdad [...] que Sus Altesas sean obligados de faser merced [...] al dicho rey de la cibdad de Guadix con el Cenete, de la cibdad de Baça con su hoya, e Vera, e Veles el Blanco e Veles el Rubio e Muxácar e el val de Purchena, e Guaydi Almançar [Río de Almanzora] e sus tierras, non seyendo las dichas cibdades e villas e lugares puertos ni playas de mar. E le entreguen la posesión dello en esta manera: luego que él ouiere fecho la entrega de Granada, los lugares e villas e fortalezas que Sus Altesas touieren en su poder, e los otros luego que los ganaren e ouieren. Asy mismo fasen Sus Altesas merced al dicho rey de Granada de la villa de Márxena, sy se hallare por verdad que non es tierra de Almería, e de la villa de Ugíjar con su tierra e aldeas e logares.

E los que Sus Altesas quisieren que queden en la dicha cibdad de Granada, si quisieren pasar allende, que lo puedan faser syn pena, e que puedan disponer de sus bienes como quisieren, e que Sus Altesas fagan dar nauíos en que pasen, a costa de Sus Altesas, durante los dichos diez años.

Otrosy, que los moros que ouiese en el Albaysin queden allí a morar si quisieren, por mudéjares, e sean francos por diez años. E que les queden las algimas e sus casas de oración, e asy sean francos de huéspedes.[17]

Así, Granada estaba conquistada teóricamente a comienzos de mayo de 1487, pero no en la realidad. El Zagal se retiró a Almería y puso en estado de defensa todo el este del país, mientras que Málaga padecía las consecuencias del reciente pacto de Boabdil: los mercaderes habían controlado la situación mientras se pensó que el joven emir iba a tener en su poder la ciudad y a proteger su comercio, pero en cuanto se sospechó que esto no sería así, y que la ocupación militar era inevitable, y tal vez la evacuación de la plaza, Ḥamet el Zegrí pudo hacerse con el control de la alcazaba, las murallas y demás puntos fortificados, y se dispuso a defender Málaga

17.   M. Garrido Atienza, *Las capitulaciones...*, doc. IV, pp. 165-167.

porque, según escribe Hernando del Pulgar, *avía tomado aquel cargo con obligación de morir o ser preso defendiendo su ley e la cibdat e la honra del que gela entregó, e [...] si fallara ayudadores quisiera más morir peleando que ser preso non defendiendo.*[18] Además de los *gomeres* norteafricanos, contaba con la fidelidad total de algunos judaizantes que habían escapado de la Inquisición en Sevilla, de *helches* o renegados, antiguos cristianos, y de bandoleros granadinos *(monfíes)* huidos de la serranía de Ronda. Alfonso de Palencia narra así el triunfo de los partidarios de la resistencia:

> Los ciudadanos de Málaga, aleccionados por el ejemplo de otras ciudades conquistadas por el mismo rey, y confiados en la clemencia que había usado con los vencidos, hubieran preferido acogerse a ella antes que defenderse con las armas, en cuyo ejercicio, por sus decididas inclinaciones comerciales, eran considerados muy inferiores a los demás granadinos. Deseaban vivamente permanecer en aquella su fértil tierra natal, pero temían la cólera que contra ellos había concebido el poderosísimo rey don Fernando a causa de la crueldad de los renegados, berberiscos y otros bárbaros del África que [...] sólo confiaban en continuar la defensa de la ciudad [...]. A los arrojados gomeres se unieron varios renegados y conversos, condenados por apóstatas en Sevilla y en otras partes de Andalucía, hombres criminales que temían más crueles castigos si el rey llegaba a apoderarse de la ciudad [...]. Además, se encerraron en Málaga muchos monfíes que habían cometido crímenes en la serranía de Ronda.[19]

En pocos días, Málaga pasó a una situación de obstinada defensa que hacía necesaria la intervención militar, aunque nadie podía sospechar todavía la importancia que iba a tener sino que a algunos, incluso, el asedio les parecía superfluo porque la ciudad estaba rodeada de tierras ya conquistadas y podía sufrir un completo bloqueo naval, pero a la mayoría les parecía muy peligroso actuar así, teniendo en cuenta las dimensiones y la población de Málaga, y la densidad de la población musulmana recién sometida en las tierras próximas.

El asedio de Málaga, entre mayo y agosto de 1487, tuvo caracteres numantinos. La defensa de los malagueños fue tan cerrada que sus sitiadores se vieron obligados a desarrollar un esfuerzo y una tenacidad nunca vistos. El cronista Andrés Bernáldez no oculta su admiración hacia el esfuerzo de los sitiados en un comentario

---

18. Pulgar, *Crónica...*, cap. CCVII.
19. Palencia, *Guerra de Granada*, libro VII, p. 292. Ed. y traduc. de A. Paz y Melia.

muy significativo: *e ellos, como personas de España e segundos za-moranos* (se refiere a la antigua Numancia), *esforzadamente salían a pelear e dar en las estancias* [...] *e ninguna mención fazían de enten-der en partido, sino de pelear e defender la ciudad.*[20]

Los procedimientos con que los Reyes Católicos venían ha-ciendo la guerra tuvieron que cambiar. Cambió, en primer lugar, la estrategia del asedio que por primera vez se aplicaba a una ciudad muy grande, dotada de puerto y de artillería capaz de alcanzar los campamentos de los sitiadores. Desapareció, también, el equilibrio que permitía realizar la guerra, basado en campañas cortas que no alteraban los ritmos de la vida agraria en el valle del Guadalquivir ni endeudaban excesivamente a la Hacienda regia. En 1487, la du-ración de la guerra dificultó las actividades económicas andaluzas, causó una demanda de abastecimientos mucho mayor, no siempre bien satisfecha, lo que contribuye a explicar las muchas deserciones que hubo en el ejército castellano. Se plantearon problemas relati-vos al pago y la renovación de los combatientes, a la puesta a pun-to de sistemas de aprovisionamiento válidos para largo tiempo, y a la renovación del armamento, el transporte por vía marítima de la artillería pesada y la provisión de pólvora. A costa de su Hacienda, presente y futura, los reyes hicieron frente a todas estas dificultades en medio de una lucha tenaz cuya violencia no tenía precedentes. Ante Málaga se podría haber producido un gran fracaso si los sitia-dos hubieran tenido reservas de víveres para llegar al otoño, pero la experiencia obtenida hizo posible el planteamiento acertado de los asedios de Baza y Granada.

Las cosas del cerco de Málaga no hay quien contarlas todas pue-da, afirma Bernáldez, y tampoco lo intentaremos aquí, pues fueron tres meses y medio de terribles combates en todo el perímetro del cerco, de bombardeos sobre la plaza y sus fortificaciones, e incluso de intentos de minar la muralla, pero también de manejos ocul-tos de negociación, y de presencia de la reina Isabel en el real, como muestra de la determinación de proseguir el cerco hasta el final. Al cabo, el pendón de Castilla ondeó sobre Gibralfaro y la alcazaba el 18 de agosto, cuando se impusieron el hambre extremada y los par-tidarios de la negociación, Alí Dordux y otros mercaderes, dirigen-tes de la ciudad hasta mayo, sobre la voluntad de resistencia del Ze-grí y el fanatismo religioso de algún *moro santo*.

De Málaga salieron unos seiscientos cautivos cristianos, *tan fla-cos e amarillos con la gran hambre que querían perecer, e todos con*

---

20. Bernáldez, *Memorias...*, caps. 83 a 85.

los fierros e adovones a los pies, e los cavellos e barbas muy conpli-das (Bernáldez). Pero los malagueños, salvando las cadenas, tampoco debían estar mejor, y a su vez les llegó la hora de un cautiverio con el que los reyes pensaban hacer escarmiento que estorbara parecida obstinación en el futuro, y saldar parte de sus deudas, aunque a los malagueños que permanecieron en poder de la Corona se les dio plazo para que se rescataran, cosa que no pudieron hacer, *e quedaron todos captivos del rey e de la reyna*.

1. El valor económico de los cautivos

El rey e la reyna mandaron a sus contadores mayores que pusiesen gran recabdo en todos aquellos moros e moras; los cuales así lo ficieron con toda buena diligencia, que ninguna cosa se perdió de valía de un dinero, que todo lo ovieron el rey e la reyna; e mandaron repartir algunos de los moros e moras por los grandes e caballeros que allí se fallaron, en cantidad de tres mil ánimas, e sus altesas ovieron fasta ocho mil, con todo lo mueble, que valió asaz cantidad. E el rey e la reyna quisieran dar todo esto a los grandes y gentes, salvo porque estaban muy gastados e adebdados, e todos lo ovieron por bien y más el marqués, porque pudiesen salir de la vergüenza que podían rescebir no pudiendo pagar lo que debían, que era mayor cantidad de ciento e cincuenta cuentos *[millones de maravedíes]*. E por esto sus altesas rescibieron los sobredichos moros y facienda, e con ello cumplieron con aquellos que les habían prestado.[21]

2. La capitulación de 4 de septiembre de 1487 con los cautivos de la Corona

Primeramente, que todos los dichos moros e moras, así viejos como mozos, así pequeños como grandes o de teta, e los esclavos moros que ellos tenían por servidores, se hayan de rescatar e nos hayan de dar e pagar e den e paguen por cada cabeza de cada uno de todos ellos porque sean libres, e por todos sus bienes muebles, treinta doblas de oro de veinte y dos quilates de peso de hacenes [...] pagado en oro e plata e perlas e aljofar e seda e joyas de seda...
    [...] Todos de mancomún e a voz de uno e cada uno dellos por el todo se obligan de llano en llano de nos dar e pagar realmente e con efeto, en las cosas susodichas, el prescio e contía que montare en todos ellos [...] y que para que mejor e más prestamente puedan complir, que hayan de facer e fagan luego almoneda de todos sus bienes e los vendan aquí [...] e todo lo que en ella montare nos lo paguen luego [...]

21. *Historia de los hechos... marqués de Cádiz*, cap. XLVII.

E que si la dicha paga que así ficieren luego en cuenta del dicho rescate no montare a complimiento de las dos tercias partes enteras del
dicho precio del dicho rescate, que sean tenudos de nos pagar lo que
restare dentro de sesenta días primeros siguientes, e que la otra tercia
parte la paguen en esta guisa: la mitad en fin del mes de abril del año
venidero de ochenta y ocho e la otra mitad en fin del mes de octubre
del año venidero; e que por todo lo que así restare por pagar de lo su-
sodicho nos hayan de dejar e dejen rehenes por lo que así en ello
montare; e que si a los dichos términos o cualquier de ellos no nos pa-
garen las contías que así quedaren por pagar, que todos los dichos rehenes sean e queden por nuestros cativos para siempre...

Yten, que Nos mandamos poner los rehenes que asy quedaren
en las çibdades de Sevilla e Córdoba e Xerez e Écija en poder de quien
Nos mandáremos e que de ellos queden en esta çibdad en poder de
Garçi Fernández Manrique.

Yten, que los dichos moros e moras no puedan vivir ni morar ni
estar en el reino de Granada, así en lo que tienen los moros como en
lo que Nos hemos ganado, sin nuestro mandamiento, salvo que todos
hayan de pasar e pasen allende en navíos seguros a nuestra costa;
pero si algunos de ellos quisieren ir a vivir e morar a cualesquier otras
partes de nuestros reinos, que lo puedan facer segura e libremente.

Yten, es nuestra merced que en este dicho asiento non entren el
Zegrí e el Cenetí e el moro loco que se llamaba santo, e los sobrinos
del Zegrí e Sancta Cruz, e sus mugeres e fijos de todos ellos.[22]

Aunque la conquista de Málaga aclaraba definitivamente la situación, al asegurar todo lo conseguido hasta entonces, lo cierto es
que los malagueños habían dado un respiro a el Zagal, refugiado en
Almería. De todos modos, la prolongación de la guerra durante cuatro años más no se debió sólo a la capacidad de resistencia de los
granadinos, sino a la sinuosa política de sus dirigentes y a las limitaciones de la técnica militar de los castellanos, enfrentados a largas campañas que hacían imposible la repetición del esfuerzo al
año siguiente.

4. Baza... y Granada: 1488 a 1491

La guerra, al no contar los granadinos con apoyos externos,
apenas ofrecía duda en cuanto a su final, pero diversas circunstancias contribuyeron a que 1488 fuera año de escasa actividad bélica.

---

22. Co.Do.In., VIII, pp. 399-403. M. A. Ladero Quesada, *Granada después de la conquista...*, doc. 15.

A punto estuvo de no haber campaña ante los reiterados deseos del rey Fernando, que pretendía intervenir en otros ámbitos políticos, donde la situación era siempre cambiante. En Italia, tras la revuelta de los barones contra Ferrante de Nápoles, los reyes habían enviado al papa Inocencio VIII una embajada extraordinaria presidida por el conde de Tendilla, a comienzos de 1486, que consiguió restablecer los equilibrios, pese a la escasa fiabilidad política de Ferrante. Pero lo principal era asegurarse frente a posibles ataques turcos: hay noticia de una embajada granadina, sin duda de el Zagal, en Estambul, en 1487 —tal vez también en Egipto— y de la presencia de corsarios otomanos en el Mediterráneo occidental en los años siguientes, tal vez incluso en las costas peninsulares.[23] Además, los turcos atacaron Malta en junio de 1488, pero su objetivo principal era el dominio de Egipto y, en consecuencia, desde aquel momento, los Reyes Católicos consolidaron la buena relación con el *soldán* egipcio, se reforzó la defensa naval de Sicilia y Malta, y se incrementó la relación mercantil con los emiratos de Túnez, Bugía y Tremecén, para atenuar el riesgo de que los turcos se hicieran presentes en ellos y para proyectar el dominio de algún enclave costero en el futuro.

En resumen, concluir la conquista de Granada era cada vez más necesario para articular sin trabas una estrategia mediterránea global. Acaso también otra en los ámbitos pirenaico y atlántico, donde se esbozaba ya una política de enlaces matrimoniales con Portugal, Borgoña e Inglaterra, y cierta intensificación del protectorado sobre los reyes de Navarra. Los conflictos, por lo general, se mantenían latentes, salvo en Bretaña; allí intervinieron tropas castellanas en 1488 y 1490, con el objetivo, no conseguido, de dificultar la integración efectiva del ducado en Francia.

En lo que toca a la empresa granadina, el esfuerzo de 1487 no podía repetirse al año siguiente pero tampoco parecía necesario hacerlo. Las órdenes reales de movilización, que se dieron desde Valencia, dejaban ver la voluntad de que la guerra se limitara en 1488 a pulsar las posibilidades de someter las tierras orientales del emirato. Las tropas y la artillería ligera, procedentes de Andalucía en su mayor parte, se concentraron en Lorca, dirigidas por el rey, el marqués de Cádiz y el adelantado de Murcia, y consiguieron en el mes de junio la capitulación sin combate de territorios desproporcionadamente extensos en relación con el escaso esfuerzo realizado:

23. A. Massala, «La prima spedizione ottomana in Spagna», *Medioevo*, 8 (1983), pp. 119-135. L. Seco de Lucena, «Embajadores granadinos en El Cairo», *Miscelánea de Estudios Árabes y Hebraicos*, IV (1955), pp. 5-30.

Vera, Las Cuevas, Mojácar, todo el valle del Almanzora con la sierra de los Filabres, los dos Vélez, Huéscar, Tabernas y Níjar. La razón aducida tradicionalmente para explicar un paseo militar tan poco usual en aquella guerra se refería a las seguridades otorgadas a los musulmanes, que iban a ser vasallos del futuro señorío de Boabdil, según lo acordado en 1487, pero hoy sabemos que contó mucho también la actitud de Yaḥyā al-Naŷŷar —hijo del infante Ibn Sālim, como se recordará, y pariente próximo de el Zagal—. Ya había intentado rendir Almería en 1483, y pactó en diciembre de 1485 su entrega, así como la de Vera y el resto del territorio bajo su mando, a cambio del ducado de Gandía y de la gobernación conjunta de Almería y Vera por un hijo suyo que casaría con una hija del capitán real Juan de Benavides, a cuyo cargo estaba la frontera de Murcia con Granada. Aquel pacto estuvo a punto de cumplirse en 1488, pues hubo nuevas negociaciones inmediatamente anteriores, tal vez para adaptarlo a lo acordado con Boabdil en 1487, pero falló su punto principal, que era Almería, porque el Zagal se apercibió a tiempo, la puso en estado de defensa y obligó a su pariente a secundarlo.

Así fue cómo los preparativos hechos para 1489 fueron excepcionalmente intensos: se pretendía asestar el golpe definitivo a el Zagal, dueño de Almería, Baza y Guadix, y consolidar lo ganado en 1488, todavía en precario, como habían demostrado las numerosas cabalgadas que el Zagal había llevado a cabo aquel invierno. Entre Almería y Baza, se escogió como objetivo principal de la campaña a esta segunda plaza, por ser más fácil de asediar al no ser puerto de mar, y porque se accedía a ella desde mejores caminos de aprovisionamiento a partir de Quesada, en el alto valle del Guadalquivir, o, por mar, desde las playas de Vera y sur de Murcia. Además, carecía de las ventajas que proporcionaba a Almería la proximidad de la Alpujarra, su situación tenía más valor estratégico que la de Guadix y su toma permitiría un gran avance de la frontera en todo el sector noreste.

[Baza, escribe el biógrafo del marqués de Cádiz,] es cibdad pequeña; lo fuerte de ella de buenas torres e muros, asentada en un llano, algo desviada de la sierra que tiene de la una parte, e de la otra tiene muchas huertas e muy espesas, desde junto con los muros, en compás de media legua. Tiene dos arrabales, uno a la parte de la sierra e otro a la parte de las huertas, cada uno de más vecinos que los de la cibdad. El de la parte de la sierra es muy flaco, e para se tomar sin ningún detenimiento. El de la parte de las huertas es algo más fuerte.[24]

24.   *Historia de los hechos... marqués de Cádiz*, cap. LI.

El Zagal tuvo la habilidad de permanecer en Almería, a la que seguía considerando punto principal de sus dominios, mientras situaba en Baza a Yaḥyā al-Naŷŷar junto con un hombre de máxima confianza, Abū'l-Qāsim ibn Riḍwān Bannigaš, de modo que su pariente, al frente de los sitiados y rodeado de mandos fieles a el Zagal, no pudiera hacer otra cosa salvo defender la plaza, bien avituallada y puesta en estado de defensa, como recuerda un conocido romance:

> *Sobre Baza estaba el rey / lunes después de yantar...*
> *Un moro tras una almena / comenzóle de fablar:*
> *Vete, el rey don Fernando / no querrás aquí invernar,*
> *que los fríos de esta tierra / no los podrás comportar.*
> *Pan tenemos por diez años / mil vacas para salar,*
> *veinte mil moros hay dentro / todos de armas tomar,*
> *ochocientos de a caballos / para el escaramuzar.*

El emplazamiento de Baza exigió a los sitiadores muchas tareas previas, tanto para aislarla del exterior como para emplazar las piezas de artillería, una vez que se hubiera talado su espesa huerta. Así, el rey

> assentó su real alderredor de Baça en forma e puso sus estancias e guardas en derredor de la cibdad e túvola cercada seis meses. E estovo asaz días que no pudo quitar a los moros la entrada e salida de la cibdad, fasta que la cercó toda al derredor de muy hondas cavas e altas albarradas e paredes, en las cuales hizo hazer catorze castillos por sus trechos, de tapias muy fuertes, e fizo poner en cada uno trezientos onbres... E esto acavado de fazer, luego los moros no pudieron más entrar ni salir. *[Ante la negativa de los caudillos moros a capitular...]* estonces fizo fazer el rey casas e palacios en el real, de tapias e madera e teja que traía de los lugares que los moros despoblaron e de las casas de las huertas, e fizo fazer para sí unos fuertes palacios e bien altos, de donde podía mirar la cibdad. E otro tanto fizieron fazer el maestre de Santiago e los duques e grandes señores, ca fizieron fazer casas fuertes donde estavan. El marqués duque de Cádiz tenía real por sí en la grand artillería, la cual él tovo a cargo en este cerco, e no quiso fazer casa de teja sino de paja. E todos cuantos en el real avía fizieron casas de teja e de paja [...] de forma que parescía el real una gran cibdad con sus calles e mercados.
> ... No se pudo el rey en este cerco mucho ayudar de su grand artillería porque con las muchas huertas e acequias e cerraduras, de una parte, e áspera sierra de otra, nunca pudieron llegar a los muros de Baça.[25]

---

25. Bernáldez, *Memorias...*, cap. XCII.

Las operaciones comenzaron a mediados de junio y hasta comienzos de octubre no terminaron los preliminares del verdadero asedio y asalto, con la construcción de recintos fortificados unidos entre sí por líneas y fosos, y el mantenimiento en condiciones de seguridad de un largo camino de herradura que unía el real castellano con Quesada y Jaén.

Con la llegada del otoño se habría iniciado la retirada si la guerra hubiera seguido los procedimientos tradicionales, pero no fue así: la experiencia y los medios de acción de los sitiadores habían aumentado mucho en los últimos años. A los reales desmontables sucedieron campamentos fijos que eran pequeñas ciudadelas, se sembraron algunos campos, llegaron refuerzos, y comenzó la instalación de la artillería. A lo que se unió una nueva demostración, con la llegada de la reina Isabel al real el 7 de noviembre:

> Los moros fueron mucho marauillados de su venida en invierno e se assomaron de todas las torres y alturas de la cibdad, ellos y ellas, a ver la gente del recebimiento e oír las músicas de tantas bastardas, clarines y tronpetas italianas, e chirimías e sacabuches e dulçainas e atabales, que paresçían que el sonido llegava al cielo.
> … E porque fuimos presentes e lo vimos, testificamos verdat delante de Dios que la sabe y delante los onbres que lo vieron, que después del día que esta reyna entró en el real pareçió que todos los rigores de las peleas, todos los espíritus crueles, todas las intençiones enemigas e contrarias, cansaron e çesaron, e pareçió que amansaron. De tal manera, que los tiros de espingardas e ballestas e de todo género de artillería, que sola una ora no çesavan de se tirar de la una parte a la otra, dende en adelante no se vido ni oyó ni se tomaron armas para salir a las peleas que todos los días antepasados fasta aquel día se acostunbravan tomar, salvo la gente del real que continava yr a las guardas del canpo en los lugares que solían estar. E luego el caudillo començó a fablar con los christianos, diçiendo que quería oyr lo que el rey e la reyna demandavan.[26]

Dicho en otras palabras, ante la inminencia del bombardeo y de los asaltos, Yaḥyā al-Naŷŷar inició negociaciones que culminaron con la entrega de la ciudad a los castellanos el 4 de diciembre, después de casi seis meses de asedio. Las condiciones de capitulación fueron muy suaves tanto por respeto a los antiguos contactos con al-Naŷŷar como por la conveniencia de estimular así otras, que no tardaron en llegar. En los días siguientes volvieron a dominio de los Reyes Católicos Purchena, los lugares del Río de Almanzora con

---

26. Bernáldez, *Memorias...*, cap. XCII. Del Pulgar, *Crónica...*, cap. CCL.

la sierra de los Filabres, y antes de fin de año el Zagal entregó Almería y Guadix con todos los demás lugares a su mando después de obtener unas capitulaciones benévolas y ventajas personales de importancia, entre ellas el señorío de la *taa* alpujarreña de Andarax.

Mientras ocurrían aquellos sucesos, en los años 1488 y 1489, el pacto con Boabdil se había mantenido sin cambios y el emir había recibido con frecuencia ayudas económicas y materiales para sostenerse en Granada, en medio de una población que le era, en buena parte, hostil, además de dar satisfacción al grupo partidario de la paz para, entre otras cosas, poder cultivar sin peligro las zonas de la Vega que seguían en poder de los granadinos. El fin de la resistencia de el Zagal situaba a Boabdil ante la perspectiva muy inmediata de entregar Granada y se apresuró a enviar a los reyes, que ya estaban en Córdoba, a su alguacil, Abū'l-Qāsim al Mulīh, junto con los capitanes que aseguraban la defensa de la Vega, Gonzalo Fernández de Córdoba y Martín de Alarcón, para iniciar negociaciones, pero lo que Isabel y Fernando exigían era que entregara la ciudad, y anunciaban que habían convocado tropas de Andalucía para acudir a recibirla. En aquel punto surgieron algunos obstáculos inesperados: se ha dicho que el emir continuó la guerra porque *no se guardava lo que antes se avía asentado* pero, aunque en esto haya algo de cierto y los reyes no quisieran ceder Baza y Guadix después del enorme esfuerzo que había costado su toma, la realidad es que la población de Granada con alguna fuerza política o militar no hubiera permitido al emir otra actitud y estaba cada vez más soliviantada. Los puntos de vista sobre la ruptura quedan expresados así por dos testigos que la vivieron, uno en cada parte:

> Acabadas de entregar estas tres ciudades de Baza, Guadix e Almería, se llegó el plazo e condición de las capitulaciones hechas con el Rey Chico, que estaba en Granada, que como queda dicho era que en estando las dichas tres ciudades entregadas a los Reyes Católicos, se les entregaría la ciudad de Granada. Con lo qual los reyes enviaron sus embaxadores, para requerir lo que conforme a lo capitulado, pues ya él estaba apoderado de aquellas tres ciudades, debía [hacer] el rey Chico, que era entregar la ciudad de Granada. El quando el rey Mozo vio despojados a sus enemigos de aquellas ciudades, cobró nueva esparanza sobre sí con aquellos enemigos menos, imaginando podría volver a tener el poder de los moros para mantenerse en el reyno de Granada, e dio sus excusas a la embaxada de los Reyes Católicos, diciendo que la ciudad de Granada era tan grande e había tales personas en ella, que no le consentirían entregarla. E sobre este punto

hubo muchas preguntas e respuestas, de lo qual no se dando los Reyes Católicos por satisfechos, apretaron a el rey Mozo a su cumplimiento. E así se vino a romper la guerra...[27]

Luego que el rey don Fernando concluyó lo de Baça, embió por embaxadores al rey de Granada a Gonçalo Hernández, alcaide de Íllora, que después [...] cobró renombre de Gran Capitán, y a Martín de Alarcón, alcaide de Moclín. Dada su embaxada al rey moro, le pareció que avía novedad con ella en lo asentado, y respondió que él embiaría sus mensajeros a Su Alteza. Éstos fueron un caballero de su casa que llamavan Albucacín, el qual halló al rey y a la reyna en Córdova y estuvo con ellos algunos días y bolvió con la respuesta, de la qual el rey quedó muy espantado y admirado, y quisiera rebolver guerra si algunos grandes no le aconsejaran que no lo hiciese, mas antes que tornase a enviar sus mensageros segunda vez [...] Éstos también vinieron muy descontentos, diziendo que no se guardaua lo que antes se auía asentado con el rey ya dos vezes. Con esto se alvorotó la cibdad e dende en adelante se hizieron guerra los christianos y los moros, la qual duró por espacio de dos años, poco menos.[28]

La guerra se reanudó, en definitiva, para responder a la demanda de una población que rehusaba perder su independencia y barruntaba que la desaparición de ésta acarrearía antes o después la de sus formas de vida, pero ni los más optimistas podían imaginar un cambio decisivo después de los desastres que ya habían ocurrido. En su transcurso, la actitud de Boabdil parece un tanto equívoca y confusa desde que, en 1486, renunció a ser emir pero jugó con el prestigio del título y de su linaje cuando convino en ayudar a los reyes de Castilla a cambio de un señorío donde pudiera mantener cierta autonomía. No es fácil decidir si esto era traición realizada a espaldas de un pueblo ignorante de ella o simple realismo político. Inclina a pensar lo primero la vacilación y debilidad personal de que Boabdil, *el rey chico*, dio muestras, y lo segundo el hecho evidente de que la fuerza militar de sus enemigos era incontenible y los Reyes Católicos estaban dispuestos a conquistar el país de una u otra manera, porque invocaban para ello razones y argumentos que estaban por encima de cualquier pacto con el emir musulmán. Hay que observar, siempre, cómo Boabdil jugó la baza de la vacilación castellana, tantas veces manifestada, entre la guerra y la tregua, aunque con márgenes de maniobra estrechísimos, y con-

27.   Hernando del Pulgar, *Tratado de los reyes de Granada y su origen*, Madrid, 1788, pp. 140-141.
28.   Hernando de Baeza, *Las cosas que pasaron...*, pp. 40-41.

tó siempre en el emirato con muchos partidarios entre los campesinos, artesanos y mercaderes: la actitud de los habitantes del Albaicín es una muestra excelente.

Las escaramuzas que tuvieron lugar en 1490 eran, en realidad, un compás de espera para los castellanos, que necesitaban tiempo después de la larguísima campaña del año anterior. Su efecto principal fue la emigración de el Zagal al emirato de Tremecén, ante el desprestigio que significaba para él la continuación de una resistencia en la que ya no podía participar, sino que incluso debía combatir, y que había sido el motivo de su ascenso político. También, la salida de los musulmanes de los recintos amurallados de Guadix, Baza, Almería y otros lugares fortificados del sureste y de la costa (Almuñécar, Salobreña), en agosto, después de una conspiración para la revuelta. Por lo demás, las escaramuzas de aquel año no se saldaron con un resultado claro: Boabdil consiguió el dominio de casi toda la Alpujarra pero las alteraciones en otras partes —Fiñana— o los conatos de revuelta fueron reprimidos sin gran dificultad y, en definitiva, aquella última temporada de cabalgadas, lances de audacia y cautiverios transcurrió con rapidez.

Durante el mes de abril de 1491, mientras se concentraba entre Loja y Alcalá la Real una gran hueste cristiana, Boabdil intentó de nuevo alguna negociación con los Reyes Católicos pero sin el menor resultado. El martes 26 de abril ya estaba instalado el real en El Gozco, a una legua de Granada, y allí permanecería hasta la capitulación de la ciudad. Inmediatamente comenzó también la construcción de una ciudad-cuartel fortificada donde los sitiadores pudieran permanecer indefinidamente, paralizando la vida de Granada, si surgía la necesidad de que el rey Fernando tuviera que acudir a otras partes ante la tirantez creciente de sus relaciones con el monarca francés. Los estrategas de la hueste habían elegido un excelente emplazamiento para Santa Fe, que así se llamó a la nueva villa, rodeada de marjales de cultivo donde difícilmente se podrían entablar grandes combates y dotada de fácil comunicación con Loja. Desde allí, además, se podía dificultar la de Granada con la Alpujarra y así se completaba la cadena de torres y fortalezas que asfixiaban a la gran ciudad, donde el hambre y el desaliento comenzaban a hacer mella. De modo que la edificación de Santa Fe se debió a estas necesidades estratégicas y no tuvo nada que ver con el incendio del real en el mes de julio, cuando ya la reina residía en él. Una cosa es el real de El Gozco y otra la *bastida* de Santa Fe:

1. El Gozco

Y otro día de mañana, el rey vino con toda su jente hasta el Gozco, que es poco más de legua y media de la ciudad de Granada y un cuarto de legua del río Jenil. Y allí mandó asentar su real, muy ordenado, y lo hiço cercar de cavas muy hondas, y en ellas sus puentes para las entradas y salidas de las jentes. Y cada uno procuró de hacer dentro de aquel sitio sus choças e ramadas, debaxo de do pudieron estar.[29]

2. Santa Fe

El rey e la reyna cathólicos, visto que el cerco se dilataba y que los moros estaban firmes, y que cada día salían a las escaramuzas y a resistir las talas que se hacían, y que el invierno se acercaba, tuvieron por dificultoso de poder sostener el real, principalmente por falta de bastimentos, porque si entrase el invierno y cargasen las aguas, los bastimentos se harían con muy grande dificultad, porque habían de ir del Andalucía con el crecimiento de los ríos y malos pasos que hay. Parescióles cosa muy dificultosa e casi imposible la permanencia en el real, e por este respeto, habido su consejo, mandaron hacer una villa de muy buena cerca e muy buenas cavas, e con muy buenos baluartes, e con sus traveses, e todo lo que era más necesario para que pudiesen defender e sostenerse, junto al mismo real e casi dentro en él. E mandaron a las ciudades y Órdenes que allí tenían gentes que la hiciesen, y repartiesen a cada ciudad y Orden lo que habían de hacer, por sus quarteles. E hízose en muy breve tiempo y poblóse toda de casas. E su determinación era dexar allí muy buena gente de guarnición para que hiciesen guerra a Granada, e no dexasen salir a los moros a sembrar ni hacer otras cosas del campo. E pensaban que con esto otro año la tomarían fácilmente.[30]

Los incidentes de aquellos meses son muy conocidos y no es momento de narrarlos con detalle porque, a pesar de cierta escasez de fuentes narrativas, la campaña de 1491 ha sido objeto de bastantes estudios y de no pocas fantasías. Los lances y duelos singulares abundaron, dando lugar a un desgaste humano que era mucho más perjudicial para los granadinos: Carriazo los define como «una serie de episodios caballerescos, de tipo medieval: casi un prolongado torneo». Llama la atención la falta de empleo de la artillería

29.   Alfonso de Santa Cruz, *Crónica de los Reyes Católicos*, ed. J. de M. Carriazo, Sevilla, 1951, cap. I, p. 31.
30.   Continuador de Hernando del Pulgar, en *Biblioteca de Autores Españoles*, t. 70, p. 516.

en este cerco y la ausencia de acciones decisivas, del tipo de las llevadas a cabo en Málaga. El motivo es claro: se trataba de soportar una prueba de resistencia, una guerra en tono menor, mientras volvían a reanudarse las negociaciones, cosa que podía ocurrir en breve plazo a juzgar por la situación de la ciudad y por los antecedentes de su emir. Así pues, se licenció a buena parte de las tropas en los meses de junio y julio, pero no sin que antes se produjera uno de los momentos más tensos del asedio, que Hernando de Baeza narra con gran fuerza dramática:

> Estando como dezimos el rey así poderosamente sobre Granada, casi dos leguas de ella, acordó de hazer allí una villa muy fuerte, que llaman Santa Fe, y dexar allí algunas capitanías para que hiziesen guerra a la cibdad, y levantar él su real hasta otro verano. Ovo entre sus principales quien fue de parecer que Su Alteza devía, antes de levantarse el real, salir poderosamente y trabar los caualleros christianos escaramuça con los moros y apartallos de la cibdad poco a poco, lo más que pudiesen. Y, así apartados, tornasen sobre ellos no curando de matar ni de rovar salvo de se entrar por las puertas de la cibdad, aunque fuesen rebueltos los christianos y los moros, y muriese quien muriese. Este consejo y acuerdo determinó el rey executar otro día, pero fue sabido por un mudéxar que había salido del Alvaicín [...] *[Éste hace llegar la noticia a Boabdil]*, el qual acordó con sus cavalleros de salir con la más gente que pudiese y dar batalla y morir todos antes que recibir tal afrenta en que una ciudad tan grande se entregase así.
>
> Con este acuerdo, otro día de mañana el rey *[Boabdil]* se levantó y adobó su cuerpo como suelen hazer los moros cuando se ponen a peligro de muerte, y pidió sus armas... Entonces se escandalizó la reyna su madre de esta novedad y, turbada, le dixo: «¿Qué novedad es ésta, hijo mío.» El rey le respondió: «Señora, no es ninguna, mas es razón que yo haga esto.» En diziendo estas palabras, la madre se ase del hijo y dízele: «Hijo mío, conjuróos por Dios y la obediencia que me devéis, como a vuestra madre, que me digáis qué queréis hazer y dónde is...» Y cuando dezía esto, comenzó a llorar [...] y todavía la madre asida de su hijo no le quiso dexar hasta que le dixo lo que avía pasado y lo que se avía concertado en el real de los christianos. A lo qual respondió su madre: «Pues hijo, ¿a quien encomendáis vuestra triste madre y muger e hijos y hermana, parientes y criados, y toda esta cibdad y los otros pueblos que os son encomendados? ¿Qué cuenta daréis a Dios dellos, poniendo en ellos tan mal recabdo como ponéis, dando la horden que dais para que todos muramos a espada y los que quedaren sean cautivos? Mirad bien lo que hazéis, que en las grandes tribulaciones an de ser los grandes consejos.» El rey respondió: «Señora, muy mejor es morir una vez que viviendo morir muchas veces.» La madre le dixo: «Verdad es, hijo, lo que decís, si solamente vos mu-

riésedes y todos se salvasen y la ciudad se libertase, mas tan gran perdición es muy mal hecho.» El rey respondió: «Dexadme, señora, que los cavalleros me esperan.» Su madre le replicó: «Vive Dios que no os dexe hasta que me prometáis de no poneros oy en lugar peligroso, y de tener vuestra jente no se aparte de las puertas de la ciudad.» [...] Saliendo el rey al campo, mandó tener la jente para que lo acordado en el real de los christianos no viniese a efecto. Y esto fue la causa, como e dicho, para que muchos pensasen que la reina 'Aiša de allí en adelante fuese en aconsejar al rey *[Boabdil]* que tomase algún medio con los Reyes Católicos para que ellos y la ciudad y los pueblos fuesen libres para poderse pasar en África.[31]

Se había llegado a una situación en la que el tiempo jugaba claramente a favor de los atacantes, y así se lo hicieron ver sus consejeros al emir granadino:

Hiciéronle observar que la ciudad era grande y que si los víveres que solían importarse apenas bastaban para las necesidades, cómo se las habrían de ver ahora que no se importaba nada ya que las comunicaciones con la Alpujarra, de la cual llegaban comestibles y conservas, habían quedado interrumpidas. Representáronle también el número de valientes caballeros que habían perecido, la falta de mantenimiento, la imposibilidad de labrar y sembrar y la cantidad de infantes muertos en aquellas luchas. De nuestros hermanos los musulmanes que viven en la costa de Marruecos —añadieron a continuación— ninguno viene en ayuda y socorro nuestro, a pesar de las comisiones que les hemos enviado. Mientras tanto, nuestros enemigos han levantado construcciones en las cuales habitan, para mejor atacarnos. Ellos aumentan en fuerzas, nosotros en debilidad. Ellos reciben ayuda de su tierra, nosotros carecemos de toda ayuda. El invierno acaba de entrar, con ello, las fuerzas enemigas acampadas quedan dispersas y debilitadas, y hasta han suspendido las hostilidades contra nosotros. Si ahora entramos en tratos con el enemigo, aceptará nuestras propuestas y accederá a todas nuestras demandas, pero, si aguardamos a que llegue la primavera, se reunirán los ejércitos bajo su mando, con lo cual, y atendida además nuestra debilidad y escasez, ya no aceptará entonces lo que de él solicitemos.[32]

El emir, en aquel trance, reanudó secretamente los tratos para un acuerdo, tratos que se llevaron a cabo desde septiembre me-

31. Hernando de Baeza, *Las cosas que pasaron...* Fragmento reconstruido por J. de M. Carriazo, *«Una continuación inédita de la "Relación" de Hernando de Baeza»*, Al Andalus, XIII, 2 (1948), pp. 431-442.
32. Anónimo, *Fragmento de la época...*, pp. 46-47.

diante cartas entre el secretario real Fernando de Zafra y los hombres de confianza de Boabdil, que eran Muḥammad Ibn Kumāša y Abū'l-Qāsim al Mulíh, hasta que, el 25 de noviembre, se produjo en el real instalado en la Vega, cerca de Santa Fe, la firma de tres documentos donde se contenían las detalladas condiciones de capitulación de la ciudad y lo que se acordaba con Boabdil y con sus familiares y seguidores más allegados. «Tres llaves —escribe Carriazo— abrieron a los Reyes Católicos las puertas de Granada: la fuerza militar, a última hora empleada con bastante prudencia, el hambre de los granadinos y el soborno de sus jefes.» Los reyes habían extremado la benevolencia en sus concesiones a granadinos y alpujarreños, habían transigido en el espinoso asunto de los muchos *helches* o renegados y huidos de la Inquisición que debían vivir en la ciudad, e incluso habían aceptado pagar la liberación de los vecinos de la ciudad que se encontraran cautivos en cualquier parte de Castilla, todo ello con el fin de evitar estallidos de violencia cuando llegara el momento de hacer efectiva la entrega que, en un primer momento, se había fijado para mayo de 1492, pero se estipulaba ya para finales de enero en los documentos a que hemos aludido.

Sin embargo, desde los primeros días de diciembre hubo contactos destinados a abreviar el plazo, mientras iban llegando al real numerosas tropas llamadas especialmente para estar presentes en aquel acto memorable. Cuando los 500 rehenes que eran garantía del cumplimiento de lo acordado salieron de Granada, el primer día de enero de 1492, hubo algún alboroto y Boabdil pidió a los Reyes Católicos que enviaran ya tropas para ocupar el recinto de la Alhambra, cosa que se hizo aquella misma noche. Amanecía el 2 de enero cuando, en el salón de la torre de Comares, Boabdil hizo entrega a don Gutierre de Cárdenas, comendador mayor de la Orden de Santiago, de las llaves de la fortaleza. A continuación, don Íñigo López de Mendoza, conde de Tendilla, entró en ella con más tropas y se hizo cargo de su alcaidía, mientras el ejército se aproximaba a la vista de la ciudad, formado en *batallas*. Ante su vista, y ante la de toda Granada, fray Hernando de Talavera, obispo de Ávila, confesor de la reina y uno de sus grandes colaboradores, alzó la cruz y el pendón real de Castilla en una de las torres de la Alhambra, mientras el emir Muḥammad con su séquito llegaba junto a los reyes, les hacía acatamiento y entregaba las llaves de la ciudad. Terminados aquellos actos ceremoniales, cada cual volvió a su aposento, pero nosotros continuaremos unos minutos más junto a Granada, para escuchar el relato de aquellos hechos tal como los narra un testigo bien informado, de los que primero entraron en la Alhambra:[33]

Domingo de año nuevo vinieron al real las rehenes, en que serían çerca de seisçientos moros de los más principales, y porque al tiempo que se sacaron ovo en la çibdad algún escándalo sobre la entrega del Alhanbra, el rey moro lo enbió hazer saber al rey e a la reina nuestros señores, y conçertó que esa noche enbiasen persona que la reçibiese, porque, desque los moros viesen que estauan apoderados en ella los christianos, avrían por bien de abaxar las cabeças, lo que de otra manera no harían sin mucho escándalo, y aun peligro, sy de día los viesen entrar por la çibdad a la reçebir. Y a la hora mandaron sus altezas al comendador mayor de León que esa noche la fuese a tomar.

El qual partió del real a la media noche, con çiertos capitanes y gentes de las Guardas y algunos peones, espingarderos y vallesteros y lançeros. Y fuera de camino, muy apartado de la çibdad, lo guiaron el Muley y Abencomisa. Y llegamos al Alhanbra en amaneçiendo, e fue a entrar por de aquel cabo de los Alexares. Y el Muley entró a hazer saber al rey la venida del comendador mayor, el qual mandó que entrase él y todos los que con él yvan. Y estúvolos esperando en un aposentamiento muy rico que se dize la torre de Comares, do se apearon el comendador mayor y algunos capitanes y caualleros de la corte que con él yvan, a le besar las manos. Y allí entregó las llaves al comendador mayor y le demandó una carta firmada de su nombre, de cómo reçebía de él para Sus Altezas y en su nombre el Alhambra y estaua entregado de ella a toda su voluntad. Y acabado esto, el rey se abaxó a la çibdad y el comendador mayor anduvo por toda ella, a poner recabdo de gente en todas las torres y puertas y fuerças de ella, y se dixo luego misa en una quadra muy rica de aquel aposentamiento [...].

Entregada el Alhanbra, luego el comendador mayor lo hizo saber a Sus Altezas para que mandasen al conde de Tendilla, a quien se dio la tenençia del Alhanbra, que viniese a la reçibir y se diese priesa en llegar él y los capitanes y gentes de las Guardas que con él venían para ello, y asy mismo la Cruz y los pendones de Santiago y real, y Sus Altezas con todas las batallas hordenadas andoviesen a se poner çerca de la çibdad, en parte do podiesen ser vistas las batallas por los moros, y Sus Altezas y todos los christianos viesen poner los pendones y los abtos que se hazían. Y estando puestos en los lugares ya dichos Sus Altezas y todos los grandes y muchos caualleros muy ricamente ataviados, con muchas marlotas y aljubas de brocado de seda,

---

33. Carta de Cifuentes al obispo de León, presidente de la Chancillería. Del real de la Vega, 8 de enero de 1492. Ed. y estudio de M. C. Pescador del Hoyo, «Cómo fue de verdad la toma de Granada, a la luz de un documento inédito», *Al Andalus*, XX (1955), pp. 283-344.

el conde de Tendilla y el de Cifuentes y los otros capitanes de las Guardas llegaron al Alhanbra y subieron la Cruz y los pendones a una torre muy alta, do se veían muy bien, asy de la çibdad como del campo. Y allí por el rey de armas se hizieron los abtos acostumbrados.

[*Según otro testigo:* Un heraldo de armas, estando sobre la torre, se puso a gritar y publicar en voz alta e inteligible, en lengua española, las palabras tales y formales que se siguen: Santiago, Santiago, Santiago, Castilla, Castilla, Castilla, Granada, Granada, Granada, por los muy altos, muy poderosos señores don Fernando y doña Ysabel, rey y reyna de España, que han ganado esta cibdat de Granada y todo su reyno por fuerza de armas de los infieles moros con la ayuda de Dios y de la Virgen gloriosa su madre y del bienaventurado apóstol Santiago, y con la ayuda de nuestro muy sancto padre Innocentio octauo, socorro y seruicio de los grandes, prelados, caualleros, hijosdalgo, comunidades de sus reynos.][34]

Y, en tanto, el rey moro con hasta ochenta o çiento de cauallo muy bien ataviados, salió a besar las manos a Sus Altezas, al qual reçibieron con mucho amor y cortesía, y allí le entregaron el ynfante su hijo, que estaua en rehén desde el tiempo de su prisión. Y estando allí con ellos vinieron hasta quatroçientos captiuos, de los que estauan en el Corral, con la Cruz y solepne proçesyon cantando Te Deum laudamus. Y Sus Altezas se apearon adorar la Cruz, con las mayores lágrimas y devoçión del mundo, y no menos el cardenal y maestre de Santiago y duque de Cádiz y todos los otros grandes y caualleros y gentes que allí estauan, que no avía ninguno que no lloraua tan rezio de placer, dando gracias a Nuestro Señor por lo que veían, que no podían resistir las lágrimas. Y el rey y los moros que con él estauan menos podían disimular la tristeza y dolor que sentían por ver el alegría de los christianos, y çierto tenían mucha razón, segund lo que perdieron, porque Granada es la más señalada y prinçipal cosa del mundo, asy en grandeza como en fuerça y en riqueza de aposentamiento, que lo de Seuilla no es syno casa pagiza para con el Alhanbra.

Y como quiera que estaua defendido que no entrasen christianos en la çibdad, era tanta la gente de cauallo y de pie que entró que no cabían por las calles, y todos en tanto amor y amistad como sy nunca por ellos oviera pasado cosa ninguna de las pasadas.

Acabados los abtos de los pendones y captiuos, el rey moro se despidió, y fueron con él hasta su posada Rodrigo de Ulloa y Gonçalo Fernández de Aguilar. Y Sus Altezas se boluieron al real, como avían ido, con sus batallas hordenadas, con mucha gloria y plazer, tan ricamente vestidos quanto para tan glorioso día y abtos convenía, que para ello dexaron el luto todos. Crea vuestra señoría que fue el más señalado y byenaventurado día que nunca jamás en España ha avido.

34. *La très celebrable, digne de memoire et victorieuse prise de la cité de Granade,* ed. M. Garrido Atienza, *Las capitulaciones...*, p. 319.

La entrada oficial de los reyes con su corte tuvo lugar el día 6 de enero. Por entonces, Boabdil partió hacia las *taas* de la Alpujarra cuyo señorío le había sido concedido, mientras que Fernando e Isabel se entregaban por completo y durante varios meses a organizar la ciudad y el reino granadino con una habilidad grande, que evitó temibles insurrecciones. Pero esto forma parte de otra historia, la de la nueva época que comenzaba presidida por el contenido de las capitulaciones. El aparato político y militar de los nazaríes se había derrumbado definitivamente ante la continua presión bélica y, también, como consecuencia final de las violentas perturbaciones internas que lo habían sacudido desde el segundo decenio del siglo xv.

La noticia, comunicada por el rey a todas las autoridades, desde el papa hasta los concejos de sus reinos, produjo plácemes y festejos o alegrías en todas partes de España y en Roma. Como muestra, bastará incluir la carta enviada al pontífice Inocencio VIII:

> Muy Sancto Padre. Vuestro muy humilde e deuoto fijo el rey de Castilla, de León, de Aragón, de Secilia, de Granada [etc.], beso vuestros pies e sanctas manos e muy humildemente me encomiendo en vuestra Sanctidat. A la qual plega saber que plugo a Nuestro Señor darnos complida victoria del rrey e moros de Granada, enemigos de nuestra Sancta Fee Cathólica, porque oy, dos días de enero deste año de nouenta e dos, se nos ha entregado la çibdat de Granada con el Alhambra y con todas las fuerças della y con todos los castillos y fortalezas que nos quedauan por ganar deste rreyno, y lo tenemos todo en nuestro poder y señorío. Fágolo saber a vuestra Sanctidat por el grand plazer que dello avrá, auiendo Nuestro Señor dado a vuestra Sanctidat tanta bienauenturança que, después de muchos trabajos, gastos y muertes y derramamientos de sangre de nuestros súbditos e naturales, este rreyno de Granada, que sobre seteçientos e ochenta años estaua ocupado por los infieles, en vuestros días y con vuestra ayuda se aya alcançado el fruto que los Pontífiçes passados, vuestros anteçessores, tanto dessearon y ayudaron a loor de Dios, Nuestro Señor, y enxalçamiento de uuestra Sancta See Apostólica.[35]

35. A. de la Torre, *Los Reyes Católicos...*, pp. 132-133.

CAPÍTULO 5

LA ÉPOCA DE LAS CAPITULACIONES

El estudio de las diversas capitulaciones establecidas al término de cada campaña va más allá de los aspectos circunstanciales o anecdóticos y se refiere también al conocimiento de las ideas y actitudes tradicionales sobre la posibilidad de convivencia o coexistencia de comunidades musulmanas y cristianas en el marco político de la Corona de Castilla, ideas que venían aplicándose desde hacía siglos. Las capitulaciones fueron casi siempre un medio adecuado para abreviar el enfrentamiento bélico y hacerlo menos costoso en vidas y bienes. Sirvieron, además, como base para regular muchos aspectos de la vida granadina hasta las alteraciones y revueltas de fin de siglo que tuvieron como resultado el bautismo de los musulmanes y su paso a la condición de «cristianos nuevos» *moriscos*, sujetos al mismo régimen legal que el resto de la población.

1. Tipos de capitulación

Hemos de considerar varios tipos de capitulación. El primero es su misma ausencia, es decir, la rendición sin condiciones, que implica cautividad de los vencidos, pérdida de sus bienes y, a veces, castigos que sirvieran de ejemplo o aviso a los que en el futuro se sintieran llamados a adoptar la misma actitud. La situación de cautiverio se dio en la guerra como consecuencia o prolongación de un estado anterior de cosas que es bien conocido, de una práctica que admitían y utilizaban tanto cristianos como musulmanes: recordemos las decenas, cientos y, a veces, miles de cautivos cristianos que son liberados cuando caen plazas granadinas a lo largo de la guerra, o la importancia del tráfico e intercambio de cautivos en los siglos anteriores. Ahora bien, que la cautividad del vencido sea a veces el resultado final de la lucha no ocurre siempre ni de forma arbitraria, sino sólo en los casos considerados legítimos ya antes de la guerra y que son: primero, la batalla, la escaramuza, la algarada y el asalto por sorpresa, actos todos ellos en los que el vencedor tiene derecho a botín, entre el que se cuenta las personas de los vencidos; segundo, los asedios en donde la confrontación militar llega a sus últimos extremos porque no triunfa ninguna forma de negociación; y, tercero, las traiciones o rupturas por parte de los vencidos de pactos ya asentados. Así, en Alhama fueron cautivos unos 3.000 musulmanes en 1482; en la derrota de la Ajarquía, marzo de 1483, en torno a 1.500 cristianos; y en Benamaquiz, 1485, se pasó por las armas a 108 *moros principales* y quedó cautivo el resto de la población después de que rompieran el pacto de sumisión que acababan de suscribir. Pero el caso más importante, y excepcional, se dio en Málaga, cuya extremada resistencia y falta de capitulación en 1487 concluyó con el cautiverio de al menos 11.000 personas: después de un plazo en el que pudieron intentar rescatarse con sus propios bienes y los que fueran capaces de allegar, cosa que no consiguieron, la Corona cedió por reparto o vendió a la mayor parte de aquellos desventurados.

Pero lo habitual fue que se llegara a pactos o capitulaciones para rendir plazas y territorios a cambio de que los vencidos obtuvieran diversas garantías. En todas las capitulaciones aparecen como elementos comunes el respeto a la vida y la libertad personal de los granadinos, y al dominio de sus bienes muebles, si tienen que emigrar y, en el caso de que permanezcan, a la práctica de su religión, a sus formas de organización social, a su ordenamiento jurídico privado, a su régimen tributario, al derecho a comerciar y a recibir salario justo por su trabajo y, en fin, a todos los demás aspectos de su mundo cultural: las comunidades musulmanas aceptan plenamente, a cambio, la sumisión al nuevo orden político y militar, entregan fortalezas y armas ofensivas, colaboran en su caso a la defensa del territorio, y reconocen su condición de *vasallos e súbditos naturales* de los reyes de Castilla, como sometidos suyos o *mudéjares*. Pero, más allá de estos caracteres comunes, hay una gradación de menor a mayor generosidad en otros aspectos, especialmente en los económicos, que permite delimitar tres tipos de capitulación: uno aplicado entre 1484 y 1487, otro que se empleó en las campañas de 1488 y 1489, y un tercero exclusivo de la ciudad de Granada y la Alpujarra.

En el primer tipo, los habitantes de plazas fuertes tuvieron que abandonarlas, especialmente si había habido resistencia armada, llevando sus bienes muebles, pero renunciando a todos los bienes raíces, de modo que tenían que emigrar o bien a zonas ya conquistadas, e incluso a otras partes de Castilla en algunos casos, o bien, con licencia regia, al norte de África o, en un primer momento, a territorio granadino todavía independiente, como sucedió con los vecinos de las fortalezas de la Vega, en 1486, que pudieron marchar a la ciudad de Granada. Se estimuló la posibilidad de emigrar al norte de África, que afectaba sobre todo a grupos más pudientes y cultos, hasta el extremo de que en algunos casos sufragaba el viaje la Corona aunque, más adelante, lo habitual fue el pago de un peaje y un tanto por ciento de los bienes que cada emigrante llevaba consigo. Pero, además de los granadinos que se veían obligados a emigrar, había otros muchos que, aun pudiendo hacerlo también, tenían la posibilidad de continuar en sus residencias y conservar sus bienes raíces, e incluso sus cuadros de administración civil local. Eran éstos todos los que vivían en lugares abiertos y capitulaban sin lucha previa, aunque forzados por la necesidad que les imponía la destrucción de su sistema de defensa tras la conquista de los puntos fuertes de su comarca. Sus domicilios estaban protegidos de toda violación, lo que se manifestaba principalmente en el hecho de que no habían de admitir huéspedes contra su voluntad.

Las capitulaciones de los años 1488 y 1489 se conocen con mayor detalle. Hay más textos originales, lo que permite un estudio más profundo. El rasgo que define y caracteriza a todas estas capitulaciones es la facultad dada a los vencidos para continuar en la posesión de sus viviendas y bienes de todo tipo en condiciones, además, mejores que las otorgadas en años anteriores, tanto si la capitulación se ha asentado sin lucha, según sucedió en 1488, como si la resistencia armada previa ha sido fuerte, caso ocurrido en 1489. Hubo incluso algunas amnistías por males o delitos cometidos durante la confrontación que concluía. Influiría en esta actitud más benévola, seguramente, la previsión de que muchas de aquellas plazas y territorios iban a formar parte del señorío de Boabdil más adelante pero, una vez que desapareció esta posibilidad y tras una conspiración ocurrida en el verano de 1490, los habitantes musulmanes de Baza, Guadix, Almería, Salobreña y Almuñécar fueron expulsados —los de Baza vivían ya sólo en el arrabal—, perdieron sus bienes raíces y tuvieron que instalarse en otras partes.

Otros aspectos de aquellas capitulaciones también eran algo más favorables para los vencidos, por ejemplo en relación con las armas —podían conservar caballos y armas blancas— y en lo tocante a los cautivos: mientras que en el tipo de capitulación aplicado en 1484-1487 se exigía la liberación pura y simple de los cautivos cristianos, en éste se indemnizaba total o parcialmente a los dueños musulmanes, se permitía el canje por los rehenes de las plazas conquistadas que estuvieran en poder de los reyes, se anulaba la exigencia de liberación de los cautivos cristianos llevados al norte de África o vendidos allí antes de la capitulación, se aseguraba la libertad de los cautivos granadinos naturales de los lugares que capitulaban, compensando a su dueño cristiano por lo que hubiera pagado al comprarlo, y, lo que es más, en 1489 se aceptó que cualquier cautivo granadino que huyera y lograra entrar en Baza, Almería o Guadix, quedaría libre.

Se consideró ya expresamente la situación de antiguos cristianos y de hijos de cristianas. En la capitulación de Purchena, los reyes otorgan que si *algunos fueron tornados moros en los tiempos pasados que non sean apremiados a se tornar cristianos contra justicia*; en la de Almería, indican que los hijos de cristiana y musulmán no serán requeridos antes de los doce años para aceptar la religión de sus madres, dejándose la cuestión a su libre albedrío, y otorgan también a los judíos los mismos capítulos que a los musulmanes.

La emigración al norte de África fue ampliamente favorecida. En la capitulación de Purchena se señala de modo genérico el derecho a emigrar *allende* cuando cada cual quisiera. En la de Almería se especifica mucho más: la Corona pondrá barcos a disposición de los emigrantes; el paso será gratuito durante el primer año; los emigrantes podrán llevar consigo sus bienes muebles y el producto de la venta de los bienes raíces, o bien dejar procuradores que los vendan en su nombre y les envíen el importe.

Las capitulaciones para la entrega de la ciudad de Granada, de la Alpujarra y demás tierras sujetas aún a Boabdil en 1491 es el último tipo a considerar. Posee algunos aspectos específicos pero otros son comunes con los ya estudiados, por ejemplo la conservación de domicilio y propiedades, o bien mejoran sus condiciones. Así sucede con la concesión de franqueza fiscal por casas y heredades durante tres años —sólo para la ciudad y sus arrabales—, o con el respeto expreso al régimen de aguas y riegos de la época nazarí. En otra cuestión clave, la relativa a los cautivos, se pactó que los cristianos presos en Granada saldrían libremente —lo hicieron unos 1.500—, pero los granadinos no tendrían que responder de los que ya no estuvieran en su poder por haberlos llevado al norte de África o vendido. El trato dado a los cautivos musulmanes, a cambio, constituye uno de los rasgos más singulares de esta capitulación: se declaró que todo cautivo musulmán que huyera y se refugiara en la ciudad de Granada sería libre y, sobre todo, la Corona se comprometió a dar libertad a todos los musulmanes de Granada y los lugares que capitularon con ella que estuvieran cautivos en los reinos de Castilla, pagando a sus dueños la indemnización que correspondiera.

Se reconoció a los granadinos la posibilidad de conservar sus caballos y armas blancas aunque, poco después de la entrega de la ciudad, se llegó al acuerdo de que las entregaran, salvo los puñales cortos, a cambio de una gran cantidad de trigo, imprescindible en aquel momento para el abastecimiento de Granada. Otro aspecto importante de la capitulación estipulaba que los granadinos no serían obligados a participar en guerras contra su voluntad: en caso de ser movilizados, los caballeros recibirían sueldo de la Corona en las mismas condiciones que los del resto de Castilla.

Respecto a la emigración al norte de África, la Corona aseguró el pasaje gratuito en barcos durante tres años, con posibilidad de retorno, dentro de ese plazo, para quienes así lo decidieran. Igualmente, se extremó el cuidado en cuestiones que afectaban a la situación religiosa pero distinguiendo la del musulmán de origen, la del *helche* o renegado y la de los hijos de cristianas, lo que tendría consecuencias de futuro importantes. El respeto a la fe de los primeros es meridianamente claro: *a ningund moro o mora non fagan fuerza a que se torne cristiano nin cristiana*. A los *helches*, *ninguna persona sea osado de los amenguar nin baldonar en cosa alguna*. Y, en lo relativo a los hijos de cristianas, conversas al Islam o no, habidos con musulmanes, *se guarden los términos del Derecho*, o bien, *no sean apremiados por fuerça a se tornar cristianos*. Esta mención al Derecho —que era también la legislación eclesiástica y permitía la intervención de la Inquisición en ciertos casos— dejaba abierta la puerta a acciones que, sin embargo, no se iniciaron hasta finales de 1499.

Los judíos, por su parte, se beneficiaron de toda la capitulación, salvo los que antes habían sido cristianos, a quienes se dio plazo de uno o tres meses, los textos discrepan, para pasar al norte de África. Estas cláusulas de la capitulación importan, también, porque confirman al cronista Hernando de Baeza cuando escribe que la corte del emir era refugio de renegados y judaizantes.

2. Emires y notables musulmanes

El trato dado a las autoridades y notables musulmanes en todos los tipos de capitulación fue honorable. Las religiosas y judiciales siguieron en sus puestos si continuaba en el mismo lugar la comunidad musulmana, así como los alguaciles y otros oficios de la administración local. Los arraeces o jefes militares y los alcaides más importantes recibieron mercedes en metálico o en paños y tejidos, cuyo valor intrínseco era en aquella época alto y estable. Los dirigentes políticos obtuvieron remuneraciones que aseguraban la continuidad de su tren de vida y su preminencia social, tanto si permanecían como cuando decidían emigrar: se trataba de dar o reconocer a cada cual según su linaje y *calidad*.

Así, a finales de 1489, el Zagal recibió en señorío las *taas* alpujarreñas de Andarax, Lecrín, Orgiva y Lanjarón, donde ningún cristiano podría entrar sin su permiso, el disfrute de la mitad de las rentas de las salinas de La Malaha, un capital líquido de 20.000 *castellanos de oro* (25.866 ducados), un precio de rescate justo por todos los cautivos cristianos que tenía, seguridad de que sus bienes y los de sus familiares en la ciudad de Granada serían respetados y francos de impuestos, permiso para conservar él y los suyos caballos y armas blancas, seguridades para las personas y bienes de sus seguidores, y de que él y sus representantes recibirían un trato conforme a su sangre real. Con todo, se le abrió un atractivo camino para la emigración al norte de África, al ofrecerle los Reyes Católicos 30.000 *castellanos* por el señorío de las *taas* y la renta de la salina, y paso gratuito en buenos navíos para él y los suyos con todos los bienes que quisieran llevar, y el Zagal no tardó en aprovechar esta posibilidad unos meses después.

Yaḥyā al-Naŷŷar se quedó, recibió por algún tiempo el señorío de la *taa* de Márjena y las tierras heredadas de su padre en el Río de Almería, así como una cantidad anual de 550.000 maravedíes (1.466 ducados) fruto de las rentas reales de algunas *taas*. Más adelante se bautizó con el nombre de don Pedro de Granada Venegas, fue alguacil mayor de Granada y caballero de la Orden de Santiago. Esta rama de la familia real granadina, así como la de los hijos de Abū'l-Ḥasan y la cautiva cristiana Soraya fueron las únicas que acabaron integradas en la nobleza castellana.

En lo relativo a Boabdil, la ruptura de relaciones en 1490 anulaba todos los acuerdos anteriores, pero a finales de 1491 obtuvo una capitulación especial, conforme a su calidad regia, que benefició también a sus familiares y a algunos de sus colaboradores directos. Recibió en señorío hereditario prácticamente toda la Alpujarra (*taas* de Berja, Dalías, Márjena, El Boloduy, Lúchar, Andarax, Subiles, Ugíjar, Orgiva, El Jubeyel, Ferreira y Poqueira), salvando la opción preferente de la Corona para recuperar la jurisdicción en caso de que la quisiera vender o enajenar, y aceptando la presencia de guarniciones castellanas en las fortificaciones costeras. La concesión era también beneficiosa para los Reyes Católicos porque les evitaba la dura tarea de ocupar militarmente la Alpujarra, cosa que hubiera obligado a considerable esfuerzo, y les permitía exigir la sumisión y la paz de aquel territorio a través del propio Boabdil, como vasallo suyo. Además de este señorío, Boabdil se embolsó la suma de 30.000 *castellanos* (38.750 ducados), vio reconocido su derecho a todas las propiedades que tenía antes de alcanzar el emirato, así como su madre, hermanas y mujer a las suyas, todo ello exento de tributos, y recibió licencia de comercio franco, hasta ciertos límites, tanto en Castilla como con el norte de África.

Las mercedes a sus principales colaboradores se incluyen en otra capitulación específica. Abū'l-Qāsim al Mulīh y Yūsuf ibn Kumāša se repartieron las *taas* de Lecrín y Lanjarón, las salinas de La Malaha y Dalías, junto con otros bienes raíces en la Vega y en la Alpujarra, y una suma de 20.000 *castellanos*, además de obtener las mismas franquezas de impuestos que el emir.

E, igualmente, las mismas condiciones de emigración, si deseaban aprovecharlas junto con Boabdil. Las capitulaciones previeron que, si el emir optaba por abandonar el territorio granadino, en cualquier momento, se pondría a su disposición gratuitamente dos grandes barcos —carracas— de bandera genovesa que le transportarían, junto con sus familiares y seguidores, a cualquier puerto norteafricano entre el estrecho de Gibraltar y Alejandría.

Sería importante saber cuántos granadinos emigraron en los años inmediatos a cada capitulación, aprovechando las posibilidades abiertas en ellas o clandestinamente, pero nunca se podrá llegar a estimaciones exactas. Es posible que, contando las bajas de la guerra, las emigraciones paralelas y posteriores a ella, incluyendo las que tendrían lugar durante los sucesos de 1500 a 1502 e inmediatamente después, Granada haya perdido más de la mitad de su población, puesto que el número de moriscos no superaba las 125.000 personas en la segunda década del siglo XVI. Sólo de la ciudad de Granada y los territorios que capitularon con ella salieron al menos 10.000 personas en 1492 y 1493, según los datos que facilita el secretario real Hernando de Zafra. En octubre de este último año lo hizo el mismo Boabdil, después de recibir de los reyes una compensación por el señorío y las propiedades que dejaba en el antiguo emirato cifrada en 21.000 *castellanos de oro* a los que se sumaron al menos otros 9.000 recibidos por sus colaboradores inmediatos Ibn Kumāša y Abū'l-Qāsim al Mulīh, más el precio pagado por la Corona a las «reinas moras» por sus heredades, huertas y molinos en la Vega.

3. El cumplimiento de lo capitulado

Las capitulaciones fueron el procedimiento más adecuado para poner término a cada campaña militar y para acelerar el fin de la guerra; pero eran, también, el resultado de respetar una práctica de siglos pasados, manifestada en el hecho de conceder condiciones y aceptar teorías opuestas a las entonces vigentes en el ámbito político. Lo cierto es que tuvieron una duración más bien breve para los granadinos que permanecieron, porque los sucesos ocurridos entre diciembre de 1499 y mediados de 1501 produjeron su desaparición, así como la del Islam granadino, al menos legalmente. No es nuestro propósito narrarlos ni explicar aquí sus circunstancias, pero sí conviene preguntarse por los motivos profundos de aquella brevedad. Sin duda, las tendencias políticas de la época hacían resaltar los factores de inasimilación sobre los de convivencia entre comunidades de distinta cultura y religión y planteaban la conveniencia de resolver el problema mediante la expulsión o la absorción del grupo más débil. Hay que tener en cuenta, también, la presión ejercida por los conquistadores, andaluces casi siempre, sobre los vencidos granadinos, manifestada en el afán de recibir y colonizar tierras, de reivindicar una posición preferente que la Corona quiso favorecer pero no contra lo pactado, de manifestar, en suma, su condición de vencedor sobre un enemigo temible durante siglos. Los granadinos, por su parte, aceptaron la nueva situación con repugnancia —les resultaría tan poco aceptable como lo había sido dos siglos y medio atrás para los musulmanes que se sublevaron en el valle del Guadalquivir y en Murcia contra Alfonso X en 1264— y, así, a la poca convicción con que los conquistadores llevaban a la práctica las capitulaciones, respondían ellos con una insinceridad que resultaba de lo difícil que les resultaba reducir su ánimo al nuevo estado de cosas.

Si la conquista se reducía al terreno militar, pero permanecían las bases culturales, la organización social y económica de la densa población musulmana, existía el peligro de una reacción que se produjo de forma casi inevitable, en parte por la violación de las capitulaciones, pero en parte también porque su nueva situación parecería a muchos granadinos íntimamente inaceptable. No se trata de justificar actitudes, sino de explicarlas en lo que cabe. En lo que respecta a la Corona, hay que pensar que, desde un punto de vista jurídico, las capitulaciones son siempre privilegios concedidos por ella, no tratados internacionales, ni siquiera convenios con comunidades que aceptan voluntariamente su soberanía. Ahora bien, todo medievalista sabe hoy que el privilegio real era revocable; también lo sabía entonces el Zagal cuando pidió que la Santa Sede refrendara su capitulación. Había mediado una guerra tras dos siglos de hostilidad. Mejor que esforzarse en hallar al culpable del primer chispazo que quemó los privilegios de capitulación será, tal vez, poner el acento en el motivo de que fuesen tan sumamente combustibles. En Granada, como en tantos otros sitios, la legalidad no pudo imponerse sobre un estado de violencia y de antagonismo que tenía raíces mucho más profundas que ella.

Desde luego, con la reflexión que antecede no se trata de afirmar que el cumplimiento de las capitulaciones así «asentadas y concordadas» quedara en todos los casos y circunstancias al libre arbitrio de la voluntad regia pues, por el contrario, los monarcas aseguran y prometen siempre por «su fe y palabra real» guardarlas y cumplirlas, y hacerlas guardar y cumplir «en todo y por todo», y no actuar contra ellas: *seguramos e prometemos de tener e guardar e cumplir todo lo contenido en esta capitulación en lo que a Nos toca e incumbe*, leemos en las cláusulas finales de la de 25 de noviembre de 1491. Pero, evidentemente, la forma diplomática de los documentos públicos es la de carta real de privilegio, expedida para dar seguridad al acuerdo («por seguridad de ello»), establecido en «la capitulación oficial y original, negociada y firmada de las dos partes» (Moreno Casado), a la que no se dio publicidad. La cuestión estriba en qué ocurriría en caso de conflicto entre derechos o en otro supuesto de «justa causa» que impulsara a los Reyes Católicos, o a alguno de su sucesores, a actuar más allá de su capacidad ordinaria, haciendo uso del principio absolutista *(princeps legibus solutus est)*, que estaba aceptado en la doctrina política de la época, y se aplicaba en la propia Castilla, cuanto más, si fuera preciso, en un antiguo emirato vasallo conquistado por la fuerza de las armas y habitado por infieles, aunque en ningún caso se aplicó o utilizó, ni siquiera se mencionó, otro principio discutido por los autores medievales, sobre la falta de personalidad política de las sociedades de infieles o paganos y la imposibilidad de que en ellas hubiera poder político legítimo anterior a su sumisión a un príncipe cristiano: las capitulaciones dan por supuesta esa legitimidad, siguiendo en esto tácitamente la doctrina aristotélica sobre el carácter natural de la organización política de cualquier sociedad.

Algunos autores prefieren ver en las capitulaciones «pactos contractuales, cuya naturaleza es plenamente feudal», siguiendo una línea conceptual y terminológica que se esboza ya en el clásico estudio de J. Moreno Casado,[1] y que ha sido renovada en debates recientes sobre las características del poder real, del «privilegio» y de la «gracia» regias y del pacto con el *reino* en la organización política del llamado «Estado moderno». Sería posible así aplicar a las

---

1. J. Moreno Casado, «La capitulación de Granada en su aspecto jurídico», *Boletín de la Universidad de Granada*, 87 (1949), pp. 299-331.

capitulaciones el dicho de Baldo sobre los límites del poder real, pues *Deus subiecit ei leges sed non subiecit ei contractus*, de modo que éstos se constituían en «limitación normativa al ejercicio del gobierno y la jurisdicción regia». Ahora bien, aunque esto pudiera aplicarse a feudos y derechos antiguos de un reino cristiano, donde los hubiera, y aunque se haya tenido en cuenta dentro de procesos de recuperación de poder como los que llevaron a cabo los reyes de Francia entre los siglos XII y XV, o en las reflexiones sobre los límites del poder imperial en las ciudades italianas, no parece correcto, a mi entender, aplicar esta tesis en Castilla, en relación con los nuevos oficios públicos de la administración monárquica o con los señoríos nobiliarios de creación bajomedieval, y menos aún en el caso de las capitulaciones granadinas, cuyos presupuestos, tanto prácticos como doctrinales, son distintos: en noviembre de 1491, los reyes tomaron a los habitantes de Granada, y a los que capitularon con ellos, *por sus vasallos e súbditos e naturales, e so su amparo e seguro e defendimiento real*, y esto hay que entenderlo en el contexto político castellano de finales del siglo XV más bien que apelando a teorías genéricas sobre la naturaleza del «contrato feudal» o a la inalterabilidad de unos supuestos *iura regni* que en ese caso, me parece, no se reconocieron porque las capitulaciones fueron varias y distintas y nunca se consideró a la Granada nazarí como una *communitas regni* en ellas, aunque se garantizaba en cada caso, eso sí, el respeto de la ley religiosa islámica y su aplicación como derecho privado, y de conjuntos diversos de derechos, usos y costumbres, e incluso privilegios, de los granadinos. El elemento pactual está presente en todos los ámbitos de la vida política medieval, sea o no feudal su raíz, pero lo que importa no son sólo las teorías generales sobre su alcance y efectos, sino también el buen conocimiento y valoración de las fuerzas sociales y de las circunstancias políticas presentes en cada caso.

La única posibilidad para los granadinos que permanecieron era mantener el statu quo derivado de las capitulaciones, cosa, en verdad, ni fácil ni agradable para ellos, aunque hay que tener en cuenta que la Corona y, sobre todo, los nobles que recibieron señoríos en el antiguo emirato, favorecían la permanencia de aquellos musulmanes, en general de humilde condición económica, debido a su valor como mano de obra agrícola insustituible, especialmente en las zonas montañosas y en las dedicadas a cultivos especulativos, o bien a su condición de hábiles artesanos de residencia urbana.

Había, además, diversas formas de cumplir los pactos, y una

capacidad de resistencia diferente, mayor en algunas zonas como la Alpujarra o las serranías de Málaga y Ronda, pero mucho menor en otras, como la misma ciudad de Granada. Al analizar la voluntad regia en orden a cumplir las capitulaciones, se pueden deslizar con facilidad juicios de valor o de intención, para buscar así antecedentes a lo ocurrido desde finales de 1499, pero, en mi opinión, desde la conquista hasta aquel momento corrieron unos años en los que los granadinos vivieron a tenor de lo capitulado. Me parece claro que fue voluntad de la Corona respetar los compromisos contraídos y no he hallado ninguna disposición en contra. Se puede opinar, aunque no hay mucha documentación para hacerlo, sobre los abusos cometidos en cada caso concreto, pero no sobre la voluntad de los reyes respecto a hacer que se respetara lo que habían asegurado por su *fee e palabra real*. Es cierto que no había confianza, ni cordialidad, entre las partes implicadas, sino tensión y temor; las relaciones sociales y de poder establecidas durante los procesos de colonización jugaban en contra de los granadinos, sujetos a presiones sociales y administrativas que a menudo iban en su contra y degradaban su situación de hecho, por lo que habría abusos en los niveles locales de ejercicio del poder y las capitulaciones se aplicaron casi siempre en su perfil más bajo o estricto, pero se respetaron por parte de la Corona. Algunos ejemplos, en los que parece haberse llegado al límite de lo legal, ayudarán a precisar este asunto.

En febrero de 1492 los habitantes de la ciudad de Granada entregaron la mayor parte de las armas que la capitulación les permitía conservar, pero fue por renuncia propia, aunque inducida por la necesidad de obtener el trigo necesario para su alimentación. Del mismo modo, en 1498, se alcanzó un acuerdo para que los musulmanes de la ciudad abandonaran la *medina* y pasaran a vivir en los arrabales del Albaicín y Antequeruela, mientras que un año después se pregonaba la prohibición de que acudieran de otras partes a vivir en la ciudad, pero se mantuvo la organización administrativa o *concejo* musulmán que los Reyes Católicos habían establecido en 1492. Tanto en un caso como en el otro, sin embargo, pudieron mediar presiones de hecho cuyo alcance es muy difícil determinar y la parte más débil, a la hora de concertar el pacto, era evidentemente la granadina.

La conservación de los bienes inmuebles pudo incluso ser motivo de sujección, por ejemplo en la serranía de Ronda, cuando se decretó la residencia obligatoria de los musulmanes en sus lugares. Más importante todavía fue la medida aplicada en la Vega de Granada, según la cual los musulmanes podían vender heredades, pero no comprarlas: es evidente que se quería estimular la llegada de colonos y vecinos cristianos a la ciudad.

En otro orden de cosas, tenemos noticia de dos *servicios* o impuestos extraordinarios repartidos entre los granadinos en 1495-1497 y 1499, circunstancia siempre desagradable y fuente de tensiones, como bien sabían los mismos castellanos de otras regiones, que también estaban sujetos a este tipo de fiscalidad extraordinaria, pero los reyes podían demandarlo a los granadinos como *vasallos e súbditos e naturales* suyos que eran, y, posiblemente, la práctica fiscal nazarí, cuya continuidad aseguraban las capitulaciones habría conocido también aquel tipo de contribuciones extraordinarias, que se percibían al margen de los «derechos acostumbrados». Por el contrario, un aumento de los diversos impuestos y derechos ordinarios sí hubiera constituido una clara ruptura de las capitulaciones y es muy probable que, hacia 1500, los reyes recibieran pareceres de sus consejeros especialistas en Derecho a favor de obrar así, para acelerar el bautismo de los granadinos sometiéndolos a una fiscalidad más gravosa, incluso confiscatoria. Pero no fue por ese camino la política regia antes de los sucesos de 1499-1501. En el transcurso de estos últimos, y, por lo tanto en circunstancias distintas, sí se observa, después de revueltas o sublevaciones de granadinos en diversas partes del reino, que la alternativa al bautismo eran penas que podían incluir la pérdida de bienes e incluso el cautiverio de personas, y también lo es que las operaciones militares produjeron confiscaciones y esclavizaciones de importancia.

Último caso a debate, la disposición regia de 31 de octubre de 1499, sobre el mantenimiento del derecho a heredar, al menos su *legítima*, por parte de aquellos granadinos que se habían bautizado y eran ya cristianos: la ley islámica, en estas cuestiones de Derecho privado, debía aplicarse entre musulmanes, y así lo garantizaban las capitulaciones, donde leemos que en *lo de las herencias de los dichos moros, se guarde la orden e se juzguen por sus alcadís, segund la costunbre de lo dichos moros*, pero, desde el momento en que una de las partes ya no lo era, se planteaba un conflicto de derechos y la posible indefensión jurídica de un súbdito cristiano, por lo que los reyes ordenan a los jueces de sus reinos que apliquen en estos casos al cristiano, siempre previa petición de parte, la legislación castellana; hay que tener en cuenta esta circunstancia conflictiva para valorar si así se «contravenía abiertamente lo pactado en la capitulación de 1491» o no, aunque, desde luego, la medida pudiera contribuir a crispar la situación en vísperas de los sucesos que ocurrieron poco después.

En el mismo documento regio se resuelve tardíamente una situación paradójica a que había dado lugar la capitulación de Granada en 1491: según ella, los vecinos de la ciudad, de sus arrabales y alquerías, que estuvieran cautivos en cualquier parte de los reinos de Isabel y Fernando debían ser liberados, pagando la Corona su importe a los dueños, pero se daba la circunstancia de que algunos de aquellos granadinos se habían tornado cristianos durante su cautiverio. Hasta casi ocho años después no aclaran los reyes que no sólo a los musulmanes sino también a ellos les ha de alcanzar la liberación *porque no es razón que sean de peor condición que si fueren moros, antes deven ser de mejor...* La medida regia se presenta en este caso, sin embargo, no como reconocimiento de un derecho, sino *queriendo usar con ellos de misericordia [...] e por los faser bien e merçed.*

Por debajo de aquellas circunstancias singulares, circulaba una corriente mucho más importante y, en definitiva, perjudicial para los granadinos musulmanes, la de los inmigrantes y colonos cristianos, porque entre vencedores y vencidos hubo un verdadero abismo cultural e ideológico, en especial en aquellos primeros años. Se estima que de 35.000 a 40.000 personas, muchas de ellas con sus familias, acudieron a poblar en el antiguo emirato entre 1485 y 1498. Predominaba entre ellas el elemento andaluz, posiblemente más de la mitad, los castellanos y leoneses en segundo lugar, en tercero las gentes del reino de Toledo y actual Extremadura, murcianos en el sector oriental, e incluso algunos valencianos y vascos en poblaciones costeras. Se intentó excluir gentes sin oficio o familia, marginales e individuos de mal vivir, para favorecer el asentamiento de pobladores pacíficos y productivos, dotándoles de los bienes raíces correspondientes a su *vecindad* y de estímulos y exenciones fiscales, aunque también es cierto que la Corona hizo merced de muchas tierras a instituciones y personajes absentistas, pero, en definitiva, las localidades principales del reino, y muchas de la antigua frontera, se poblaron de nuevo rápidamente: Ronda, Loja, Vélez Málaga, Málaga, Guadix, Baza, Almería, Vera, Antequera, Archidona, etc. Y a la misma ciudad de Granada y su Vega acudieron muchos pobladores, aunque instalándose en inmuebles y tierras del fisco regio o bien por compra de otras a particulares.

La nueva población del reino iba acompañada por la puesta a punto de cuadros administrativos y de defensa adecuados y muy costosos, sobre todo el dispositivo militar, a cuyo frente estuvo don Íñigo López de Mendoza, conde de Tendilla, capitán general. Y también de una rápida organización eclesiástica dirigida por el arzobispo de Granada, fray Hernando de Talavera, al que secundaban los obispos de Málaga, Guadix y Almería. En suma, aquél fue el principal beneficio de la guerra para los vencedores, el haber incorporado un nuevo reino a la Corona de Castilla, culminando una empresa de conquista que se justificaba siempre como recuperación del territorio perdido antaño y restauración del poder legítimo.

No hay que buscar, en cambio, testimonios de beneficio económico inmediato para la Corona. El producto de la fiscalidad heredada de los nazaríes, con ser mucho porque era muy gravosa, procedía sólo de los musulmanes y no cubrió los gastos de defensa y administración en los años siguientes a la guerra. Ésta, además, había obligado a gastos inmensos sufragados por todos los habitantes de la Corona de Castilla, que sólo en parte revirtieron a favor de algunos en forma de sueldos militares, pago de aprovisionamientos y diversos servicios, etc. En el aspecto fiscal, los beneficios se observan a más largo plazo: los Reyes Católicos se vieron en la necesidad de poner a punto una potente maquinaria para obtener recursos extraordinarios con los que financiar la guerra, según se explica en otro capítulo, pero aquel enorme esfuerzo sirvió también, más allá de sus objetivos inmediatos, para disponer de fuentes y procedimientos de ingresos que no dejarían de utilizar los monarcas, y sus sucesores más aún, en empresas militares, de modo que, en este aspecto, la guerra de Granada fue también madre de experiencias que después mostrarían su validez para sufragar las iniciativas de la Corona en otros escenarios bélicos, lejos del antiguo emirato y de los reinos de España.

CAPÍTULO 6

MUSULMANES Y CRISTIANOS.
LA PERCEPCIÓN DEL «OTRO» GRANADINO
EN CASTILLA

Para conseguir una comprensión mejor de la realidad histórica, es preciso completar el relato de los hechos con el conocimiento de las estructuras más estables de relación entre Granada y Castilla, en cuyos marcos o cauces se producían aquéllos, y así lo hemos procurado hasta aquí. Pero también necesitamos saber algo
sobre el mundo mental al que unos y otras correspondían, y esto es
siempre más difícil. Conocemos algunos aspectos mejor para el siglo XV, y no es aventurado suponer que variaron poco en relación
con los tiempos anteriores. El problema mayor es que tenemos una
información mucho más amplia procedente del lado castellano,
hasta el extremo de que hemos de reconstruir también a través de
ella la perspectiva o punto de vista granadino.

Presentaré un panorama en el que se combinan elementos muy
variados, unos procedentes de la época y los hechos objeto de este
libro y otros de ámbitos o sucesos próximos, correspondientes
siempre a los últimos siglos medievales. Sobre este tipo de asuntos,
relativo al mundo de los valores y de la historia de las mentalidades, nunca se puede llegar a conocer todo sino que es inevitable ce-
ñirse a aproximaciones, con la conciencia clara de que los testimonios y reflexiones singulares no dan cuenta total de unas realidades
mucho más amplias y variadas, pero no por eso se ha de desdeñar
o minusvalorar su valor explicativo para nosotros ni el peso que tuvieron como formadores de opinión predominante en su tiempo.

Los puntos de vista utilizados con mayor frecuencia para apro-
ximarse a la consideración de lo islámico y de los musulmanes en
la Castilla bajomedieval se han referido a cuestiones y aspectos muy
variados. Por ejemplo, a la influencia del mudejarismo artístico y

decorativo, en la indumentaria y en los usos cotidianos, como muestras de una aceptación, al menos limitada, del *otro* musulmán. En tiempos recientes, ha hecho progresos la investigación sistemática sobre las imágenes del *otro* según las crónicas y fuentes literarias, aunque se ha avanzado poco para la época a que ahora nos referimos. Contamos, en tercer término, con los numerosos y sólidos estudios dedicados al tema morisco en la literatura, que ha sido una de las principales causas de la permanencia, e incluso de la elaboración de imágenes irreales sobre lo que fue el Islam bajomedieval en la península Ibérica.

Sin embargo, mi intención es aludir ahora a otros puntos de vista, a veces utilizando diversos ejemplos en los que se muestra esa frecuente superposición entre lo real y lo maravilloso en la formación de imágenes sobre el Islam, que a veces percibieron los mismos contemporáneos, como le sucedió a Fernán Pérez de Guzmán quien, al escribir la biografía del adelantado mayor de Castilla, Gómez Manrique, narra cómo fue entregado en rehenes, acaso en 1362, a los granadinos y llegó incluso a ser converso al Islam, aunque al cabo regresara, ya adulto, a Castilla, donde alcanzaría una elevada posición política en atención a su linaje. Pues bien:

> Como quier que verdadero fuesse y cierto en sus fechos, pero por manera de alegría o por hacer gasajado a los que con él estaban, contaba algunas veces cosas extrañas y maravillosas que havía visto en tierra de moros, las quales eran graves y dubdosas de creer.[1]

El capítulo se divide en dos partes. En la primera, trataré sobre algunos aspectos de las relaciones de vecindad, en especial la cuestión de los cautivos, y sobre las imágenes acerca del *otro* musulmán y granadino que tenían los cristianos de Andalucía y de otras regiones de Castilla. En la segunda parte, procuraré establecer una relación entre los episodios y las actitudes que se produjeron en las relaciones entre Castilla y Granada, y los dos grandes asuntos que preocuparon a la Europa tardo-medieval respecto al Islam: la misión religiosa y la cruzada.

No es cuestión de forzar comparaciones con el tiempo presente, pero se intuye la continuidad de algunas formas e imágenes de origen medieval en nuestra percepción del mundo islámico y de los musulmanes. ¿Ocurre lo mismo o algo semejante entre ellos?

---

1. Fernán Pérez de Guzmán, *Generaciones y Semblanzas*, Madrid, ed. de J. Domínguez Bordona, 1965, cap. 15 pp. 63-64.

Tal vez se puede encontrar en el conocimiento de los fracasos y limitaciones de los tiempos pasados algunas inspiraciones para afrontar y resolver mejor los problemas de nuestros días, incluso cuando la situación no autorice a mostrar mucho optimismo.

1. Los cautivos

La frontera y la guerra tuvieron siempre una consecuencia temible que golpeó tanto las realidades sociales como las imágenes colectivas de entonces y, a menudo, prevaleció sobre otros modos de concebir la vecindad entre ambas sociedades. Me refiero al cautiverio de personas. Todos los estudios, que son muy numerosos, muestran la importancia que los cautivos han tenido en las relaciones entre Castilla y Granada. Era una situación muy dura y penosa y sirvió también como fuente de inspiración literaria durante el Siglo de Oro, en los siglos XVI y XVII, cuando el problema había pasado a situarse en el Magreb (Berbería), aunque también hubo muchos cautivos cristianos en la Berbería medieval.

El cautivo era objeto de venta, de explotación como trabajador al servicio de su dueño, y también de trueque, pues no fue raro el caso de personas con un familiar preso al otro lado que compraban un cautivo de precio semejante para obligar al cambio. Pero, en la mayoría de las ocasiones, los prisioneros no tenían esta suerte y su cautiverio se prolongaba en medio de condiciones de vida penosas, aunque es cierto que tenemos más noticia de los casos de mayor dureza que de situaciones individuales algo más benignas, que también las habría: con frecuencia, los cautivos pasaban la noche en «mazmorras» subterráneas —la misma palabra entró en el castellano procedente de Granada— con entrada por un orificio practicado en su techo, tal como lo muestran las que todavía hoy quedan en la zona de la Alhambra, o en Tetuán. Se les empleaba en trabajos que podían llegar a ser durísimos: en Ronda pasaban sus días subiendo agua a la ciudad desde el tajo, y de ahí viene un dicho hasta hace poco usado en el sur *(así te mueras en Ronda acarreando zaques)*. En otras ocasiones trabajaban en la construcción, tareas rurales, molienda, servicios domésticos y oficios artesanos. Peor todavía era el traslado a África, porque reducía muchísimo las posibilidades de liberación.

Como había cautivos por ambas partes, sucedía a veces que los de una sufrían represalias por el maltrato padecido por los de la otra. He aquí, por ejemplo, el relato de una iniciativa de Juan Ramírez de Guzmán, señor de Teba y caballero de la Orden Militar de Calatrava, ocurrido en los años treinta del siglo XV:

estando en aquella frontera supo que los moros de Ronda davan muy mala vida a los christianos que catibavan haziéndoles subir agua a cuestas por la sierra arriba que era cosa muy dificultosa y ansí el catiberio de aquella ciudad se tenía por el más recio en tanto que se traya en proberbio en toda la frontera diziendo quando mucho querían jurar: «ansí Dios me guarde de zaque de Ronda». A cuya causa él se determinó de correr la tierra y ciudad de Ronda en manera que el ovo de ella gran número de cativos y por les pagar el daño que a los christianos se hazían, dávalos muy cruda vida en tanto que los días de domingo y fiestas por su pasatienpo hazía hechar desde la fortaleza de Teba Ardales que era de su patrimonio pelotas de lonbardas muy gruesas por la cuesta abaxo y hazía que los moros muy aherrojados se las tornasen a subir a gran prisa y para lo poner mejor en efecto enbiava tras ellos personas muy crudas con varas de menbrillos para que los hiriesen. Los moros de Ronda, de que supieron lo que pasaua, ouieron de venir con él en partido de tratar bien a los christianos y les quitar el zaque porque él no diese tal vida a los suyos.[2]

En otro relato, de muy distinta procedencia, un testigo informa sobre las condiciones de vida de los cristianos cautivos en el *corral* de la ciudad de Granada, hacia 1438:

Estauan en el dicho corral fasta trezientos e çinquenta captiuos, que juro por Dios que alguno de ellos non tenía figura de onbre, ca non tenían synon el cuero e el huesso, bien assí como reyes que están mirrados. E sy los mirasen desde la uña del pie fasta los cabellos, les podrían contar quantos uesos en cuerpo tenían, porque tanto era el trabajo que tenían continuadamente, asy en las pascuas de los moros e otras fiestas suyas, en las quales non les dexauan folgar, e de otra parte tanta era la fanbre que padesçían, que estauan todos desmayados e syn fuerças, ca la raçión para todo el día que a cada uno dellos dauan era uno o dos paneçillos de panizo negro como carbón [...] Pues en aquellos seys días que con ellos estoue, cada día de aquellos ví enterrar quatro o çinco de los dichos captiuos, los quales morían de fanbre...[3]

Las treguas aumentaban las posibilidades de liberación para los cautivos cristianos, porque el emir se comprometía a entregar varios centenares en cada ocasión. Pero, como el fin por el que muchos lo eran no consistía tanto en utilizar su trabajo como en obte-

2. Real Academia de la Historia (Madrid), Col. Salazar, 9/238, cap. 73, f. 161-162.
3. Testimonio de Álvaro de Olid en el «Códice de Milagros» de la Virgen de Guadalupe. P. González Modino, *Los «milagros de cautivos» según los códices del Monasterio de Guadalupe*, cit. en M. González Jiménez, «La frontera entre Andalucía y Granada...», pp. 127-128.

ner rescate, en 1463, por ejemplo, muchos musulmanes *absentaron sus cativos de la çibdad de Granada e los levaron o enbiaron a otros lugares, porque el rey* [el emir] *no gelos tomase.*[4] No sería la única ocasión en que esto sucediera.

He aquí otros ejemplos: las treguas de 1410 estipulan la entrega en tres plazos o *términos* de 300 cautivos. Las de 1412 de 150, entre ellos dos nobles cuyo rescate se estimaba en 19.000 doblas. Otros 100 en las de 1417 y 550 en las de 1439, entre ellos un cautivo de 2.250 doblas de rescate. En 1456, Enrique IV exigió la entrega de 1.000 cautivos en el primer año de tregua y 333 en cada uno de los tres siguientes.

En otras ocasiones, los testimonios se refieren a acontecimientos o situaciones concretas que eran ejemplo de la presencia continua del peligro. Todavía en 1579, se recordaban los asaltos de los granadinos a Cieza, en la frontera de Murcia, en 1448 y 1477, que causaron el cautiverio de la mayoría de sus habitantes, cuya prisión dejó huella en la toponimia menor granadina:

> Ganaron /los Reyes Católicos/ la dicha ciudad de Granada y dieron libertad a los cautivos de esta villa /Cieza/ que estaban presos en las mazmorras de entre Torres Bermejas y los Mártires, en la loma que baja al Campo del Príncipe de la dicha ciudad de Granada, que vulgarmente se decían las dichas mazmorras el corral de Zieza la desdichada.[5]

El cronista granadino Hernando de Baeza recogió la noticia del cautiverio de 1477, en su tiempo:

> *[Muley Hacén]* mandó una vez juntar su gente, y hizo una entrada hacia el reyno de Murcia, y entró en dos lugares que dicen Cieça y Villacarrillo, y captiuó todas las personas dellos, y metiólos por Granada atados con una cuerda, que pienso que serían más de dos mill entre hombres y mugeres, niños y niñas; de los cuales pienso yo que casi todos se apartaron de la fe christiana, y yo alcancé muchos de ellos y ellas [...] Dende a pocos días, sauido por el rey que la villa de Cieça se auía tornado a poblar, tornó segunda vez allá, y cautivó todos los moradores, y quemó el lugar.[6]

Y, en fin, durante la guerra de la conquista de Granada, las escenas de liberación de cautivos cristianos cuando caía o se rendía

---

4. *Hechos del Condestable don Miguel Lucas de Iranzo*, cap. X.
5. J. Torres Fontes, «La frontera de Granada en el siglo XV y sus repercusiones en Murcia y Orihuela: los cautivos», en *Homenaje... Lacarra*, Zaragoza, 1977, IV, pp. 191-211.
6. Hernando de Baeza, *Relación...*, pp. 13-14.

una plaza fueron muy frecuentes y se rodearon de demostraciones religiosas y emotivas, aunque no siempre se podía evitar que los cautivos hubieran sido enviados al Magreb. En enero de 1492, según el viajero alemán Jerónimo Münzer, se liberó en la ciudad de Granada unos 1.500 cautivos cristianos, entre ellos muchos de los que habían sido capturados en el asalto a Cieza, en 1477, pero su número había sido superior en otras ocasiones, hasta 7.000 a veces. La descripción de su prisión es elocuente, aun descontando que el relato pueda tener alguna parte de exageración:

> Era la ciudad /Granada/ cárcel horrenda de más de 2.000 christianos que en ella padecían durísimo cautiverio, arrastrando grillos y cadenas, forzados como bestias a arar la tierra y compelidos a ejecutar los más sórdidos y denigrantes menesteres [...]. Hay allí catorce hondas y enormes mazmorras, abiertas en la misma roca, a las que se entra por estrechísimo portillo, capaz cada una de ellas para ciento y doscientos prisioneros. En alguna ocasión llegó a haber en Granada siete mil christianos en cautiverio, distribuidos entre esta cárcel y las casas de los particulares; muchos sucumbieron de hambre durante el sitio de la ciudad, y cuando se tomó eran pocos los supervivientes, que sólo mil quinientos fueron entregados al rey al tiempo de entrar en ella.[7]

Este mismo testimonio se halla en las cartas y relaciones de sucesos elaboradas con motivo de la toma de Granada a comienzos de enero de 1492, entre ellas la de Bernardo del Roi y otra francesa —*La très célébrable, digne de memoire et victorieuse prise de Granade*—, cuyo autor testimonia cómo vio salir de la ciudad «una larga fila de cristianos que tenían en sus manos las cadenas con las que habían estado cargados varios años». Son los cautivos representados en el retablo mayor de la Capilla Real de la catedral granadina, saliendo en hilera y aún encadenados por una de las puertas de la ciudad. Y algunas de aquellas cadenas serán las que todavía cuelgan de los muros exteriores de San Juan de los Reyes, en Toledo, como recuerdo y exvoto de la liberación. He aquí los testimonios de aquel 2 de enero de 1492:

> E inmediatamente se ordenó que los prisioneros que estaban en poder de los moros saliesen fuera, los cuales vinieron en procesión con la cruz y la imagen de la bienaventurada Virgen, la cual llevaban con sus cadenas; y yo los conduje a donde el rey como católico príncipe los recibió benignamente, y me mandó que esperase a la rei-

---

7. Relato del viajero alemán Jerónimo Münzer, año 1494, en *Viajes de extranjeros por España y Portugal*, Madrid, 1962, vol. I, recop. J. García Mercadal.

na, la cual venía con la demás gente, y con ella estaba el cardenal de España, y la dicha reina los recibió con gran reverencia y ordenó que fuesen llevados al castillo de Santa Fe.[8]

Todavía estaban las compañías de los christianos noble y ricamente ordenadas en bellas batallas fuera de la ciudad de Granada cuando una gran procesión y compañía de christianos hasta en número de setecientos prisioneros hombres y mujeres, que estaban presos en la dicha ciudad de Granada y habían estado presos en gran miseria y cautividad salieron fuera de la dicha ciudad, libres de la dicha cautividad y miseria. Y ciertamente daba gran piedad verlos porque estaban desnudos, pobres y deshechos, pero la real majestad les hizo vestir y apoyar y darles todo lo que era preciso para su vida y estado, y saliendo de la ciudad cantaban en alta voz alegremente el cántico de Zacarías: *Benedictus Dominus Deus Israel quia visitauit et fecit redemptionem plebis sue.* Y la procesión de los pobres prisioneros estaba acompañada por varios religiosos, sacerdotes y clérigos [...] Y a medida que la procesión de los christianos liberados de la cautividad pasaba ante las batallas, luego uno veía a su hijo, otro a su hermano y otro a su padre, que estaban francos, quitos y libres de la miserable servidumbre de los infieles, y no podían ver esto sin lágrimas y lloros de alegría porque veían la liberación de padres y amigos...[9]

El problema se desplazó, a partir de entonces, al otro lado del mar de Alborán: en el Tetuán restaurado por al-Manzarí, por ejemplo, solía haber de dos a tres mil cautivos cristianos hacia 1510-1515 y, no hace muchos años, E. G. Friedman ha estudiado 15.000 casos de rescates en Berbería, entre 1575 y 1769, realizados por miembros de las órdenes redentoristas.

La certeza de los padecimientos y peligros del cautiverio estimulaba a los familiares para allegar los medios y sumas de rescate, o para obtenerlos por medio del préstamo e incluso de la limosna. En ocasiones eran sumas enormes, como las 12.000 doblas de oro que se pagaron por el rescate del caballero Juan de Saavedra, apresado en la rota del Río Verde, en 1448, o las 60.000 que hubo de pagar don Juan Manrique, hijo del conde de Castañeda, preso en 1456, cuando era capitán de la frontera de Jaén, para salir del cautiverio, donde pasó *mucha estrecha vida [...] con travaxo insoportable.* Unos años antes, en 1438, el jerezano Diego Fernández de Zurita, se había liberado pagando 2.250 y dejando en rehenes,

---

8.   Bernardo del Roi, carta de 7 de enero de 1492, en M. C. Pescador del Hoyo, «Dos cartas inéditas al dux de Venecia», *Estudios de Historia de la Corona de Aragón*, VI (1956), pp. 477-483.
9.   *La très celebrable, digne de memoire et victorieuse...*, ed. Garrido Atienza, *Las capitulaciones...*, pp. 319-320.

mientras entregaba el resto del rescate, a su hija, su sobrino y su criada, que permanecieron otros tres años presos.

Redimir cautivos era la razón de ser principal de las órdenes redentoristas —trinitarios y mercedarios—, cuya acción fue continua en la Granada bajomedieval, a veces con prisión y muerte de los frailes. Una escueta pero impresionante relación de la actividad de los mercedarios en Granada, desde 1222 a 1482, enumera 58 misiones de rescate, con al menos 8.219 liberados, amén de otras menciones genéricas. Su labor se extendió ya entonces, y también en los siglos XVI al XVIII, al norte de África.

Otras formas de liberación, modestas pero efectivas, eran el canje directo de cautivos por iniciativa de sus familiares o amigos, utilizando a menudo los servicios de intermediarios o de alfaqueques, e incluso las posibilidades que los cautivos tenían de fugarse, porque se reconocía la libertad obtenida en caso de que la huida tuviera éxito, aunque debían restituirse los bienes tomados en su transcurso. Recordemos, a este respecto, la importancia que tuvo como guía para huidos de Granada la luminaria o *farón* que Juan I hizo instalar en la torre del alcázar de Alcalá la Real.

Desde luego, el tomar o comprar cautivos con idea de canjearlos era una práctica habitual en ambas partes. Enrique IV, en las Cortes de 1462, ordenó que, cuando se vendiera un cautivo musulmán, se limitara el margen de ganancia del vendedor en algunos casos y se diera la primera opción al que comprase para trocarlo por cautivo cristiano. En otros casos se procedía más directamente, según se comprueba en el siguiente texto:

> Y porque durante las treguas, según dicho es, los moros avíen catiuado muchos vecinos de la dicha çibdad de Jahén, los quales estauan en toda desesperación de salir e ser redimidos, así porque a los pobres les demandaban por sus rescates lo que no tenían, como a los ricos mucho mayores contías de las que podíen alcanzar, el dicho condestable, movido por caridad e compasión de los que así padecían el tal cautiverio..., mandó a ciertos criados y servidores suyos ... que fuesen a tierra de moros a traer alguna prenda dellos... *[Una vez capturados los granadinos, el condestable los reparte entre los parientes de los cautivos cristianos:]*... A cada uno de aquéllos mandó dar su moro, con que pudiese sacar a su pariente. Y de esta cabsa, muchos salieron a tierra de christianos, que no tenían esperança de salir ni nunca salieran. Y, mal pecado, pudiera ser que algunos dellos, con desesperación de la mala vida, renegara de la fe, como otros han fecho en tal caso como éste.[10]

---

10. *Hechos del Condestable...*, cap. VI, año 1461.

En ocasiones se apelaba a la recaudación institucional de limosna para un objetivo concreto: así, poco después de 1449, cuando se produjo el primer cautiverio colectivo de la población de Cieza, los monjes jerónimos de Guadalupe allegaron medios para liberar a unos cincuenta individuos. También los arzobispos de Toledo tendrían que ocuparse, por entonces, de obtener recursos para liberar a los vecinos de Villacarrillo, en el adelantamiento de Cazorla, cautivos de los granadinos. Otras veces actuaban como amigables mediadores algunos mercaderes extranjeros, en especial genoveses, que, al comerciar tanto en Castilla como en Granada, podían poner en relación a las partes interesadas y hacerse cargo de los pagos.

De otra posibilidad, el canje entre concejos, dan buen ejemplo los tratos de Colomera y Jaén, poco antes de 1482, a través de la siguiente carta escrita por el primero al segundo:

Señores: recibimos los dos moros nuestros que vosotros nos enviastes, e luego vos enviamos los tres christianos vuestros. E sabed, honrado concejo e caballeros, que el un mozo se tornó moro, e nosotros ovimos mucho pesar de ello, e le diximos que fuese con sus conpañeros, e no quiso. Mandad que venga su madre e parientes aquí a Colomera e travajen con el mozo para que se vaya con ellos, y nosotros lo dexaremos yr. Y vengan los que vernán seguros.

O bien esta otra, del alcaide de Cambil a los regidores giennenses, fechada en octubre de 1480:

Mucho honrados y esforçados cavalleros: vuestra carta recebí de esta verdad que tomaron mis moros esos dos christianos por el moro que allá me tenéis. Si enviar el moro, luego enviar a los christianos. Saludar al conçejo.[11]

No se puede olvidar que la situación, los trabajos y padeceres de los cautivos musulmanes en tierra cristiana eran semejantes, aunque no tenemos noticia de que hubiera grandes concentraciones de cautivos bajo control del poder político, como sucedía en Granada, pero hubo musulmanes cautivos en tierra cristiana, trabajando para sus dueños, a veces en su casa y en puestos de cierta confianza —cocineros, por ejemplo—, otras en diversos servicios, como los malagueños que, después de la toma de la ciudad en 1487, fueron llevados a Niebla. La promoción social del cautivo musulmán

11. J. de M. Carriazo, «Relaciones fronterizas entre Jaén y Granada...» y «Los moros de Granada en las actas del concejo de Jaén...».

era nula, salvo si se bautizaba y, ya cristiano, comenzaba un proceso de integración. Los testimonios escritos son escasos; he aquí lo que escribía un cautivo musulmán, en algún momento del siglo XV, a alguien que era su última esperanza:

> Mi señor quiere por mí ochenta [dinares] de oro, y si tú encuentras algún cautivo christiano, cómpralo y tráelo a Tetuán y envíame la carta a Tarifa. Yo no sé si estás vivo o muerto, porque llevo diecisiete años cautivo y no he encontrado a quien me busque sino a ti. Y si no tienes para comprar un christiano, ruega al sultán, que quizá por servicio de Dios me rescate con la limosna de los creyentes.[12]

Durante la guerra de la conquista de Granada sólo hubo cautiverios colectivos de musulmanes en Alhama y Málaga. Las capitulaciones de entrega de cada plaza garantizaron la libertad de los vencidos, lo que sin duda ayudó a abreviar muchas operaciones bélicas. Las de la ciudad de Granada iban más lejos: todos los cautivos musulmanes de la ciudad y el Albaicín serían rescatados por los Reyes Católicos allí donde estuvieran y a costa de su Hacienda, y liberados para que volvieran a sus casas. Conocemos hoy los detalles de la operación, que se prolongó algunos años, a través de más de trescientas operaciones de compra en las que se puso de manifiesto cómo la posesión de cautivos era parte de la actividad habitual de muchos caballeros de plazas de la frontera, en este caso sobre todo del reino de Jaén, y también de algunos capitanes y personas de la corte real. En total, la Hacienda real gastó entre seis y medio y ocho millones de maravedíes, y rescató en torno a mil granadinos, además de liberar a otros setecientos en el momento de la entrega de Granada. La excepcionalidad de esta concesión se pone de manifiesto mejor aún cuando leemos, en la misma capitulación, que no se reclamará a los granadinos por cautivos cristianos suyos que hayan sido enviados a África. Los demás quedaron libres cuando los Reyes Católicos recibieron las llaves de Granada, como ya se ha indicado.

Lo maravilloso podía aparecer por vía de intervención milagrosa, pero es notable que incluso en tales relatos se conserva un realismo sobrio, y con frecuencia estremecedor, al relatar las condiciones de vida de los cautivos, las circunstancias de su prisión, trabajo, hambres y tormentos. Se conocen narraciones de milagros, atribuidos a la Vir-

---

12. A. Díaz García, «Carta de cautivo en árabe dialectal del Archivo de la Alhambra», *Miscelánea de Estudios Árabes y Hebraicos*, XXVI / 1 (1977), pp. 129-169.

gen María o a santos. En la más conocida, que es *[...] los miráculos romanzados, cómo sacó Santo Domingo los cativos de catividad*, escrita por Pedro Marín, monje de Santo Domingo de Silos, se describen ochenta milagros, de los que sesenta y ocho son relativos a cristianos andaluces, entre 1274 y 1287. Hay precisiones incluso sobre los lugares de procedencia, nombres y circunstancias de muchos de ellos, y el milagro se presenta de manera sencilla: «los más de los cautivos —escribe Cossio— se sienten deslumbrados por una luz, u oyen una voz que les anima a intentar su libertad. Esta voz la escuchan en sueños a veces, y a veces es reiterada, ante la vacilación del cautivo». En otras ocasiones, caen sus cadenas, o pasan entre los musulmanes sin que les ocurra nada. Parece incluso que la fe en el milagro —fruto en definitiva de la fe en la providencia divina— fuera para el monje escritor algo que merecía menos explicaciones que la situación extraordinaria en que se hallaban los cautivos. Lo mismo sucede en otra relación de liberaciones milagrosas, debidas esta vez a la intercesión de Nuestra Señora de Guadalupe, que conocemos a través del libro registro o «Códice de Milagros» compuesto en el monasterio, donde se da cuenta de unos ciento cincuenta ocurridos en Granada y el norte de África entre 1412 y 1502.

Este elemento peculiar de creencia religiosa se encuentra en muchos otros aspectos de la relación entre castellanos y granadinos, y afecta a ambas partes. Así se observa, por ejemplo, en esta sencilla narración, que se refiere al año 1409:

> En este tiempo acaesció un gran milagro que Nuestra Señora hizo por dos niños, el uno de edad de diez años, y el otro de doce, los quales estaban captivos e metidos en una mazmorra en Antequera, e dentro en ella les aparesció una mujer muy hermosa, e les dixo que saliesen de allí e no hubiesen miedo. E dende a tres días salieron por un albollón e aquel día anduvieron perdidos, e dixo el uno al otro que se tornasen a Antequera, que mejor era que morir así de hambre: e allí les aparesció la muger que les había aparescido, e les dixo: «andad acá, que yo vos llevaré a Teba», e fuéronse en pos della, e dixo el uno al otro: «allí paresce Peñarrubia». E díxoles la muger: «vidos agora derechos a Teba, e no hayáis miedo». E luego la muger desapareció, e los mozos se fueron seguros a Teba.[13]

Algunos relatos de cautiverio y liberación, aunque se mantienen en el ámbito de lo real, parecen argumentos literarios, e inclu-

---

13. *Crónica de Juan II*, año 1409, cap. VIII. Teba era la fortaleza fronteriza cristiana más próxima a Antequera.

so se puede pensar que los inspiraron, o que se inspiraron en ellos, dado que el tópico literario es anterior al caso que se narra. Así, en 1486, Pedro de Alamanç, natural de Brujas, que había acudido a la guerra de Granada al servicio de sir Edward Woodville, hijo del conde de Rivers, cayó preso y fue llevado a Fez, donde permaneció tres años, pero consiguió el amor de la hija de su amo musulmán, la convirtió al cristianismo y huyó con ella a Castilla, donde contrajeron matrimonio. No hace falta mucha imaginación para vincular este suceso con temas literarios anteriores, y posteriores, como los desarrollados por Miguel de Cervantes, que también fue cautivo de «moros» por unos años. Añado ahora otro, menos conocido pero también extraordinario, ocurrido durante los bautismos de musulmanes en Granada, a comienzos del año 1500:

> Paresció ante los dichos inquisidores Andrea, natural de Meçina, que es en el reyno de Syçilia, e dixo e confesó que seyendo él christiano de nasçimiento y bautizado, fue preso de hedad de XII años poco más o menos y cabtivado por las galeras de Françia de Pau de Perpiñán, en las quales anduvo preso e contra su voluntad por tiempo de XXII años poco más o menos, y después fueron tomadas las dichas galeras y cabptivas puede aver çinco años poco más o menos por una caravela de turcos sobre el cabo de Gergente, que es en el reyno de Syçilia, los quales fueron llevados a Trípoli y en la parte del diezmo del rey de Túnez fue traydo cabptivo a la dicha çibdad de Túnez, y allí puede haber V años poco más o menos que se tornó moro por las muchas heridas e mala vida que le davan, y estovo como moro el dicho tiempo de çinco años, fasta que llegó a Almería a XXIIII de noviembre deste dicho año...[14]

La consideración del cautivo que renegaba de su fe y, al islamizar, se convertía en *tornadizo* o *helche*, era muy distinta, y su conocimiento dio lugar a algunas imágenes de superioridad de «casta» de origen cristiana sobre la musulmana, que son muy dignas de tenerse en cuenta. Porque, al parecer, numerosos *helches* formaban en las filas del ejército y la administración del sultán granadino, e incluso algunas grandes familias de la corte en el siglo XV reconocían aquel origen, como los Venegas o los Mufarriŷ. Alta consideración debida, sobre todo, a motivos proselitistas, que tenía su paralelo en Egipto, como después en la Turquía otomana. Respecto al

---

14.   Tomado de mi trabajo «Nóminas de conversos granadinos (1499-1500)», en *Estudios sobre Málaga y el Reino de Granada...*, Málaga, 1987, pp. 291-311 (y en *Granada después de la conquista. Mudéjares y repobladores*, Granada, 1993).

primero de ambos países, así lo describe hacia 1436 el viajero castellano Pero Tafur:

> Dixiéronme que aquéllos son los mamalucos, que acá llamamos
> helches renegados, un grant muchedumbre de gente, e éstos son los
> que el Soldán faze comprar por sus dineros en el mar Mayor e en to-
> das las provincias donde los christianos se venden. E como los traen
> allí, tórnanlos moros, e muéstranles la ley e cavalgar e jugar con el
> arco. E de que son examinados por el alfaquí mayor, pónenles su qui-
> tación e ración, e embíanlos a la cibdat. No puede ser soldán, nin al-
> mirante, nin aver onor ninguna nin ofiçio si no es destos renegados,
> nin puede cavalgar en cavallo moro de natura sin que mueran por
> ello. Éstos son los que han todas las onrras de la cavallería, e sus fi-
> jos un poco menos, e los nietos menos, e dende adelante quedan mo-
> ros de natura.[15]

Es notable que se indique —como en la Castilla de la época—
el paso de tres generaciones como plazo preciso para el cambio de
situación social. *Las fembras non tienen esta prerrogativa* —continúa
Tafur—, *pero antes rescebirá un moro una christiana sin dote que una
mora por bien adotada que sea, mayormente si es moro de natura.*
¿Qué interpretaciones cabe dar a esta afirmación hecha, no lo olvi-
demos, por un castellano que también conocía la situación granadina? Son bastantes los casos de cautivas que han mejorado su suerte
como concubinas o esposas de notables granadinos, aunque el número de las *romías* que padecieron duramente el cautiverio fue mucho mayor.

En los *miráculos romançados* de Pedro Marín, se narra el caso
de Catalina de Linares, presa por Mahomad Abenmencal, hermano
del rey de Granada, que *pagóse della et metióla en casa apartada, assí
que ovo de passar a ella, e tóvola quatro años et fizo en ella dos fijos.*
Dos siglos después, en 1455, el rapto de una doncella sevillana por
Mofarás, un moro que el rey consigo traía y su marcha forzada a
Granada, fue causa de escándalo y de desprestigio para Enrique IV.
Otras veces, conversas al Islam alcanzaban a veces gran influencia:
hace pocos años se ha estudiado el caso de Laila Zohora, mujer de
Ali ben Rasid, que fundó Xauen en 1471, y era una *helche* proce-
dente de Vejer de la Frontera, y es bien conocido el de la cristiana
que llegó a ser mujer del sultán Abū'l-Ḥasan 'Alī. Así lo relata Alon-

---

15. *Andanças e viajes de Pero Tafur por diversas partes del mundo avidos*, Madrid,
1874 (Barcelona, 1988), pp. 80-81.

so de Santa Cruz, recordando que fue una de las cautivas de Cieza, en 1448:

> Se decía Cetí y hera de nación christiana, y avía sido cativa cuando los moros robaron a Cieça, que es una villa del reino de Murcia, y como en aquel tiempo era pequeña, con halagos y otros medios que tubieron con ella, la hicieron tornar mora, y salió de buen jesto y mujer de bien, y el rey Muley Bulgazén se casó con ella.[16]

2. Los musulmanes vistos por los castellanos

2.1. UNA IMAGEN DE DESCONFIANZA Y HOSTILIDAD

Los musulmanes granadinos que viven en Castilla o acuden por motivos diversos, como son el comercio o el cautiverio, o bien se relacionan con sus reyes, generan imágenes que oscilan entre la desconfianza ante ellos, como posibles traidores, y las que los presentan rodeados de honra y buen trato. Parece que, en líneas generales, predominó la desconfianza y, sin duda, una de las causas de desprestigio de Enrique IV (1454-1474) fue el haberse servido en ocasiones de algún «caballero morisco» de su corte para perpetrar acciones traicioneras, como lo fue el intento de asesinar al señor de Pedraza, cerca de Segovia, en 1459.

Medio siglo antes, con motivo de las campañas del infante Fernando en Granada, aquellas actitudes de recelo habían tenido diversas ocasiones para manifestarse. Durante el asedio de Priego por los granadinos, en 1409, los cristianos querían abandonar la plaza si se respetaba su libertad, pero tenían miedo, según lo expresaba uno de ellos: *quanto más que los moros son tales que no vos ternán cosa de lo que vos prometieren, e moriremos aquí todos o seremos captivos.* Aquel mismo año, el embajador granadino —que era, por cierto, un *helche* llamado Ali Zoher, *del consejo del rey de Granada*— trajo consigo piezas de paño y otros regalos para el rey niño Juan II y su regente el infante Fernando, pero un tal Fernán García, antiguo musulmán, puso en guardia al infante:

> Que le pedía por merced que se guardase de comer ni vestir ninguna cosa de las que los moros le enbiaban, porque estando él en Granada vido que el rey de Fez embió a Yucef, rey de Granada, padre deste que agora reynó, una aljuba muy rica de oro, y en el punto que la

---

16. Alonso de Santa Cruz, *Crónica de los Reyes Católicos*, I, cap. III, p. 39.

vistió se sintió tomado de yerbas, e dende a treinta días murió, ca-
yéndosele a pedazos sus carnes. E otrosí, sabía que el rey Mahomad,
que ahora era muerto, muriera con una camisa herbolada, e que asimismo, estando en Granada, viera que Mahomad, el rey viejo, había
enviado al rey don Enrique su abuelo un adalid suyo encubiertamen-
te, diciendo que venía ayrado de su rey, porque este rey Mahomad
supo cómo el rey don Enrique le quería ir hacer guerra, y este adalid
presentó al rey muchas joyas y piedras preciosas, entre las quales le
presentó unos borceguís, de que el rey mucho se pagó, y en calzán-
dolos, luego se sintió mal de los pies, e dende a pocos días murió, e
decían que muriera de gota, y él mismo oyera decir en Granada cómo
era muerto por las plantas de los pies, con las yervas que los borceguís llevaban. E asimesmo fue pública fama en Granada que los moros habían muerto con yerbas al rey don Alfonso, que murió sobre
Gibraltar.[17]

No es preciso insistir en las connotaciones que, en la mentalidad caballeresca medieval, hay entre la falta de honor, la traición
sin paliativos, y el uso del veneno. Por último, durante el asedio de
Antequera por los cristianos, en 1410, otro enviado del rey de Granada estuvo a punto de conseguir que varios musulmanes al servicio de diversos nobles castellanos se conjuraran para quemar el
campamento de los sitiadores: sólo la delación de un cristiano, antiguo musulmán, evitó el desastre. Pero es notable la frecuencia con
que cautivos musulmanes ocupaban puestos de confianza en casas
nobles: el primer conjurado de 1410 era *trompeta de Juan de Velas-
co*. Años después, en 1454, vemos cómo el cocinero del Adelantado
Mayor de Andalucía, Per Afán de Ribera, es otro musulmán, y también el de Rodrigo Ponce de León, marqués de Cádiz, en los años
ochenta del siglo, y eso que ambos tuvieron máximas responsabilidades militares en la frontera y la guerra contra los granadinos.

Otra faceta de la desconfianza era la creencia en la capacidad de
corrupción política que tenían los dirigentes granadinos valiéndose
de sus riquezas, más fabulosas que ciertas. Un buen modo de desa-
creditar a cualquier dirigente castellano, incluso después de muerto,
era mencionar esas posibles connivencias. Como ocurrió en 1453, a
raíz de la ejecución del condestable don Álvaro de Luna, cuando un
«esclavo moro», que había sido suyo, aseguró al rey Juan II que,

[...] en un corral del alcaçar e fortaleça de la dicha villa de Escalona
/que había sido señorío de don Álvaro/, debajo de donde estaua la leña,

17. *Crónica de Juan II*, caps. I y IV de 1409. La mención final se refiere a Alfonso XI (m. 1350 cuando asediaba Gibraltar).

que vido enterrar al dicho maestre e a dos moros, que luego degolló, dos tinajas llenas de doblas. E este rey don Juan fizo quitar la leña e cavar e fueron falladas las dichas dos tinajas, en las cuales se fallaron ochenta e cuatro mil doblas baladíes moriscas. E decíase que aquéllas eran las que el rey Ysquierdo de Granada le dio e embió en el real que se suso dicho avemos [...]

En efecto, unas páginas atrás, al narrar la campaña castellana de 1431 y la victoria en la batalla de La Higueruela, el cronista se había cuidado de anotar cómo el rey de Granada, Muḥammad IX el Izquierdo,

[...] de noche, enbió a este condestable cuatro acémilas cargadas de doblas moriscas porque touiese manera que el rey don Juan alçase real de sobre su çibdad de Granada [...].[18]

2.2. UNA IMAGEN IDEALIZADA: EL «MORO» SABIO

El temor a las misteriosas «yerbas» llevaba implícito cierto reconocimiento a la superioridad del saber musulmán en algunos campos, especialmente en los de la medicina y alquimia. También en los de la astrología y filosofía natural. Esta imagen bajomedieval contrasta con la de nuestros días, muy favorable a la superioridad europea. Pero en aquel tiempo no era así, ni en la realidad ni en la ficción. Así, por ejemplo, la amistad entre Pedro I (m. 1369) y Muḥammad V de Granada tiene reflejo en la *Crónica* del rey cristiano incluso en la consideración del visir Ibn al Jatib como confidente de don Pedro e intérprete de profecías:

El rey don Pedro, después que la pelea de Nájera fue vencida por su parte, envió sus cartas a un moro de Granada de quien él fiaba, e era su amigo, e grand sabidor e grand filósofo, e consejero del rey de Granada, el qual avía por nonbre Benahatín.

Y, a comienzos de 1369, el mismo Ibn al Jatib interpretaba *un dicho de profecía [...] fallado entre los libros e profecías que [...] fizo Merlín*,[19] previendo la inmediata muerte del rey Pedro. Entre los musulmanes sabios de la ficción literaria, podemos considerar muy

---

18. Gonzalo de la Hinojosa, *Continuación de la Crónica de España de Jiménez de Rada*, Co.Do.In., CVI, pp. 120 y 140-141.
19. *Crónica de Pedro I*, en *Biblioteca de Autores Españoles*, 66, cap. XXII de 1367 y cap. III de 1369.

característica la figura de Abdallah Salomón, presente en la mejor novela de aventuras caballerescas de la segunda mitad del siglo XV hispánico, que es *Tirant lo Blanch*.[20]

2.3. UNA IMAGEN DE COMPAÑERISMO DE ARMAS

2.3.1. *En la frontera*

En las relaciones fronterizas cabían múltiples situaciones: *helches* e incluso musulmanes de origen o *natura* que desean ser cristianos y ayudan o dan indicaciones para la toma de castillos; cristianos que se fingen musulmanes *(enaciados)* con el fin de espiar mejor en Granada, peleas entre almogávares de uno y otro lado, etc. En general, la hostilidad en la frontera era compatible con momentos de cortesía recíproca pero daba lugar, con mayor frecuencia, a actos de violencia casi ritual o a ceremonias de sublimación, que mostraban cuál debía ser, en última instancia, la finalidad de aquellos enfrentamientos. En los *Hechos del condestable don Miguel Lucas de Iranzo*, referidos a Jaén en tiempos de Enrique IV, hallamos buenos ejemplos de todo ello. Así, cuando el condestable recibe en 1463, en tiempo de tregua, al alcaide musulmán de la vecina Cambil, y ofrece en su honor juegos, *momos e personajes* y otras fiestas aprovechando que era Carnaval. O bien, en la Navidad de 1462, cuando se exalta la excelencia de la conversión al cristianismo en el transcurso de un *juego de cañas* entre cristianos y falsos moros, especie de parodia de un Juicio de Dios que termina con la victoria de los cristianos y el bautismo de los musulmanes. La puesta en escena de los falsos moros mezcla fantasía con atenimiento a la realidad observada al otro lado de la frontera:

> Después de comer, se acordaron doscientos caballeros los más prínçipales y mejor arreados de su casa *[la del Condestable]* e de la çibdad de Jahén, la meytad de los quales fueron en ábito morisco, de baruas postizas, e los otros christianos. E los moros fingieron venir con su rey de Marruecos, de su reyno, y trayan al su profeta Mahomad, de la casa de Meca, con el Alcorán e libros de su ley, con grant çirimonia, en una mula muy emparamentada, y en somo un paño rico en quatro varas, que trayan quatro alfaquíes. E, a sus espaldas, venía el

20. Ed. Madrid, Alianza Editorial, 1984. En *Tirant lo Blanch* hay numerosas alusiones sobre el mundo islámico mediterráneo y a las relaciones entre cristianos y musulmanes que, aunque enmarcadas en la ficción literaria, reflejan mentalidades de su tiempo.

dicho rey de Marruecos, muy ricamente arreado, con todos sus caualleros bien ajaezados, e con muchos tronpetas e atabales delante...

En el otro extremo de la gama de posibilidades de relación, las
violencias simbólicas sobre los cadáveres de los enemigos, como era
la amputación de cabezas o, a veces, de orejas, en prueba de victoria o para obtener recompensa. Los almorávides norteafricanos habían introducido en la Península a finales del siglo XI, por lo que parece, la costumbre de la decapitación de cadáveres. Cuatrocientos
años más tarde, en 1467, varios caballeros que se dirigían a Jaén se to-
paron con una cabalgada granadina que regresaba a su tierra, consiguieron desbaratarla, recuperar los cautivos y el botín y llegar a Jaén
*con tres o cuatro cabeças de los moros que allí murieron [...] e las ore-
jas de otros tres o quatro que murieron allí*. Leemos en la misma crónica cómo, en 1470, dos cabezas de musulmanes caídos en una cabalgada fueron enviadas a Andújar, donde se hallaba el condestable
que, *como las vido e supo la nueva, ovo plaçer, y mandólas poner en
sendas lanças enfiestas, e así las metieron por Andújar, do todos los mo-
chachos de aquella çibdad las troxieron arrastrando por las calles de ella,
y después las dexaron comer a los perros.*²¹ Que estas prácticas eran habituales lo demuestran otros ejemplos: en 1339, el maestre de Santiago, Alfonso Méndez de Guzmán, mantuvo un encuentro con musulmanes de Guadix que habían atacado Siles, encomienda de la Orden
en la sierra de Segura, los venció y envió a Alfonso XI, que se hallaba
en Madrid, *sacos llenos de las orejas de los moros que mataron [...] el
qual presente el buen rey agradesçió a Dios mucho e al maestre que gelas
enbiaba e otrosí a todos los otros caballeros que en ello se acaesçieron.*²²

2.3.2.   Mercenarios en África

Los países del Magreb o Berbería y, en menor grado, Granada
también, fueron escenario de la vida, trabajos y hazañas de cristianos que no llegaban a ellos como cautivos sino como combatientes
o como refugiados por diversos motivos. Las historias que se con-
tarían a veces de ellos, o sus propias ideas previas a la emigración,
manifiestan de nuevo una actitud sobre el mundo islámico donde
realidad y fantasías se mezclan con frecuencia.

---

21.   Estos textos en *Hechos del Condestable...*, cap. X, Navidad de 1462, XI, XXXIV,
cap. XLII, año 1470.
22.   *Gran Crónica de Alfonso XI*, cap. 258, año 1339 (Madrid...).

Comenzaremos por recordar la presencia de milicias de mercenarios cristianos, tanto en Marruecos como en Túnez, durante la segunda mitad del siglo XIII. En cierto modo eran la continuación de las que habían estado al servicio de poderes islámicos en Al Andalus desde el siglo XI. En Túnez eran catalanes casi todos; su influencia, su forma de vida adaptada al medio local, pues incluso hay renegados entre ellos, y su limitado papel como vehículo de relación entre el Islam y la cristiandad fueron aspectos estudiados hace años. Por el contrario, apenas sabemos algo de los mercenarios cristianos en el Marruecos meriní: ¿procedían de este origen o de algún asentamiento anterior los caballeros Farfán de los Godos que regresaron desde Fez a Sevilla en 1387?[23]

En aquel ambiente hay que situar el período africano de la vida de Alfonso Pérez de Guzmán *el Bueno*, luego primer señor de Sanlúcar de Barrameda y comienzo del linaje de los Guzmán, condes de Niebla desde 1368 y duques de Medina Sidonia desde 1445. Los cronistas de la casa —Pedro de Medina y Alonso de Barrantes Maldonado, a mediados del siglo XVI, y un anónimo hacia 1430— narran aquellos hechos mezclando lo real con diversas ilustraciones fantásticas y maravillosas, hasta el punto de que a veces resulta difícil discernir un aspecto del otro.

Alfonso Pérez es presentado como caballero perfecto y, al tiempo, cuidadoso de sus intereses financieros. Abandona la corte de Alfonso X hacia 1280, desnaturado por voluntad propia, ante la ofensa que recibe en público al ser llamado bastardo, y le acompañan, como al Cid, *hasta doce amigos suyos*, según Medina, aunque Barrantes, menos mitificador, eleva la cifra a 50 o 60. Busca su fortuna al servicio del sultán meriní Abū Yūsuf, con el que se concierta para servirle *contra todas las personas y naciones del mundo, salvo contra el rey de Castilla y contra cristianos*. Al frente de una «capitanía» de hasta 1.600 cristianos, libres y cautivos, que vivían en Fez, realiza diversas empresas al servicio del meriní, pues como afirma Barrantes siguiendo una opinión común cuya certeza habría que comprobar:

En esta sazón los reyes moros de África ni los de Granada no sabían hazer guerra ni ordenar batallas ni escuadrones ni poner orden ni regla en la guerra ni acaudillar gente sy no era por mano de christianos, y ansí nunca estavan sin ellos, y les hazían grandes bienes y

23.   Noticias sobre Gonzalo Sánchez de Troçones y otros mercenarios castellanos en la corte de Fez a comienzos del siglo XIV en *Gran Crónica de Alfonso XI*, cap. 304-305 y 308-312, y pp. 497-498.

merçedes a los que salían buenos guerreros y valientes onbres [...] Esta misma costumbre guardaron los soldanes del Cairo [...] y esta misma orden guarda el día de hoy el gran Turco soltán Çuleimán [...] que no haze caso de otra gente sy no es de los janiçaros, que son soldados valentísimos.[24]

Pérez de Guzmán fue enviado contra las tribus del sur, para cobrar los tributos. Tales eran los

> moros rahalíes, que eran los que no labravan las tierras, y no tenían moradas en ningunas villas ni lugares çiertos [...] y estos moros rahalíes son los que acá llamamos agora alárabes, los quales son tan sobervios y gente tan mala por sí, que pocas veces hacen virtud si no es por fuerza.[25]

Combatió también a los últimos almohades, y presenció las pugnas con Tremecén por el dominio de Siyilmasa, cabecera de una de las principales rutas transaharianas. Después de obtener para Alfonso X la ayuda de Abū Yūsuf en la guerra que enfrentaba al rey con su hijo el infante Sancho (1282), se reconcilió parcialmente con el monarca, casó con la dama sevillana María Alfonso Coronel, y aprovechó su segunda estancia en Fez para enviar a Castilla todos los tesoros que iba acumulando, mediante ingenuos procedimientos de contrabando que los cronistas describen con evidente entusiasmo. Fue durante esta segunda estancia, vuelta ya a Sevilla su mujer, cuando ocurrieron los sucesos maravillosos, narrados sin solución de continuidad respecto a los ordinarios, y sin gran extrañeza, que hacen entrar a nuestra historia en los dominios de la ficción.

Porque el invicto caballero, en aquella tierra extraña y salvaje —«moros», selva, desierto— se transformó, sin él saberlo, en un nuevo *Yvain, le chevalier au lion*, al triunfar en singular batalla y, al tiempo, destruir las asechanzas de sus enemigos en la corte meriní. Los autores lo relatan cada cual de una manera. Ésta es, seguramente, la más antigua:

> Pues pasó en efecto su camino, en el qual una estraña aventura halló, que entrando por una selva o montaña de árboles espesa, una

---

24. A. de Barrantes Maldonado, *Ilustraciones de la Casa de Niebla*, en *Memorial Histórico Español*, IX, pp. 56-57. P. de Medina, *Crónica de los duques de Medina Sidonia*, Co.Do.In., t. XXXIX.

25. Los textos que siguen, salvo indicación en contra, proceden de mi edición de un texto de mediados del siglo XV: «Una biografía caballeresca del siglo XV: *La Coronica del yllustre y muy magnifico cauallero don Alonso Pérez de Guzmán el Bueno*», En la España Medieval, 22 (1999), pp. 247-283.

gran sierpe y venenosa hazía gran batalla con un espantable león. El qual /don Alonso/ por caminar se paró a mirar la batalla de aquellos dos tan fuertes animales, proponiendo de disponer su ayuda al león por representaçión de las dignidades que representava, la primera, de traer la corona y de mostrar entre los animales su realidad, y mayormente significar ser las armas del rey de Castilla, su señor.

Aunque estén de acuerdo en la posterior mansedumbre del león, agradecido y seguidor de Guzmán, Medina y Barrantes modifican algo el escenario —*una selva en término de aquella ciudad de Fez... Una selva apartada de Fez*— y el aspecto de la «sierpe», que adquiere más bien el de un dragón:

> Porque naturaleza, que a todas las cosas dio armas para se defender y ofender, la proveyó de unas conchas o escamas tan duras y más que si fueran de azero [...] y ni le entraban las saetas ni le herían las lanças, y con unas alas que tenía, aunque no bolava con ellas por el ayre, ayudávase a dar grandes saltos y a correr medio bolando por el suelo, tanto y más que un cavallo...[26]

Este autor, a mediados del siglo XVI, se creyó en la obligación de defender la veracidad del suceso frente al *que dirán algunos que ni ay ni debe de aver sierpes en el mundo*, argumentando ser *la tierra de África más caliente, de más montes y espesuras que otra, y ansimismo que en estas montañas de África se crían más animalías fieras que en otra parte del mundo*, cosa en la que convenían los hombres de su tiempo y de los anteriores, pues aún se recordaba la excursión que hizo Enrique IV a Ceuta en 1456, cuando *fue a correr monte de leones a tierra del rey de Fez, donde ay muchos*. Pero le fue preciso a nuestro escritor apoyarse en argumentos de autoridad, trayendo a colación las historias de Hércules y de san Jorge, las leyendas heráldicas de algunas casas nobles —los Sforza milaneses, los Cueva—, y las mismas «armas» de la Casa de Niebla, así como la tradición mantenida entre los vasallos de la casa, generación tras generación. *Y ansimismo* —añade— *lo cuenta aquella ystoria vieja de Don Alonso Pérez de Guzmán, de quien atrás avemos alegado*.

Donde ni Barrantes ni Medina se atreven a seguir a la *ystoria vieja* —si tal es la crónica de hacia 1430 que también manejamos— es en la segunda aventura de Guzmán, que también corresponde a argumentos de la literatura caballeresca, pues la sustituyen por una ejemplar y cauterizante hazaña de castidad de su propia mujer, Ma-

26. Barrantes Maldonado, *Ilustraciones...*, p. 117.

ría Alfonso.[27] Cuenta la crónica, en efecto, tras relatar cómo Alfonso Pérez venció a un león cortándole las patas delanteras con un solo tajo de espada, que el sultán, admirado por su valor y lealtad, le propuso lo siguiente, en claro reconocimiento de la calidad superior de su «casta»:

> «Mas porque seas de mí seguro, quiero que ayas por muger una de las más hermosas de mis hijas, porque de tal casta quede simiente en mi generación.» Ansí que no valiendo a dar a Alonso Pérez sus escusas, diciendo cómo era casado y christiano y que haría gran mal y herror contra Dios y su fee, muy poco le aprovechó, que aunque no lo quiso lo ovo de hazer con una de las hijas...

Concluye la historia más adelante, ante los muros de Tarifa, pues los dos niños nacidos de aquella unión serían las víctimas, según esta crónica, en el conocido episodio del puñal, durante el asedio de la plaza en 1294. Y concluimos nosotros, por ahora, el análisis de estos textos, que lo merecen más detallado, por la carga de elementos simbólicos e imaginativos que contienen y por lo que ilustran sobre la difusión en la tardía Edad Media castellana de los argumentos de ficción caballeresca, mezclados con otros elementos, para fundir lo maravilloso y lo real en los orígenes de una casa noble, y conseguir así un efecto propagandístico beneficioso para su prestigio.

2.4.   UNA IMAGEN MINORITARIA: LA «TIERRA DE MOROS» COMO REFUGIO

En el extremo contrario de la gama de motivaciones por las que algunos iban a *tierra de moros*, hay que situar a los enamorados y a los apóstatas, sujetos —por motivos muy distintos— a la marginación en su sociedad de origen. De enamorados, aparte de la famosa leyenda en torno a la Peña de los Enamorados de Archidona, hay algunos casos conocidos, aunque no tan propicios a una interpretación romántica. He aquí uno de 1500, relativo a Isabel de Murcia,

> [...] hija de la sevillana, veçina de esta çibdad de Granada. Dixo e confesó que ella fue trayda a esta çibdad seyendo moça e christiana, e que la traxo Martín Descarrama, el qual se tornó moro e hiso a ella también que se tornase mora, e ovo de él un hijo que se llama Mar-

---

27.   V. mi artículo, «Doña María Alfonso Coronel, matriarca sevillana, en los comienzos de la Casa de Guzmán (1267-1331)», en *Estudios en memoria del Prof. L. V. Díaz Martín*. Universidad de Valladolid, 2002.

fot, e después morió aquel su primer marido, e casó con Ahudalla, del qual ovo un hijo que llaman Mahoma e una hija que llaman Axa, que son agora de hedad de 17 o 18 años.[28]

De apóstatas conocidos, recordaremos sólo dos ejemplos bien estudiados en diversas ocasiones, franciscanos ambos. Lo era Anselm Turmeda, mallorquín, que se refugió en Túnez y redactó allí, ya en su vejez, una «obra religiosa de ataque al cristianismo con una autobiografía que es sobre todo una historia de su conversión al Islam», utilizada en diversos momentos de reacción anticristiana en el Magreb como fueron los siglos XVII —llegada de numerosos moriscos— y XIX —colonización europea.

Franciscano era también Alfonso de Mella, cabeza visible de los denominados hoy «herejes de Durango» —muchos de ellos mujeres—. Su historia ha sido narrada e interpretada en diversas ocasiones y sólo la traigo a colación para recordar cómo terminó, en 1444, con la búsqueda de refugio en Granada. En la versión oficial, *Crónica de Juan II*, los culpables padecen un fin ejemplar:

E Fray Alonso [...] luego como fue certificado que la pesquisa se hacía, huyó y se fue en Granada, donde llevó asaz mozas de aquella tierra, las quales todas se perdieron, y él fue por los moros jugado a las cañas, e así hubo el galardón de su malicia.

Pero en la *Instrucción* del relator Díaz de Toledo y en escritos del obispo Lope de Barrientos, sólo se constata la apostasía del franciscano:

E ya en nuestros días se fue a Granada un hermano del obispo de Zamora [...] pero por esto non mataremos ni robaremos al obispo de Zamora, porque su hermano herético se tornó moro, nin a todos los vizcaynos, que algunos de ellos han fecho heregías.

Parece que desde Granada escribió el huido una carta exculpatoria a Juan II. Sin embargo, no llegó a ejercer una actividad anticristiana como la que llevara a cabo, algunos decenios antes, Turmeda, pero acaso creyó que su proyecto de comunidad fraternal y sexual de fieles al modo de los Hermanos del Libre Espíritu, rechazada en Castilla, era viable en una imaginada sociedad islámica, sin sacerdocio inquisitorial ni estamentos al modo de las feudales.

---

28. De mi trabajo citado, «Nóminas de conversos granadinos...».

¿Hasta qué punto no se habrán situado en tierra islámica algunos de los mitos medievales sobre el igualitarismo social?

Mayor importancia social, y en las mentalidades colectivas, debió tener la presencia de *helches* o renegados cristianos en las filas de la guardia del emir granadino y en las de su administración, como hemos visto al tratar sobre el ejército de Abūʾl-Ḥasan, en cuya época se debieron refugiar en Granada algunos huidos de las persecuciones contra los judeoconversos ocurridas en 1473, sobre todo en Córdoba —*acogiste a los judíos / de Córdoba la nombrada*, leemos en el romance de la pérdida de Alhama, o la variante *cogiste los tornadizos*—, y de las actuaciones de la Inquisición, que comenzaron en 1481. Recordemos que los judeoconversos cordobeses contribuyeron a poblar Gibraltar, ya en manos cristianas, entre 1473 y 1476, antes de regresar la mayoría de ellos a Córdoba. Recordemos también la presencia de renegados y judaizantes en la defensa de Málaga, en 1487, y las cláusulas relativas a los *helches* en la capitulación de Granada. Todo ello guarda relación con el fanatismo del inquisidor Diego Rodríguez Lucero y sus *familiares y secuaces*, que, en 1506, llamaban a Granada *Judea la Pequeña y dezían públicamente que no se havía de hazer otra cosa syno çerrar las puertas de la çibdad y pegar fuego a los que estavan dentro*. Lucero estaba pensando en los *cristianos nuevos* de origen judío o musulmán que habitaban en la ciudad, tanto los *moriscos* como los llegados en condición de nuevos pobladores, y fue precisamente entonces, en aquel momento de crisis política, cuando se atrevió a procesar a familiares de fray Hernando de Talavera, e incluso a iniciar acciones contra el anciano arzobispo granadino.

3. La misión

Actualmente se considera que los conceptos medievales sobre la misión y la cruzada son complementarios y alternativos, más que contradictorios. La predicación o la convicción mediante el debate, como métodos misionales, se basan en el principio de «inteligencia natural» de todos los hombres, que les ha de permitir alcanzar el conocimiento de la verdad, y en el que reconoce la existencia de algunas bases anteriores de esa verdad ya presentes en las conciencias de los infieles o paganos, puesto que, como afirma una conocida reflexión de la época, *nulla falsa doctrina est quae aliquid veritatis non inmisceat*. La resistencia a aceptar la presencia y actividad de los misioneros sería motivo suficiente para que la actividad de la misión fuera apoyada por la guerrera y compulsiva de la cruzada.

Muchos autores consideraban al Islam como una secta o herejía: tal era la opinión del cluniacense Pedro el Venerable, que hizo traducir el Corán al latín durante su viaje por España en 1143. Los rasgos negativos que la secta islámica presentaba eran especialmente éstos: manipulación y deliberada perversión de la verdad y de la práctica moral, apoyo a la violencia y el uso de la espada, y ser fruto de Mahoma, considerado como el Anticristo. En aquel ambiente mental llegó a su madurez la doctrina del pensamiento medieval europeo sobre el Islam, desde mediados del siglo XIII, en relación estrecha con los contactos que se mantenían en el Levante mediterráneo y norte de África, y en él escribieron y actuaron los autores que a continuación mencionaremos.

3.1. Teoría y práctica misioneras

La teoría de la misión, basada en los principios de diálogo y convicción, está ya presente en los fundadores de las nuevas órdenes religiosas del siglo XIII, Francisco de Asís y Domingo de Guzmán; ambos la aplicaron en distintas situaciones prácticas, y otros miembros de sus órdenes desarrollaron los principios más importantes: Ramón de Peñafort, Ramón Martí de Subirats, Roger Bacon, Guillermo de Trípoli, etc.; a finales del siglo XIII, se observa una mayor inclinación a aceptar los métodos compulsivos para conseguir la conversión: Duns Scoto, Ricoldo de Montecroce en su *Improbatio Alcorani*, el mismo Ramón Llull. Este autor, que tiene una importancia especial, había elaborado anteriormente una amplia teoría de la «cruzada espiritual», proponiendo como instrumentos la formación de frailes misioneros —para ello fundó el centro de Miramar en 1276— y el aprendizaje del árabe, con el fin de emplear procedimientos dialécticos de convicción que, aunque él los estimaba irrefutables, no dieron el resultado previsto durante sus viajes a Túnez, en 1293, y Bugía, en 1307, en los que todavía pudo beneficiarse de las buenas relaciones entre los ámbitos catalán y tunecino, e incluso de la presencia de otros religiosos.

Lo que importa ahora es señalar cómo aquella fe luliana en la posibilidad de convencer a los *sarrayns qui han soptil enteniment*, se mantuvo por obra de algunos espíritus esclarecidos, a pesar de las evidencias prácticas en contra. Hace años, Darío Cabanelas mostró la importancia que tenía la obra de Juan de Segovia, un destacado conciliarista de Basilea, escrita a raiz de la toma de Constantinopla por los turcos, en 1453: *De mittendo gladio Divini Spiritus in corda sarracenorum*. Tanto Eneas Silvio Piccolomini, Pío II, como el cardenal Nicolás de Cusa conocieron el escrito. No estará de más recordar que el papa escribió una carta al sultán turco Mahomet II instándole a la conversión, carta que resulta ininteligible fuera de este ambiente mental. Y Cusa compartía muchas de aquellas ideas en su proyecto de concordancia católica o universal: aprendizaje del árabe y de los fundamentos de la fe islámica por los misioneros, creadores de un clima de concordia mediante su acción benéfico-intelectual, mejor que proselitistas directos, hasta que llegara el momento de la discusión pacífica, a partir de los puntos de convergencia, que necesariamente llevaría a la conversión de los musulmanes. Juan de Segovia, incluso en aquellos momentos de tensión entre los cristianos latinos por la pérdida de Constantinopla, apostaba por la convicción y contra la guerra, «teológicamente inaceptable», aunque añadía: *no condeno las guerras hechas lícitamente contra los musulmanes por haber invadido tierras cristianas o por otras causas similares, sino tan sólo las emprendidas por motivos religiosos y por fines de conversión.*[29]

Nunca se perdió la previsión de un posible retorno a la cristiandad en tierras norteafricanas, y esto se tradujo, en el plano institucional, en la existencia en la Sevilla de aquellos siglos de obispos de Marruecos —con frecuencia desempeñaba el oficio un franciscano. Y Málaga, aún no conquistada, tuvo los suyos en el siglo XV, también residentes en Sevilla.

3.2. PREDICACIÓN Y MARTIRIO

Hay cierta relación entre la idea de conversión masiva y providencial de los musulmanes, extendida incluso en textos literarios como, de nuevo, *Tirant lo Blanch*, y la que podía llevar a algunos peregrinos y misioneros a actitudes de exaltación peligrosas, que implicaban incluso la búsqueda o aceptación del martirio. Así ocurrió con Pedro Pascual, nacido en Valencia hacia 1227, hijo de cristianos cautivos o «mozárabes», miembro de la orden redentorista de La Merced, obispo *in partibus infidelium* de Granada y ya anciano, en 1296, de Jaén. Había dedicado muchos años a trabajos de redención de cautivos y a la impugnación de la «secta de Mahoma», y acabó preso él mismo en Granada, en 1297, y decapitado allí en 1300 bajo la acusación de que hacía proselitismo.

No fue el único en ser redentorista y misionero, ni en hallar el martirio en el empeño. Cautiverios y muertes de otros frailes re-

29. D. Cabanelas, *Juan de Segovia y el problema islámico*, Madrid, 1952.

dentoristas se recuerdan en las crónicas y memorias de la Orden de Nuestra Señora de la Merced, aunque no fuera una situación común, ni siquiera frecuente, en la entrega y dedicación de los frailes, además de que solía estar relacionada con intentos de evangelización de los musulmanes, lo que estaba tan prohibido y castigado con la muerte en Granada como la predicación del Islam lo estaba en Castilla.

Otro caso de exaltación martirial muy conocido se refiere a dos frailes franciscanos decapitados en Granada a finales del siglo XIV. Así lo narra la *Crónica de Enrique III*:

> En este año /1397/ fueron dos frayles de la Orden de Sant Francisco a predicar a Granada la fe de Jesucristo, e el rey de Granada defendiógelo que lo non ficiesen, mas ellos non quisieron obedescer al mandado del rey, y los mandó azotar. E estando ellos todavía en su entención, fízolos cortar las cabezas e arrastrar por toda la cibdad. E esto fue en el mes de mayo. E trajeron a Sevilla e Córdoba algunos de sus huesos por reliquias, diciendo los frayles de su Orden que facían milagros.[30]

Aquella actitud podía afectar también a los seglares, como sucedió durante el asedio de Antequera, en 1410:

> E avía un loco que dezían Alonso Guerra, que venía con los de Sevilla, que la ymaginaçión que tenía hera predicar la fee de Jesuchristo; e dezía entre sus locuras muy buenas cosas. E llegando, pensó de entrar en Antequera, a predicar a los moros. E entró dentro, e luego le pusieron en fierros. E magüer que después el condestable lo demandó, no se lo quisieron dar; e salió después, como adelante oiredes.[31]

La imagen de «ir a tierra de moros» como cruzado o en busca de la santificación o del martirio fue, pues, muy propia de la mentalidad religiosa bajomedieval, y todavía permanecía en algunos espíritus más sensibles en el siglo XVI, antes de transformarse en impulso hacia el perfeccionamiento interior a través de lo cotidiano: este fue el caso de San Ignacio de Loyola o el de Santa Teresa de Jesús. Y, mientras tanto, como un eco final de los intentos de concordancia cristiano-islámica, se «descubrían» en Granada, entre 1595 y 1606, en el Sacromonte, hasta diecinueve libros en árabe conteniendo la propuesta de lo que Cabanelas llama «híbrida religión», atribuidos a san Tesifón, discípulo del apóstol Santiago según tra-

30. *Crónica de Enrique III*, en *Biblioteca de Autores Españoles*, 66, suplemento, p. 246.
31. *Crónica de Juan II*, año 1410, caps. 161 y 169 (Madrid, 1982).

diciones. Aunque la superchería no tuvo futuro fue, tal vez, la última resistencia de un pasado que no quería desaparecer.[32]

4. Cruzada y caballería

La cruzada es una realidad inseparable de la mentalidad religiosa de la cristiandad latina medieval y de su herencia, de modo que es abusivo extrapolar el concepto a otras épocas y circunstancias. Si la misión exalta la cultura clerical por medio de la predicación, la cruzada hace lo propio con la cultura aristocrática seglar, por medio de la caballería. Pero una y otra se pueden integrar en el simil de las dos espadas, tan propio del pensamiento medieval; es decir, formaban parte de un mismo sistema de valores, que afectaba no sólo a sacerdotes y guerreros sino al conjunto de la sociedad.

La misión cristiana estaba totalmente prohibida en Granada y en el mundo islámico —así como el proselitismo islámico en Castilla y en el resto de Occidente—. En aquellas circunstancias, la cruzada se consideraba guerra justa porque los poderes musulmanes impedían la predicación pacífica de la verdadera fe, y vino a convertirse así en la manifestación extrema de las formas compulsivas de obtención de la conversión, y en argumento añadido a los que justificaban la guerra como recuperación de tierras usurpadas por el Islam. La finalidad primera de la cruzada era, desde luego, recuperar la «Casa Santa» —Jerusalén— y, por extensión, las tierras que antaño fueron de cristianos y que el Islam conquistó con violencia, pero además, durante el siglo XV, la expansión de los turcos otomanos provocó una reactivación y transformación de los sentimientos de cruzada que, indirectamente, afectaron al desarrollo y a las ideas elaboradas en torno a la conquista de Granada.

Antes de que tal cosa ocurriera, don Juan Manuel resumía en el *Libro de los Estados*, hacia 1340, el argumento «reconquistador», donde la cruzada y la misión pasan a segundo plano: *Por esto a guerra entre los christianos et los moros, et abrá fasta que ayan cobrado los christianos las tierras que los moros les tienen forçadas; ca, quanto por la ley nin por la secta que ellos tienen, non avrían guerra entre ellos, ca Jhesu Christo nunca mandó que matasen nin apremiasen a ninguno porque tomasen su ley, ca él non quiere serviçio forçado sinon el que se faze de buen talante et de grado.*[33]

32. D. Cabanelas, *El morisco granadino Alonso del Castillo*, Granada, 1965.
33. Don Juan Manuel, *Libro de los Estados*, cap. XXX. *Biblioteca de Autores Españoles*, vol. 51, p. 294.

Sin embargo, a renglón seguido, expresa los móviles que habitualmente se aducían en pro de la cruzada, semejantes a los que se proponían a los musulmanes para la «guerra santa», aunque de signo opuesto: *Et tienen los buenos cristianos que la razón por que Dios consintió que los cristianos hobiesen recibido de los moros tanto mal, es porque hayan razón de haber con ellos guerra derechureramente, et porque los que en ella murieren, habiendo conplido los mandamientos de la santa Eglesia, sean mártires e sean las sus almas por el martirio quitas del pecado que ficieren.* Y en esto, el escrito de don Juan Manuel es un eco lejano de las palabras que Guibert de Nogent atribuía al papa Urbano II cuando predicó la cruzada en 1095, y del pensamiento de san Bernardo de Claraval en su *De laude novae militiae.* He aquí el razonamiento pontificio:

> Que marchen al combate contra los infieles [...] los que hasta el momento se libraban a guerras privadas y criminales contra los fieles. Que se hagan caballeros de Cristo los que hasta ahora eran bandidos. Que ataquen con todo derecho a los bárbaros los que hasta ahora atacaban a sus hermanos y padres. Ganarán así eternas recompensas los que hasta ahora se hacían mercernarios por algunos miserables sueldos.[34]

Teniendo más o menos presentes estas doctrinas generales, que implicaban conceptos de recuperación territorial y de cruzada, la guerra contra el infiel en la frontera de Granada se consideraba también desde otros puntos de vista complementarios. Primero, como manera de concentrar y encauzar energías contra un enemigo exterior, y evitar así que se emplearan en contiendas civiles dentro de Castilla —argumento que también se encuentra en los textos clásicos sobre la cruzada—: el poeta Juan de Mena lo expresó muy bien en los años cuarenta del siglo XV, durante un momento especialmente crítico y violento de la vida política castellana en el que se había abandonado la guerra contra Granada:

> *¡Oh virtuosa, magnífica guerra!*
> *En ti las querellas volverse debían,*
> *En ti los nuestros muriendo vivían*
> *por gloria en los cielos y fama en la tierra.*
> *En ti, do la lanza cruel nunca yerra*
> *ni teme la sangre verter de parientes.*

---

34. Guibert de Nogent, *Gesta Dei per Francos,* I,1, cit. en J. Flori, *Chevaliers et chevalerie au Moyen Âge,* París, 1998 («La Ideología», pp. 177-266).

> *Revoca concordes a ti nuestras gentes,*
> *de tales quistiones y tanta desferra.*[35]

El segundo punto de vista exaltaba la guerra como ocasión para ejercitar los valores de la caballería y los comportamientos heroicos y para poner a prueba la fe en el milagro. Y así fue cómo, de las sucesivas fronteras que conoció la Edad Media hispánica, ninguna originó tanta realidad y tanta ficción literaria que se pueda calificar de heroica como la frontera de Granada.

4.1. LA GUERRA Y LOS VALORES DE LA CABALLERÍA

La frontera y las guerras de Granada eran lugar y momento adecuados para las proezas de la caballería, tanto en su práctica como en los elementos simbólicos e imaginarios que las rodeaban. Armar caballeros sobre sus campos de batalla o enfrentamiento era relativamente frecuente, y la misma realeza castellana no desdeñó aquel medio de prestigio y propaganda, incluso en el momento final, cuando Granada estaba a punto de sucumbir, pues en la campaña de 1490, que fue una simple tala en la Vega próxima a la ciudad:

> Vino la reyna doña Isabel, y el príncipe don Juan, e la princesa de Portugal, sus fijos, e quedaron en Moclín la reyna e la princesa. Y el príncipe don Juan fue al real, donde fue armado caballero, junto a la acequia gorda; e fueron sus padrinos el duque de Medina Sidonia y el marqués de Cádiz, estando el príncipe y el rey su padre, que lo armó caballero, cavalgando. El príncipe, armado caballero, armó caballeros aquel día a fijos de señores: el primero fue don Fadrique Enríquez, fijo del adelantado don Pedro Enríquez, que fue después marqués de Denia, e a otros.[36]

El atractivo de la frontera se ejercía igualmente sobre caballeros extranjeros, tanto en el siglo XV como antes. Es el caso de la expedición escocesa de sir James Douglas, que participó en la campaña de Teba, en 1330, y allí murieron casi todos sus componentes. Decenios después, la *Crónica de Juan II* enumera los ofrecimientos hechos para venir a la guerra que dirigía el infante Don Fernando el de Antequera, hechos en 1409 por el duque de Borbón,

---

35. Juan de Mena, *Laberinto de Fortuna*, estrofa CLII. Madrid, 1995, ed. M.P.A.M. Kerkhof.
36. Hernando del Pulgar, *Crónica...*, cap. CCLIX.

el *conde Claramonte*, el *duque Austerriche* y el *conde de Lucemburc*, y cómo, en 1410, el segundo hijo del conde de Foix se presentó en el asedio de Antequera, *por se armar caballero de la mano del infante, como lo había hecho el hermano mayor suyo, que fue armado caballero de la mano del infante en la guerra primera, cuando ganó a Zahara.*

En tiempos recientes se han publicado estudios sobre algunos casos mejor conocidos, como el del borgoñón Ghillebert de Lannoy, en 1407 y 1410, o el de sir Edward Woodville, hijo del conde de Rivers, que participó en la campaña de 1486 con algunos caballeros, *muy pomposo e en extraña manera*, escribe con cierta ironía el cronista Andrés Bernáldez, aunque tales alardes de imaginación también afectaban a la nobleza castellana, como ocurrió con el duque del Infantado y su hueste en 1486, tan lujosa y extraordinariamente ataviados para la ocasión que los mismos reyes hubieron de advertir al duque sobre la superfluidad del gasto. De forma más sobria, la venida del duque de Medina Sidonia con grandes tropas y auxilios al cerco de Málaga, en 1487, mostraba también la puesta en práctica del ideal caballeresco, pues el noble acudía argumentando —escribe Hernando del Pulgar— *que la neçesidad del rey llama al cauallero leal, aunque el rey no le llame.*

En definitiva, la existencia en España de una guerra y una frontera con el mundo islámico creaba una expectativa de cruzada satisfactoria para toda la caballería europea, una posibilidad de mezcla entre realidades, más bien prosaicas, y ensoñaciones que se alimentaban porque eran a su vez sustento del prestigio de la clase noble. *Tirant lo Blanch*, concluida hacia 1460, es un buen ejemplo de tales ensoñaciones, aunque ubica la acción en Oriente. Más cerca, y con referencia histórica más concreta, contamos con la *Crónica del rey don Rodrigo con la destrucción de España*, de Pedro Corral, llamada también *Crónica Sarracina*. Escrita en tiempos de Juan II, conoció notable éxito y varias ediciones en el siglo XVI (tal vez en 1492, 1511, dos en 1527, 1549, 1587), acaso porque acogía numerosos elementos propios de los libros de caballería, situándolos en un momento lejano pero real de la historia hispánica. Todo ello, no obstante, provocaba ya la repulsa de los historiadores profesionales, como Fernán Pérez de Guzmán, en cuya opinión:

> Algunos que se entremeten de escriuir e notar las antigüedades son onbres de poca vergüeña, e más les plaze relatar cosas estrañas e marauillosas que verdaderas e çiertas, creyendo que non será auida por notable la estoria que non contare cosas muy grandes e graves de

creer, ansí que sean más dignas de maravilla que de fe, como en estos nuestros tiempos fizo un liuiano e presuntuoso onbre, llamado Pedro del Corral, en una que se llamó Coronica Serrazina (otros la llamauan del Rey Rodrigo), que más propiamente se puede llamar trufa o mentira paladina.[37]

Pero, en fin, dejando aparte estas miserias del intrusismo a que tan acostumbrada está la profesión de historiador, y aun las tentaciones de seguir por el camino de la fábula que a veces asaltaban y asaltan a los mismos historiadores, tanto más cuanto más «imaginaire» es el tema de sus investigaciones, lo cierto es que la *Crónica del Rey Don Rodrigo* nos ofrece el máximo espectáculo en lo que a concentración de caballeros se refiere, cuando relata las fiestas de la coronación de don Rodrigo en Toledo, e incluso se cuida de precisar que no enumera a todos los asistentes:

> Que aquí no se hace mención quien eran, porque aquí no se dizen sino los mayores señores, más de cinco mil caballeros todos bien armados, y los mejores que en sus tierras avía.

Sin embargo, Corral incluye numerosas precisiones sobre aquella magna asamblea que culminó en el *torneo de los XX mil caualleros*, nada menos, y alude específicamente a éstos:

Gascuña	Conde Elmet de Brayas con cien caballeros
	Conde Guillermo de Lomenge con 120
Francia	Beliarte, hermano del rey
	Duque de Viana con 400 caballeros
	Conde de la Marca con 150
	Duque de Orliens con 300
Alemania	Tres condes y cuatro duques con 400 caballeros
Polonia	El rey, con 4 duques, 6 ricos hombres y hasta 600 caballeros
Lombardía	Dos marqueses y cuatro capitanes con 200 caballeros
Roma	*Tres alcaldes de la ciudad de Roma y cinco capitanes de gente* con 500 caballeros
Constantinopla	Un hermano del emperador, con tres condes y 300 caballeros
Inglaterra	Un hijo del rey con dos *grandes señores* y 500 caballeros

37. Fernán Pérez de Guzmán, *Generaciones y Semblanzas*, en su «Introducción».

Así pues, la frontera de Granada fue un tiempo y un lugar para lo heroico, como para tantas otras realidades singulares mucho más frecuentes, y ocurrió con cierta frecuencia que se incorporó «materia literaria» de cantares de gesta y libros de caballería a episodios o aspectos de la biografía de personajes de carne y hueso para elevarlos a la condición mítica de héroes. Todo aquello, a través de muchos aspectos que ahora no detallaré, servía para facilitar cobertura y justificación teórica o doctrinal y forma expresiva a una práctica, a unas realidades guerreras y religiosas, que existían aún en aquella frontera, donde no se imaginaba lo heroico como «anhelo de una vida más bella», según la expresión que Huizinga aplicó a la caballería flamenca del siglo XV, sino que se luchaba con aspereza, brutalidad y, a menudo, con valor. Y más adelante, cuando la frontera de Granada era ya sólo un recuerdo, aquel cúmulo de ideas cobijó y fundamentó un orden social clerical y aristocrático durante siglos, definió una interpretación dominante del pasado, impulsó en muchos casos la acción exterior española. De él proceden todavía, junto con los males y los bienes de otros tiempos, alguna parte de nuestra propia identidad, por muy lejos que estemos ya de cualquier tipo de «edad heroica».

4.2. LA CABALLERÍA Y LOS MUSULMANES

Es notable observar cómo se extendieron en ocasiones los usos de la caballería a sultanes y aristócratas musulmanes. Unas veces se trata del resultado de pactos o situaciones políticas: Muḥammad I, el fundador del emirato nazarí, fue vasallo de los reyes de Castilla, como sus sucesores, y prestó a Fernando III y a Alfonso X los servicios clásicos de *auxilium* militar y económico y de *consilium*; y, en su condición de vasallo, Muḥammad V recibió de Pedro I la orden caballeresca castellana de la Banda, que se convirtió en escudo de los reyes granadinos desde 1362, con la inscripción en árabe *No hay vencedor sino Dios* sobre la banda misma, y adorna los alicatados y yeserías de la Alhambra, en alguna de cuyas bóvedas se representan escenas de caballería pintadas en estilo «gótico internacional».

Juan II y Enrique IV, en el segundo tercio del siglo XV, tuvieron «caballeros moriscos» de origen granadino como parte de su guardia cortesana y, después de la conquista de Granada, el bautismo de miembros de la familia real iba naturalmente acompañado de su acceso a la nobleza, como sucedió con los infantes don Juan y don Fernando, o con don Pedro de Granada. Más adelante, la literatura de los siglos XVI al XVIII cultivó la figura del morisco «ahidalgado», que participaba del mundo de valores de la caballería.

En otras ocasiones, era la misma convivencia fronteriza con los cristianos, sus adversarios, que se manifestaba en los *romances* o, incluso, en alianzas coyunturales, como las que sucedieron en los años sesenta y setenta del siglo XV entre algunos nobles andaluces —el duque de Medina Sidonia, el conde de Cabra— y los granadinos, para luchar contra sus rivales, que denunciaron la ignominia de aquella situación. Así, el marqués de Cádiz, don Rodrigo Ponce de León, al pelear con el duque.

> Faciéndolo como contra persona que se apartó de la unión y Santa Fe Católica, habiéndose concertado con el rey moro para facer tan grande ofensa a la Santísima Trinidad y a toda la christiandad, y a la corona real de Castilla, la cual injuria Dios, ni el Santo Padre, ni los reyes debían perdonar.[38]

O el condestable Miguel Lucas de Iranzo, en el texto de una patética carta enviada en 1471 al papa Sixto IV, dedicada a narrar las discordias entre cristianos andaluces y la osadía de los musulmanes de Granada.

Aprovechando la circunstancia, el mariscal Diego Fernández de Córdoba, hijo del conde de Cabra, pretendió incluso mantener un desafío en 1470 con su pariente y rival don Alfonso, señor de Aguilar, dentro de territorio granadino, nombrando por juez,

> [...] para que nos tenga la plaza segura [...] a don Abulhaçen, rey de Granada, cuyo seguro tan bastante e fiel vos enbio, qual en el caso se requiere [...]. *Y añade el sultán en su carta de seguro:* El dicho mariscal rogó a nuestra alteza que fuese la batalla en nuestro regno y en nuestra presençia y en nuestra çibdad de Granada.[39]

Don Diego acudió a Granada pero no don Alonso, aun a costa de ser tachado por su adversario de *alevoso, malvado e mentiroso cavallero.* Pero el caso no era para aceptarlo, pues, sobre la comunidad de los deberes y situaciones caballerescos, imperaba la consideración del Islam como enemigo religioso, y la necesidad de regular las relaciones con él a través de las concepciones e imágenes mentales propias de la cruzada.

38. *Historia de los hechos... marqués de Cádiz* en Co.Do.In., CVI, cap. VII.
39. «Documentos relativos al desafío de D. Alonso de Aguilar y D. Diego Fernández de Córdoba», en *Relaciones de algunos sucesos de los últimos tiempos del reino de Granada*, Madrid, 1868, pp. 71-152.

4.3. CRUZADA Y PRODIGIO

4.3.1. *La cruzada de un maestre de Alcántara*

La situación extrema de esta realidad se daba cuando los combatientes cristianos pensaban que su acción venía respaldada directamente por el prodigio o el milagro. A finales del siglo XIV, la gama de creencias y expectativas que venimos mencionando había estado en la base de la desastrosa aventura, que bien puede llamarse cruzada por el espíritu con que se emprendió, del maestre de Alcántara, don Martín Yáñez de Barbudo, relatada tan por extenso en la *Crónica de Enrique III*, que el lector no puede sustraerse a la sospecha de que, por debajo de la condena del hecho, para escarmiento de otros visionarios, se consideró aquel suceso, sin embargo, honroso y de buena caballería.[40]

En la primavera de 1394 había treguas entre Castilla y Granada. Sin embargo, el maestre de Alcántara envió su reto al rey granadino para celebrar un duelo o lid, a modo de juicio de Dios, de tal modo que fuera mostrado como *la fe de Jesu Christo era sancta e buena e que la fe de Mahomad era falsa e mintrosa*. Es notable que los términos sean prácticamente los mismos empleados por Ramón Llull durante su frustrado intento de predicación en Bugía, el año 1307: *la ley de los cristianos es verdadera, santa y grata a Dios, mientras que la de los sarracenos es falsa y errónea*. De modo que, con distintas armas, el predicador y el caballero luchaban por idéntico ideal. La mala respuesta del sultán dio pie a que el maestre organizara una expedición de castigo y conquista con caballeros de su orden, a pesar de la prohibición regia: *con trezientas lanzas e mil omes de pie, e levaba una cruz alta en una vara, e su pendón cerca de la cruz.*

La distancia entre la prudencia y el rechazo oficiales y el apoyo popular, sustentado en una simple pero potente fe, creció en Córdoba y en la misma frontera, en Alcalá la Real. Los caballeros cordobeses intentaron impedir el paso del maestre por «la puente» de la ciudad, y, después, los dos más notables, el mariscal y el señor de Aguilar, quisieron convencer a Yáñez de Barbudo con argumentos profesionales:

---

40. Los textos que siguen están tomados de la *Crónica de Enrique III*, año 1394, capítulos VIII a X (*Biblioteca de Autores Españoles*, vol. 68, pp. 221-223) y de Gonzalo de la Hinojosa, *Continuación de la Crónica de España...*, pp. 105-106. He tratado más extensamente la cuestión y el entorno del personaje, que era un noble portugués exiliado, en mi trabajo «Portugueses en la frontera de Granada», *En la España Medieval*, 23 (2000), pp. 67-100.

[...] qualquier ome del mundo que guerra aya visto, como vos, entiende que es contra toda razón e contra todo fecho de guerra e de buena ordenanza [...]

Pero los ánimos del maestre estaban más exaltados que nunca. En Córdoba se le habían unido varios miles de personas, las mismas que se opusieron a que se le negara el paso por «la puente»:

> [...] la revuelta e murmurio fue tan grande del pueblo e común de la ciudad, teniendo vando del maestre, diciendo que iba en servicio de Dios e por la fe de Jesu-Christo, que non lo podieron los caballeros defender. E pasó el maestre por la puente de Córdoba, e fueron con él muchas gentes de pie de la cibdad e de la tierra... [...]

Hay que recordar que un ambiente similar había permitido, en 1391, los asaltos a las casas y personas de judíos en Sevilla, Córdoba y otras ciudades. Además, el maestre contaba, aparte de poseer gran capacidad de autoconvicción, con apoyos proféticos en los que creía ciegamente: *tenía que avía de ser rey de Granada, segund que él catava por sus artes*, escribe Gonzalo de Hinojosa, y, de nuevo, la *Crónica de Enrique III:*

> [...] el maestre era ome que avía sus imaginaciones quales él quería. Otrosí, catava en estrellería e en adevinos, e tenía consigo un hermitaño que iba con él, que decían Juan del Sayo, que le decía que avía de vencer e conquistar la morería. Otrosí, toda la gente de pie que le avía llegado era gente simple, e non curaba de al salvo de decir: con la fe de Jesu-Christo imos.

¿Contamos ya con todos los elementos interpretativos? Tal vez cabe añadir otro más: la empresa se gesta en el transcurso de la Cuaresma, y culmina inmediatamente después de la Pascua de Resurrección: *[...] e otro día, domingo de las ochavas, que dicen de Casimodo, que fue a veinte e seis de abril, entró en tierra de Granada [...].*
Yáñez de Barbudo no pudo avanzar mucho en ella, pues fue cercado por un gran ejército granadino y murieron en la batalla él y todos los suyos, salvo una parte de los peones, que fue cautiva, y otra que logró huir en las horas siguientes a tierra cristiana. El desastre no podía evidenciar mejor el abismo que separaba la realidad de las imaginaciones del maestre, mantenidas hasta el último momento:

> Que fuesen ciertos que esta vez, fasta que él viese la puerta de Elvira, que es una puerta de la cibdad de Granada, o fallase batalla, que

él no se tornaría, ca entendía que le sería muy grand deshonra e muy retraído, e que él fiaba por Dios e por su sancta pasión que él mostraría milagro, e le daría buena victoria contra los moros renegados de la fe.

En el episodio del maestre de Alcántara hallamos una trasposición y ejemplo tardíos de numerosos componentes del mito y del impulso de cruzada durante los siglos anteriores, reunidos en una historia cierta y trágica de gran fuerza argumental. Granada, simbolizada en su puerta de Elvira, aparece más como una ciudad ideal que no real, mientras que el maestre actúa rodeado de un entorno propicio a las creencias del cruzado: adivinadores y astrólogos, más un ermitaño tan exaltado como él, en la perfección de la pobreza voluntaria —es «el del sayo»—, apoyos procedentes de la credulidad popular, y el refuerzo simbólico del mismo calendario litúrgico, en tiempo de Pascua de Resurrección. Un conjunto capaz de borrar, en las mentes de los cruzados, los trazos de lo real y cierto, que muchos de ellos tenían a tan escasa distancia, en la misma frontera cordobesa con Granada.

Por ello, rememorar la empresa del maestre Martín Yáñez, aunque fuera un acontecimiento aislado, puede ser significativo, porque en aquel suceso se manifiesta, tanto o más que en otros cuyo relato hemos ido desgranando anteriormente, la potencia de los elementos imaginarios en la consideración y las relaciones con el mundo islámico situado en la vecindad inmediata de Castilla durante los siglos XIII al XV, a pesar del crudo y continuo realismo a que obligaban aquellas relaciones. A pesar también de la experiencia de lo cotidiano o, por expresarlo mejor, junto con ella y formando parte de la conciencia que generaba aquella situación en los contemporáneos.

Que fue entonces una parte menor, me parece poco dudoso. Pero con el paso del tiempo, cuando las realidades sólidas de la tardía Edad Media eran ya pasado, el fluido de lo imaginario que había nacido con ellas tendió a expandirse y a recrear una Granada y una Berbería ideales, a partir, ya lo hemos visto, de unas situaciones ciertas pero capaces de segregar, desde el primer momento, sus propias fábulas.

4.3.2 Ayuda celestial y profecías: el marqués de Cádiz

De la creencia en estar haciendo guerra santa y justa, a servicio de Dios, deriva naturalmente la fe en el milagro como elemento posible, aunque no habitual, o, al menos, en la ayuda celestial, tanto en las pequeñas escaramuzas como en los grandes proyectos. He aquí dos ejemplos poco conocidos y otro de mayor alcance.

En 1339, los caballeros de la mesnada del rey que guarnecían Jerez de la Frontera, aun siendo pocos, vencieron en campo abierto a un número muy superior de musulmanes norteafricanos y granadinos:

> Et como quiera que estos christianos vencieron los moros seyendo muchos más que ellos, non lo deben tener los omes por maravilla: ca el estoriador oyó decir que aquellos caballeros de la mesnada del rey que allí se acaescieron, magüer que en sus tierras fuesen malfetriosos en el tiempo que allá estaban, pero que desque llegaron a estar en aquella guerra contra los moros, que mantenían muy bien christiandad non tomando ninguna cosa de mala parte, et guardándose mucho de pecar, et confesando mucho a menudo, et faciendo la emienda que podían de sus pecados, e cada domingo comulgaban. Et así, pues ellos facían esta vida, non es de maravillar que pocos dellos venciesen a muchos moros.[41]

En 1407, unos caballeros de Carmona, Marchena y Olvera derrotaron a una partida de «moros» muy superior en número, cerca de la sierra de Grazalema, y parece que tanto vencedores como vencidos coincidían en que los cristianos habían tenido ayuda del apóstol Santiago:

> E así se volvieron victoriosos y alegres a la villa de Olvera. E yendo por el camino, preguntaron a un moro de los que llevaban presos que por qué tanta gente se había dexado vencer de tan pocos christianos, y el moro respondió que él juraba por su ley e por Mahomat que los christianos que con ellos pelearon habían seydo más de quatrocientos de caballo, que conocida cosa era que quarenta y dos de caballo no habían de vencer a docientos y quarenta, y que era cierto que Dios había embiado socorro a los christianos, y el apóstol Santiago les había venido ayudar.[42]

Durante la guerra final, las hazañas de don Rodrigo Ponce de León, marqués de Cádiz, son relatadas por su cronista en un contexto de exaltación caballeresca y religiosa. Los mismos reyes comparan al marqués, tras la toma de Zahara, con el conde Fernán González, uno de los mayores héroes o «preux» de la caballería castellana. Pero es que don Rodrigo contaba con la protección y amparo especial de la Virgen María desde su juventud:

41. *Crónica de Alfonso XI*, cap. CCVI, p. 306 (*Biblioteca de Autores Españoles*, vol. 66).
42. *Crónica de Juan II*, cap. XXIII, año 1407.

Y este caballero era muy devoto de Nuestra Señora la Virgen María, secretamente, ante la cual imagen cada día dos veces facía una muy devota oración, pidiéndole por merced le quisiese cumplir aquel deseo que tenía. E un día, estando en esta oración, le apareció Nuestra Señora la Virgen María visiblemente, e le dijo: «¡Oh buen caballero devoto mío, sepas por cierto que mi amado fijo Jesucristo e yo avemos rescebido tu oración, y por ser fecha tan continua y con tan limpio deseo de corazón, te otorgamos que en todas cuantas batallas de moros te fallares, serás vencedor.»[43]

Aquella relación, como de vasallo a dama, habría valido al marqués en la difícil e inesperada conquista de Alhama, suceso que habría sido precedido por otra aparición en la que la Virgen le aseguró que la caída de Alhama *será cuchillo y el comienzo de toda la destruición del reyno de Granada y de toda la morería del mundo*. La ayuda celestial está, no obstante, al servicio de la exaltación caballeresca de don Rodrigo, patente en toda la obra, y muy en especial cuando relata su protagonismo en la campaña de 1488, *porque siempre sus altezas más señaladamente que a otros le querían escoger para se servir de él.*

Pero era, en definitiva, una imagen de la caballería integrada y al servicio de la realeza. La crónica del marqués recoge incluso un texto mesiánico o *escritura muy maravillosa*, que atribuía al rey Fernando la misión de conquistar las tierras islámicas y ganar la Casa Santa de Jerusalén: no es el noble sino el rey quien ha de protagonizar aquella hazaña providencial, previa al fin de los tiempos. Otras muchas profecías se hicieron por aquellos años en el mismo sentido hasta el extremo de que, según testimoniaron algunos autores, en enero de 1516, cuando estaba agonizante, Fernando el Católico se negaba a admitir la proximidad de su muerte, aduciendo que la profecía aún no se había cumplido. No es extraño que un autor haya considerado que, en tales circunstancias, algunos vieran la conquista de Granada como «la guerra del fin del mundo».

4.4. Un villancico en Orán

Hacia 1500, los dos métodos de la misión seguían contraponiéndose pero tendía a triunfar el coactivo, con apoyo armado si era preciso —*compelle intrare*— sobre el basado en la convicción y

---

43. *Historia de los hechos... marqués de Cádiz*, caps. XXIII, III, XV, L, XXXI, para este texto y los siguientes.

el ejemplo —*festina lente*—, y esto tanto por las características particulares de la España de los Reyes Católicos como por las corrientes generales europeas de intolerancia que desembocarían en la ruptura de la Iglesia medieval y en las «guerras de religión», y, también, en relación con un mesianismo agresivo que vinculaba la creencia en la proximidad del «fin de los tiempos» con la exigencia de conversión de judíos, moros y paganos. Cuando, en 1509, Orán cayó en poder de las tropas castellanas del cardenal-arzobispo de Toledo, Jiménez de Cisneros, y del rey Fernando, circularon, entre otras noticias de la victoria, unas coplas *con dos villançetes de muy gentil estilo*, compuestas seguramente por un eclesiástico, que hablan por sí solas sobre cuál era el criterio de su autor:

> *¿Por qué dubdas, Reduán? / Hazte cristiano, ¿qué esperas?*
> *pues que ves nuestras banderas / tendidas por Orán.*
> *Busca ya seguro puerto / donde te puedas salvar*
> *pues no puedes escapar / de cristiano, preso o muerto...*
> *¡Oh, Señor omnipotente, / Dios eterno, trino y uno!:*
> *no quede moro ninguno. / No quede perseguidor*
> *de tu santa fe bendita. / Porque esta gente maldita*
> *no nos ponga más temor, / porque en tu santa loor*
> *todos sean de consuno: / no quede moro ninguno.*
> *Ni judíos ni paganos / no permitas en la tierra.*
> *Quítanos aquesta guerra. / Venga de tus santas manos:*
> *porque todos como hermanos / nos amemos de consuno,*
> *no quede moro ninguno.*[44]

Las alternativas que el texto propone son claras: la muerte en la guerra, si continuaba la resistencia, el cautiverio en otro caso, por no haber capitulado a tiempo, o bien —y esto era lo que se deseaba— el bautismo, como paso necesario para consolidar la paz y conseguir una convivencia fraternal. Extraña manera de iniciarla, pensará a buen seguro el lector contemporáneo, pero en la Edad Media muchos, tanto en la cristiandad como en el Islam, estimaban que era un procedimiento adecuado. En lo que nos concierne, que es explicar el pasado, puede que el pequeño bagaje de ideas y ejemplos expuesto en este capítulo, nos ayude a entender mejor cómo se aplicó el *no quede moro ninguno* en la Granada de 1500.

---

44. Ed. de R. de Andrés Díaz, «Fiestas y espectáculos en las "relaciones góticas" del siglo XVI», *En la España Medieval*, 14 (1991), pp. 334-336.

EPÍLOGO

LOS SUCESOS DE 1499-1501

La lectura del capítulo anterior hace permite contextualizar los argumentos y actitudes presentes en el momento crítico de la desaparición legal de Granada como sociedad islámica, cosa que ocurrió entre diciembre de 1499 y mediados de 1501. Volvamos, pues, al ámbito concreto de nuestro relato: si los sucesos de los años anteriores no pueden considerarse, a mi entender, precedentes o motivos de los ocurridos a partir de diciembre de 1499, otros más inmediatos sí que han sido estimados en diversas ocasiones como caso de ruptura de capitulación y causa de la crisis que sobrevino: me refiero a los derivados de la presencia en Granada de inquisidores y, en especial, del arzobispo de Toledo, el franciscano fray Francisco Jiménez de Cisneros, y a sus actuaciones desde finales de octubre de aquel año.

Hasta entonces, apenas hubo conversiones, y se respetaban los principios de la misión pacífica. El primer arzobispo de Granada, el monje jerónimo fray Hernando de Talavera, confesor de la reina y uno de sus colaboradores políticos y hombres de máxima confianza, fue una de las pocas personas que intentó una comprensión de los granadinos y de la convivencia con ellos en un plano más profundo; tal vez, al proceder de una familia judeoconversa entendía mejor algunos problemas de convivencia que escapaban a la mayoría de los castellanos. Sabemos que estudió el mundo granadino y llegó a discernir en él trazos positivos y valiosos, como otros misioneros: *dezía que ellos habían de tomar nuestra fe y nosotros sus costumbres*, escribe uno de sus biógrafos. Era uno de los pocos cristianos a quien apreciaban los musulmanes de la ciudad de Granada, de modo que a su personalidad destacada de político, hacendista y religioso hemos de añadir esta faceta nueva, demostrada repetidas veces desde 1492, la de un hombre bueno, dotado de una penetración psicológica poco común merced a la cual sabía actuar con mesura y tacto, aunque el éxito cuantitativo no le acompañara pues no consiguió más allá de cien conversiones sinceras antes de 1499.[1]

Es evidente que este modo de hacer fue desplazado por otro en los meses finales de aquel año: en 1499, Isabel y Fernando volvieron a Granada y vivieron varios meses en la Alhambra, hasta finales de noviembre. Terminaba su estancia cuando llegó a la ciudad Cisneros, con el mandato de la Inquisición para investigar sobre los *helches* o antiguos cristianos convertidos al Islam que residían en el barrio del Albaicín y en otras partes del reino, y que seguían siendo musulmanes porque en la capitulación de la ciudad acordada el 25 de noviembre de 1491 no se les obligaba a otra cosa, pero es igualmente cierto que en ella se daba un tratamiento diferenciado al respeto a la fe islámica del musulmán de nacimiento (*a ningund moro o mora non fagan fuerza a que se torne cristiano nin cristiana*) y al debido a la del *helche* o antiguo cristiano que se ha tornado musulmán (*ninguna persona sea osado de los amenguar nin baldonar en cosa alguna*) y a los hijos de cristianas conversas al Islam o no habidos con musulmanes (*e que en lo de los hijos e hijas nacidos de las romías, se guarden los términos del Derecho*). *Los términos del Derecho*: del mismo modo responden los reyes muy pocos meses después, a mediados de 1492, cuando los musulmanes notables de la ciudad de Granada les piden que no se entregue a sus padres cristianos a hijos de éstos que *hayan sido moros*, antes de los doce años de edad, las mujeres, y catorce, los varones, y que fuera entonces, ante la justicia real, en Granada, cuando *declaren su voluntad si quisieren ser moros o cristianos, e que declarada sean dejados a su libertad para que hagan de sí lo que quisieren e tomen la ley que quisieren*. Respuesta: *conforme al derecho*.[2]

Después de que los reyes se fueron de Granada, Cisneros comenzó su actuación con unas semanas de pesquisa y atracción voluntaria pero amenazante. Aquello provocaba tal intranquilidad y temor entre los musulmanes que acabó produciéndose una revuelta de los del Albaicín el 18 de diciembre de 1499. La revuelta duró tres días mientras el conde de Tendilla, capitán general de Granada, y el arzobispo Talavera, antes marginado por Cisneros, intentaban apaciguar a los sublevados y el conde llamaba tropas de refuerzo que no llegaron a acudir porque ya el día 20 los mudéjares cedieron

1. Jorge de Torres, *Vida del primer arçobispo de Granada...*, Biblioteca Nacional (Madrid), mss. 2042, f. 3 a 7.
2. En la «minuta de lo tocante al asiento que se dio a la ciudad de Granada por los Reyes Católicos acerca de su gobierno», *Co.Do.In.*, VIII, p. 467. Es de suponer que aquellos niños *helches* eran cautivos o hijos de antiguos cautivos.

en su actitud ante la promesa de que sólo los responsables directos serían castigados, y la oferta de amnistía para todos aquellos que se bautizaran.

Cuando los reyes se enteraron de lo ocurrido, apoyaron las medidas adoptadas por Tendilla y Talavera, cuya ejecución se llevó a cabo rápidamente. Para los mudéjares del Albaicín, era una decisión muy difícil no aceptar el bautismo en aquellas circunstancias: las presiones menudeaban y, además, en los meses siguientes, se rumoreó que se separaría a los conversos de los que no lo fueran. Ante aquella mezcla de falta de garantías suficientemente claras y amenazas difusas de castigo, ocurrió la conversión masiva al cristianismo de los musulmanes de la ciudad de Granada y sus alquerías próximas, unos 35.000: los registros de bautismo nos informan sobre el nombre de cada musulmán, el que tomaba al hacerse cristiano, quiénes eran sus padrinos de bautismo, sus familiares y su profesión. No es cierto, por lo tanto, que se bautizara por aspersión, indiscriminadamente, pero sí lo es, desde luego, que todos los responsables políticos y eclesiásticos optaron por promover y generalizar el bautismo en aquellas circunstancias, al menos por dos razones: primero, porque su mentalidad religiosa les obligaba a creer que el bautismo era un mayor bien que cualquier otro, aunque fueran conscientes de la insinceridad de los conversos. Segundo, porque pensaban que el bautismo rompería las barreras que impedían la aculturación y fusión social, puesto que aquéllas se mantenían con argumentos religiosos.

Es razonable pensar que Cisneros y los inquisidores iniciaron sus actuaciones utilizando los resquicios, por donde podían presionar a los *helches* con *algunas pequeñas premias que el Derecho quiere para que se reconçiliasen e convertiesen a nuestra fe, e tanbien porque tornavan christianos a los hijos de los dichos helches de menor hedad, como quiere el Derecho:*[3] se trata del Derecho canónico, al que se daba prelación sobre otros textos o principios jurídicos, bordeando los límites de lo capitulado —no *amenguar nin baldonar*—, pero sin romperlos formalmente. Por otra parte, incitar a la conversión al cristianismo a los musulmanes de nacimiento podía hacerse *con predicaçiones y con dádivas*, como se lee en el mismo documento, sin que ello implicara *fuerza*, según los términos de la teoría misional elaborada desde el siglo XIII, aunque es evidente que Cisneros no obtuvo grandes frutos en este terreno porque los docu-

3. De una relación de sucesos escrita a finales de febrero de 1500, editada en mi libro *Los mudéjares de Castilla en tiempos de Isabel I*, Valladolid, 1969, doc. 98 (nueva edición, *Granada después de la conquista. Repobladores y mudéjares*, Granada, 1993).

mentos que manejamos no permiten suponer que hubiera más allá de seiscientos bautismos antes de la revuelta del 18 a 20 de diciembre de 1499, pero su actitud era más acuciante que la del arzobispo granadino Hernando de Talavera, aunque en ambos casos el objetivo final fuera el mismo, como no podía ser de otra forma dados los términos de provisionalidad en que se planteaba la práctica de tolerancia religiosa en la Europa medieval, pues se trataba, en definitiva, de conseguir la conversión de los musulmanes granadinos a la fe cristiana e incorporarlos así al cuerpo social que gobernaban Isabel y Fernando: era, de nuevo, el choque entre dos concepciones misionales clásicas, la persuasiva *(festina lente)* y la compulsiva *(compelle intrare)*, cuyos límites, por otra parte, no eran muy nítidos a veces.

Estado de presión, de inquietud, de angustia incluso, que desembocó en la revuelta del Albaicín, pero, además, aquellos sucesos alteraron el ánimo de otros granadinos que, privados de la mayoría de sus antiguos dirigentes, no creyeron tanto en lo que los reyes aseguraban cuanto en lo que pensaban que les ocurriría antes o después. Las cartas enviadas por la reina a los mudéjares de la serranía de Ronda dando seguridades de que se respetaría su capitulación mantuvieron la paz en aquella zona por unos meses. Los de la Alpujarra, por el contrario, se alzaron en armas en enero de 1500, aunque a ellos no les había afectado el suceso del Albaicín; costó tres meses someterlos y los reyes sólo concedieron el perdón general a cambio del bautismo y del paso al orden jurídico y administrativo común de Castilla. Seis meses después, en octubre de 1500, hubo una nueva sublevación en el extremo este del país: Níjar y Velefique hubieron de ser sitiadas y tomadas por las armas. Cuando acabó aquella acción, se produjo otro alzamiento en las serranías de Ronda y Villaluenga, al oeste, en enero de 1501, que no fue definitivamente vencida hasta mayo. A partir de entonces, las sublevaciones granadinas pueden darse por concluidas, el reino pacificado y los mudéjares bautizados unos o a punto de hacerlo otros.

Con cada revuelta, se producía la ruptura de las capitulaciones y los reyes tomaron siempre la decisión de no restaurar su vigencia; por el contrario, las penas o represalias subsiguientes se anularon o saldaron en muchos casos con la aceptación del bautismo y el paso a una nueva situación legal, o con la emigración clandestina. En otras ocasiones, los granadinos de diversas partes del reino, sobre todo del sector oriental, establecieron capitulaciones nuevas en el momento de aceptar el bautismo, sin revuelta previa: conocemos hasta el momento una quincena de textos de 1500 y 1501.

En julio de 1501, una vez concluidos los bautismos o a punto de que así fuera, los reyes prohibieron que ningún musulmán entrara en el reino de Granada, para que no pudiera estorbar el adoctrinamiento religioso de los nuevos cristianos moriscos, y ordenaron la destrucción de los libros religiosos islámicos. Las dificultades para mantener a la vez el estatus del musulmán granadino y el del converso se manifestaron insuperables y, aunque las circunstancias eran muy distintas, afectaban también al resto de la Corona de Castilla, de modo que los reyes optaron, como en marzo de 1492 con las comunidades judías, por decretar el 12 de febrero de 1502 la expulsión de los musulmanes libres, se entiende de los que no se bautizaran, no sólo en Granada —donde se suponía que todos se habían bautizado ya, como leemos en la misma pragmática real— sino también en toda Castilla: la expulsión alcanzaba a los varones a partir de los catorce años de edad y a las mujeres desde los doce. Como la salida sólo se podía hacer por los puertos de Vizcaya para evitar que los expulsos pasaran a Navarra o Aragón, donde seguía habiendo mudéjares, o al Magreb, lo que estaba prohibido en aquel tiempo de guerra, y como tampoco podían pasar a Portugal, donde el rey Manuel I había expulsado a sus mudéjares en 1496, la emigración legal resultaba especialmente difícil, y el bautismo se convertía para la inmensa mayoría en alternativa casi forzosa.

Es imposible determinar si ya en el otoño de 1499 habían trazado los reyes y sus colaboradores un plan general sobre la conversión de los musulmanes granadinos; parece, más bien, que la decisión inicial sobre los *helches* no tenía, al principio, objetivos más amplios, aunque es posible que sí se buscara con aquellas actuaciones estimular una cristianización, al menos, de toda la ciudad de Granada y del entorno que había capitulado con ella —salvo las Alpujarras—, bien por bautismo o bien por emigración y ubicación de los granadinos musulmanes en otros lugares, pero esto es sólo una hipótesis. Parece que se procuró aislar los sucesos de la ciudad de Granada y su Vega del resto del reino, de modo que el mismo curso de los acontecimientos habría sido causa inmediata de las decisiones en cada caso, hasta que, llegados a un punto, los reyes tomaron una medida global, aunque es evidente que la tendencia a la homogeneización religiosa dominó la política del reinado y era un factor de fondo favorable a cualquier toma de decisiones en este sentido.

Pero, más allá de las suposiciones que pueden hacerse sobre esta materia, la pregunta clave es: ¿por qué el empeño en conseguir unas conversiones con mayor o menor grado de fuerza o coacción, pero que en pocos casos podrían considerarse sinceras? De hecho, nunca se prefirió la expulsión, ni mucho menos el genocidio —que no era propio de aquel tiempo—, sino que los reyes y sus consejeros buscaron una integración religiosa considerada como primer paso para conseguir más adelante la integración social y cultural, porque su convicción les llevaba a creer que el bautismo era un bien mayor que cualquier otro, aunque fueran conscientes de la insinceridad de los conversos. Hay que situarse en los términos propios de esa mentalidad para comprender, por ejemplo, que el arzobispo Talavera, una vez frustrada la situación anterior de tolerancia provisional indefinida, aconsejara a los conversos del Albaicín una rápida integración cultural como consecuencia de su cambio religioso, aunque lo hizo con su estilo peculiar: *luego que se convirtieron convidaba a todos los principales para que aprendiesen la manera de los cristianos en el comer y en las viandas y en todo lo demás. Vistió a muchos de hábitos de cristianos dándoles capuces y sayos y a ellas manos y sayas; dábales mesas y manteles para que no comiesen en el suelo ni en ataifores como comían; y, finalmente, buscaba mil maneras para los apartar de su secta y para los atraer a la santa fe católica. Hizo buscar de diversas partes sacerdotes, así religiosos como clérigos, que supiesen la lengua arábiga, para que los enseñasen y oyesen sus confesiones. Trabajaba porque sus clérigos y los de su casa aprendiesen la lengua arábiga y, así, hizo en su casa pública escuela de arábigo, que la enseñasen.*[4]

La tolerancia medieval no tiene mucho que ver con el reconocimiento contemporáneo del derecho a la libertad religiosa, porque partía de un concepto esencialmente distinto sobre la capacidad coactiva del poder político para intervenir en materia de verdad o error religioso, aunque en ambos casos se acepte el principio de respeto a la libertad de conciencia, hasta ciertos límites; pero en aquella situación lo que había era tolerancia hacia los musulmanes como personas, no respeto hacia el Islam y lo que comportaba como forma de vida, puesto que se consideraba que era una secta errónea, y al error no se le podían conceder derechos que sólo correspondían a la verdad. Aunque, tanto entonces como ahora, la diferencia religiosa se sustentaba también en mundos culturales diferentes, y esto creaba, tal vez, la distancia más difícil de recorrer.

Aquellos criterios sólo se comprenden bien en el contexto de la teoría misional elaborada en los siglos anteriores, en especial desde el siglo XIII, acompañándola de una cierta perspectiva escatológica viva a

---

4. *Breve suma de la sancta vida...*, B.N., mss. 2042, f. 33-34.

finales del XV: el *no quede moro ninguno* del villancico conmemorativo de la toma de Orán, con el que cerrábamos el capítulo anterior, no se refería a ningún proyecto de exterminio físico de los musulmanes, sino al deseo de su conversión en cristianos. Aquélla sería una de las señales de que la conquista de la Casa Santa de Jerusalén por Fernando el Católico comenzaba a ser un suceso posible, próximo, e indicador de la segunda venida de Cristo, del anhelado fin de los tiempos. Esta misma noción parece estar detrás de la acción cisneriana en Granada, según leemos en la copla que entonaban niños conversos —*moriscos* ya por lo tanto— del Albaicín, comparando los procedimientos pacientes del arzobispo Talavera con los que Cisneros había utilizado: *Agora venir el rey Fernando a ganar todo lo mundo. Arçobispo de Garanata, carne de oveja y carne de cabra, arçobispo de Toledo dar caperuça y christiano luego para ganar todo lo mundo.*[5]

Dejando aparte estas especulaciones apocalípticas, el conocimiento de la teoría de la misión y de las imágenes mentales sobre el Islam entonces vigentes explican mucho sobre los comportamientos políticos de los Reyes Católicos y sus colaboradores y consejeros. Es conocida la siguiente anécdota en la que Fernando el Católico explicaba su posición sobre los bautismos de granadinos sublevados, después del descalabro de los cristianos que los combatían en Sierra Bermeja (16 marzo de 1501): *Sabida por los Reyes Católicos la muerte de don Alonso de Aguilar, mandaron juntar los grandes y prelados de su Corte y como votase el conde de Tendilla, diziendo que se debían meter a cuchillo los moros que se habían rebelado, el rey respondió: «cuando vuestro cavallo haze alguna desgrazia no echáis mano de la espada para matarle, antes le dais una palmada en las ancas y le echáis la capa sobre los ojos; pues mi voto y el de la reyna es que estos moros se baptizen, y si ellos no fuessen cristianos, seranlo sus hijos, o sus nietos».*[6]

Esta idea no fue una original ocurrencia regia. Seguramente sin saberlo, aunque alguno de sus consejeros sí que lo sabría, Fernando estaba repitiendo una opinión del teólogo franciscano Juan Duns Scoto (m. 1308): *lo que es más, creo que se actuaría religiosamente si se obligara a los padres mediante amenazas y terrores a reci-*

---

5. Juan de Vallejo, *Memorial de la vida de Fray Francisco Jiménez de Cisneros*, Madrid, 1913. La expresión «carne de cabra» se aplicaba a personas de complexión delgada y seca o enjuta de carnes.
6. Del *Floreto* o anecdotario del siglo XVI publicado en *Memorial Histórico Español*, vol. 48, p. 53 (Madrid, Real Academia de la Historia). La misma opinión en un contemporáneo y cortesano de los reyes, Pedro Mártir de Anglería (*Epistolario*, IX, doc. 215, p. 409).

bir el bautismo y a perseverar en él después, porque aunque no fueran verdaderos creyentes en su corazón, sin embargo sería menos malo para ellos no poder servir su ilícita ley impúnemente, que poder servirla libremente. Sus descendientes, si fueran bien educados, serían verdaderamente fieles en la tercera o cuarta generación.[7] Además, hay al menos un puente entre las ideas de Duns Scoto y las de los consejeros de Fernando e Isabel: hacia 1385, el franciscano catalán Francesc Eiximenis «dedica algunos capítulos del *Dotzè del Crestià* a debatir si es lícito que los cristianos bauticen por fuerza a los infieles. En el capítulo 836 declara taxativamente que según algunos doctores está prohibido "que.ls facen batejar per força", pero inmediatamente aporta opiniones contrarias, la de Duns Scoto, de quien dice que "prova que ab terrós e ab menaces los deuen los príncps fer batejar" [...] Eiximenis añade que esas conversiones, aunque hayan sido obtenidas por la fuerza, no pueden ser anuladas, porque el nombre de Dios no puede ser blasfemado y la fe recibida despreciada [...] Eiximenis expone, en catalán y de manera asequible a un público culto, la doctrina de los teólogos de su tiempo sobre el proselitismo forzado».[8]

Así pues, las opiniones teológicas estaban divididas desde hacía al menos dos siglos y medio sobre el grado de coerción lícitamente aplicable para conseguir lo que, en definitiva, se consideraba el bien mayor, que era la conversión, puesto que encaminaba hacia la salvación en la vida perdurable, y los políticos podían adherirse a las más duras sin que ello significara actuar al margen de las corrientes de pensamiento de la época. Pese a las apariencias y a lo que nos puede sugerir nuestro criterio al respecto, tan radicalmente distinto, los Reyes Católicos mantuvieron durante dos años, entre enero de 1500 y febrero de 1502, un difícil y cambiante equilibrio, optaron por la solución del bautismo masivo sólo a medida que cada circunstancia concreta lo hacía preferible como solución política y, al cabo, cuando estimaron que era indeseable y prácticamente imposible mantener a los granadinos en dos estatutos distintos, el de musulmanes para unos y el de *moriscos* o *cristianos nuevos* ya conversos para otros.

Desde luego, la cuestión no se presentaba con la misma urgencia o necesidad en lo referente a los mudéjares del resto de Castilla,

---

7. Citado por B. Z. Kedar, *Crusade and Mission. European Approaches toward the Muslim*, Princeton, 1984, p. 187, y nota 104.
8. M. T. Ferrer Mallol, «Frontera, convivencia y proselitismo entre cristianos y moros en los textos de Francesc Eiximenis y de san Vicente Ferrer», en *Pensamiento medieval hispano. Homenaje a Horacio Santiago Otero*, Madrid, 1998, pp. 1579-1600.

pero se extendió a ellos la medida, aprovechando la circunstancia para acabar con una situación que ya había concluido en Portugal con la orden de expulsión de finales de 1496. Pero la licencia dada en abril de 1497 por los Reyes Católicos para que los mudéjares portugueses pudieran vivir en Castilla apoya la idea de que entonces aún no se había previsto nada de lo que se llevó a cabo pocos años más tarde: la decisión expulsoria no se perfiló con claridad hasta la segunda mitad de 1501, cuando habían concluido las alteraciones en el reino de Granada y se había prohibido la entrada en él a los mudéjares castellanos y a los musulmanes de cualquier otra procedencia.

Además de los concretos motivos políticos, había, de nuevo, un trasfondo teológico en la expulsión ordenada en febrero de 1502, que podemos referir, en este caso, al pensamiento de Tomás de Aquino sobre los infieles: ... *de ninguna manera se les ha de obligar a aceptar la fe cristiana para que crean, porque creer es voluntario. Pero deben ser obligados por los fieles, si es factible, para que no impidan el ejercicio de la fe con blasfemias, con malos consejos o con persecuciones abiertas. Y por esta causa los fieles de Cristo hacen frecuentemente guerras contra los infieles, no para obligarlos a que crean ellos [...] sino para obligarlos a que no estorben la fe de Cristo.*[9] El motivo doctrinal básico que se maneja es, por lo tanto, la necesidad de impedir que con su mal ejemplo los musulmanes perviertan la fe de los neófitos.

Otros hechos de aquel momento apoyan la idea de que los reyes actuaban como políticos, con mayor flexibilidad de lo que les sugerían sus consejeros teólogos. Por ejemplo, era opinión extendida que el príncipe cristiano podía tomar por fuerza sus hijos niños a judíos y musulmanes sujetos a su dominio, pues en definitiva eran sus siervos, para, una vez separados de ellos, educarlos en la fe cristiana, considerada como bien mayor, puesto que la patria potestad, y más la de un infiel, no podía invocarse frente a un derecho superior. Así lo había escrito también Eiximenis: ... * açò fer és dilatar e favorar la santa fe cathòlica, la qual cosa és justa e meritòria; car posem que aquells infans qui primerament serien batejats no fossen bons crestians: almenys serien-ho aquells qui vendrien en la segona o terça generació e puys les següens... Per aquestes raons tenen huy alscuns grans doctors que los prínceps e.ls senyors dels jueus los deuen tolre lurs infants petits e.ls deuen batejar per força... Los fills batejats jamés no foren permeses estar ab lurs progenitors.* Lo mismo se lee en

9. Kedar, *Crusade...*, appendix 4, p. 218, y texto p. 183.

un dictamen legal escrito con ocasión de los sucesos granadinos: *Quod fillii paruuli infidelium posint inuictis parentibus bautizari.*[10] Pero, hacia 1500, Isabel y Fernando no dieron curso a un borrador de pragmática donde se disponía precisamente esto, aunque referido a los hijos de judeoconversos. En cambio, en febrero de 1502 exceptuaron de la expulsión forzosa a los musulmanes menores de catorce años —los varones— o doce —las mujeres—: ¿se puede suponer que se habría impedido su salida, o solamente que se dejaba a la voluntad de los padres, ya que los interesados no tendrían capacidad para decidir por sí mismos?

En resumen y para concluir: los musulmanes granadinos aceptaron el bautismo en masa. La aceptación no fue sincera, pero ¿es justificable esta insinceridad sólo por la presión a que en cada caso estaban sometidos? En muchos lugares parece que no, aunque estemos en un punto de interpretación donde nada puede afirmarse o negarse en términos absolutos, y donde hay que tener en cuenta cómo valoraba cada parte el hecho del bautismo. Los neófitos *moriscos* podían verlo como un mal menor y seguir considerándose musulmanes, según el principio de «disimulación» *(taqiyya)* admitido por la jurisprudencia islámica. Los reyes habían procurado las conversiones al cristianismo, con el deseo de que fueran sinceras porque lo contrario habría sido un error religioso y político. En los primeros años del siglo XVI, la llegada de misioneros y la novedad de la conversión no hacían prever los grandes problemas que iban a surgir más adelante. El bautismo se consideró como la primera etapa de la cristianización religiosa y cultural, una etapa importante porque llevaba consigo el cambio de situación legal, y la ley era el armazón de la sociedad. Con bautismo y nuevas leyes podía esperarse que los granadinos llegarían a ser tan cristianos y tan leales vasallos como el resto de los castellanos. Sin embargo, la historia de los «cristianos nuevos» *moriscos* granadinos hasta su revuelta y destierro a otras partes de Castilla en 1571, la continuidad de su identidad cultural y de su criptoislamismo, y el mismo rechazo de los *cristianos viejos* procedentes de la repoblación del reino —que eran ya la mitad de la población de Granada hacia 1530, unos 110.000— vinieron a manifestar una realidad muy diferente.

10.   Documento conservado en Archivo Histórico Nacional, Universidades, Alcalá, leg. 106-Z-15. El proyecto de pragmática en mi artículo «Notas acerca de la política confesional de los Reyes Católicos», en *Homenaje... Emilio Alarcos,* Valladolid, Universidad, 1967, II, pp. 697-707.

Vista a quinientos años de distancia, la política de los Reyes Católicos fue el último intento de regular la coexistencia con los musulmanes de Granada y Castilla, y la primera manifestación de su definitivo fracaso. Su actitud se explijca mejor, y así he procurado mostrarlo, en un contexto amplio, que va más allá de su voluntad e incluso más allá de los años en que reinaron. Sólo teniendo en cuenta esto podremos comprender mejor lo que los reyes pensaban y los criterios que en cada caso les impulsaron a tomar unas decisiones concretas y no otras, según las circunstancias políticas ante las que se hallaban: primero, los justos títulos que en su criterio —esto es, dentro de aquella situación histórica— les asistían para llevar a cabo la conquista de Granada; segundo, el deseo de respetar y mantener el *status* mudéjar de los granadinos, igual que ocurría en los otros reinos gobernados por Fernando e Isabel; tercero, el conflicto entre las capitulaciones y la aplicación del Derecho, que entonces era el Derecho real pero también el eclesiástico, y éste tenía prioridad en cuestiones religiosas; cuarto, la consideración teológica sobre el bautismo como mejor solución posible ante la situación de revuelta y castigo; quinto, el aprovechamiento de la coyuntura para aplicar la alternativa conversión/emigración a los mudéjares de toda Castilla, en condiciones que hacían casi inevitable la primera opción. No había en la actitud regia racismo ni voluntad de exclusión hacia las personas sino más bien de integración, incluso coactiva, en lo que aparecía entonces como preferible y posible, y había aún, en torno a 1500, cierto grado de permeabilidad en la España cristiana y europea hacia diversos usos cotidianos, técnicas, sensibilidades estéticas y valores culturales *moriscos* de origen *andalusí*, pero esto no impedía que el rechazo hacia lo que el Islam significaba en el terreno religioso y político-militar fuera radical y produjera los consiguientes efectos.